RELIGION spielen und erzählen

Band 3

Kinder begleiten
in Schule und Gemeinde

Herausgegeben von
Dietrich Steinwede, Ingrid Ryssel und Doris Westheuser

Kreativteil und graphische Gestaltung: Doris Westheuser

Gütersloher Verlagshaus

Die Deutsche Bibliothek – CIP-Einheitsaufnahme

Kinder begleiten in Schule und Gemeinde
hrsg. von Dietrich Steinwede ... Ill. von Doris Westheuser
– Gütersloh: Gütersloher Verl.-Haus, 2000
(Religion – spielen und erzählen; Bd. 3)
ISBN 3-579-02241-5

Dieses Werk folgt der reformierten Rechtschreibung und Zeichensetzung.
Ausnahmen bilden Texte, bei denen künstlerische, philologische oder
lizenzrechtliche Gründe einer Änderung entgegenstehen.

ISBN 3-579-02241-5

Umschlaggestaltung: Doris Westheuser, Versmold, unter Verwendung von 4 Fotos
von © PRESSEFOTO MICHAEL SEIFERT, Hannover
Satz und Reproduktionen: Götz, Gütersloh und Weserdruckerei Rolf Oesselmann GmbH, Stolzenau
Viele Geschichten und die kreativen Bausteine sind Übernahmen
aus der Kindergottesdienst-Zeitung »meine welt«
Druck und Bindung: Těšínská Tiskárna AG, Český Těšín
Printed in Czech Republic

Zu diesem Buch

Was ist intendiert mit ›Religion spielen und erzählen, spielen und lernen, spielen und verstehen?‹ Dasselbe, was jede gegenwärtige religiöse Bemühung will: Nicht ›Religion‹ aufzwingen, Kinder zur Religion ›erziehen‹, sie durch Religion manipulieren, sie vielmehr aus der ›Religion‹, von der ihre Lehrerinnen und Lehrer erfüllt sind, heraus in diese Religion (in Mitteleuropa ist es immer die christliche) hineinführen, hineingeleiten, auf eine leichte fast spielerische Weise, zugleich ganz ernst, so dass sie zu sehen beginnen, zu fragen, sich auf altersgemäße Weise auseinanderzusetzen, so dass sie immer wieder Neues entdecken und dabei völlig ungezwungen (ohne Zwang) in die Religion hineingehen können, wie Franziskus es von den Minderbrüdern, die leben wollten wie er, sagte: ›intraverunt religionem‹, ›sie gingen in die Religion hinein‹.

Dazu wollen die Geschichten dieses Buches – außerbiblische gleichberechtigt neben den biblischen – helfen, ebenso wie die Kreativteile, die ein Lernen nicht nur mit Kopf und Herz sondern auch mit den Händen (learning by doing) ermöglichen. Es geht dabei stets um einen spezifischen, weit gefassten Begriff von ›Religion‹: Wir leben immer zugleich in mehreren Welten. Auch gottferne, gar gottfeindliche Menschen. Auch sie sind religiös verfasst. Auch sie kommen an den Elementarfragen des Daseins nicht vorbei: Warum gibt es die Welt? Wozu sind wir da? Woher kommt das Böse? Wird sich das Gute durchsetzen? Wo kommen wir her? Wo gehen wir hin? Gibt es ein Leben nach dem Tode? Wie ist es mit dem Sinn dieser so schönen, gleichzeitig so aberwitzigen Welt bestellt? Gibt es Glaube, Liebe, Hoffnung? Wenn ja, haben sie Bestand?

Alle nachdenklichen Menschen können sich diesen Fragen nicht entziehen. Sie sind daran gebunden (religio=Bindung). Und auch die Gottfernen können nicht leugnen, dass jede menschliche Existenz Tiefendimensionen hat, dass es andere Bereiche gibt als die vordergründig wahrnehmbaren, nenne man sie nun Transzendenz – ein jenseits des Bereiches der sinnlichen Erfahrung und ihrer Gegenstände Liegendes, das niemand hinwegzudiskutieren vermag –, nenne man es das ganz Andere, das Unerforschliche, nenne man es die geheimen Bilder oder das, was die Welt im Innersten zusammenhält. Schon die Traumreiche des nächtlichen Schlafes sind von dieser anderen Welt, die genauso wichtig und wirksam ist wie die Tageswelt.

Der Mensch kann hineinsehen in diese Zwischenbereiche, da Gott wohnt – mit besonderen Augen, mit den Augen des Glaubens. Hier sollen Kinder heimisch werden, dass sie etwas sehen und erfahren von der Tiefe der göttlichen Dimension, dass sie sehen lernen mit den Augen des Glaubens.

Die äußere Welt ist dabei nicht ausgespart. Vielmehr sind beide Bereiche aufs Innigste miteinander verbunden. Sie liegen ineinander. Und darum können Geschichten dieser Welt immer Religionsgeschichten sein. Und darum stehen sie gleichberechtigt neben Geschichten der Bibel. So wie in diesem Buch. Auslegung alltäglichen Lebens kann immer urplötzlich in die Tiefendimensionen vorstoßen. Letztlich wollen die Geschichten dieses Buches, auch wenn es um Alltag geht, religiöse Botschaften überbringen, Botschaften der Menschlichkeit, so wie die Botschaft des Mannes aus Nazaret eine Botschaft der Menschlichkeit ist. Worum es geht?: Mit solchen Botschaften Mut zu machen, Mut zu offener freier Rede, zur Zivilcourage, zum Widerstand, wo Unrecht geschieht, zum Eingeständnis eigener Fehler; Mut zum Wiedergutmachen, Mut zu einem sachgerechten zukunftseröffnenden Umgang mit der Welt – gegen alles Widerstrebende.

Ziel der Arbeit mit diesem Buch sind altersgemäß ›religionsmündige‹ Kinder in Schule, Familie und Gemeinde, die in einem Entwicklungsstadium, da sie noch ganz offen sind für die religiöse Dimension, offenen Herzens wahrnehmend, nachdenkend, erörternd (auch zweifelnd), auf dem Weg sind zu einem eigenen Standpunkt. M.a.W. Kinder, die frei sind, nicht nur unter sich sondern auch im ›Haus der Welt‹ mit Kindern anderer Schattierungen (solchen der Hautfarbe oder der Religion) zu kommunizieren, Kinder, die Rücksicht nehmen auf die Lebenswelt ganz anderer Menschen, die sie als ›ferne Nächste‹ auf diesem Planeten begreifen. Ziel sind Zehnjährige der Jahre um 2000, die bereit sind, in den Jahren 2020-2050 das Heft der Weltgestaltung verantwortlich in die Hand zu nehmen.

Zwischenlaufende Gespräche sind bei der Arbeit mit den Angeboten dieses Buches selbstverständlich. Zwischenlaufende Gespräche zwischen Text und Text, zwischen Texten und kreativen Umsetzungen. Unsere Kinder sollen ihre Erfahrungen einbringen und reflektieren. Und wenn sie miteinander sprechen, sollen sie aufeinander hören.

Jedes Kind trägt den Kern zum Guten in sich. Wer das weiß, wird dies entbinden und befördern. Mit Bildern des Glaubens. Auch mit Bildern des Glaubens in der Geschichte – hier von Franz von Assisi bis Mahatma Gandhi. Auch der Blick auf christliche Feste wie Weihnachten, Ostern, Pfingsten und Erntedank ist in diesem Zusammenhang wichtig.

Wer auf all das vertraut, vermag mit diesem Buch gewisslich gut zu arbeiten. Kinder lassen sich von Bildern des Lebens, von Bildern eines guten Lebens, inspirieren. Darauf lässt sich bauen. Doch noch einmal: Man kann zum Glauben nicht erziehen. Aber man kann die Frage nach Glauben und Gott wecken und wachhalten.

Dietrich Steinwede

Zu diesem Buch

Wie lässt sich mit diesem Buch arbeiten?

Sie bereiten sich auf den Religionsunterricht vor oder Sie arbeiten im Kindergottesdienst. Jeder hat dabei seine eigene Methode. Das Interessante dieses Buches liegt darin, dass es sowohl eine schnelle Vorbereitung erlaubt als auch verschiedene Ansätze zulässt.
Bitte überprüfen Sie, welches der folgenden drei Beispiele Ihrer Art, eine Gruppen/-Schulstunde vorzubereiten, entspricht:

1. Sie beginnen bei einem **Thema.** Dazu suchen Sie zuerst eine geeignete **Erzählung.**
2. Sie beginnen bei einem **Thema.** Dazu suchen Sie zunächst ein **Spiel** oder eine Malvorlage, um die Kinder mit dem Thema vertraut zu machen.
3. Sie orientieren sich an einem **biblischen Gedanken** und möchten ihn in die Welt der Kinder umsetzen und **kreativ** entfalten.

Für jedes dieser Vorhaben finden Sie in diesem Buch:

- eine Zusammenstellung von Geschichten;
- eine Zusammenstellung von kreativen Entfaltungen, Arbeitsaufgaben und Spielen;
- eine Zusammenstellung von Registern: Bibelstellenregister und Stichwortregister.

Wenn Sie sich für einen dieser Zugangswege entschieden haben, können Sie nach einem der folgenden Beispiele vorgehen:

I.

1. Sie möchten zum Thema Außenseiter/in arbeiten. Dazu wird das **Stichwortverzeichnis** aufgeschlagen. Dort entdecken Sie folgende Textzeilen:

Stichwörter	**Geschichten**	**Kreatives**
Außenseiter/in	6, 44, 59	111, 112, 116, 155

2. Sie haben sich aus dem Angebot möglicher Geschichten und kreativer Zugänge die Geschichte Nr. 6 und den kreativen Vorschlag Nr. 111 ausgewählt.

3. Unter den Nummern 6 und 111 stoßen Sie beim Blättern im Buch auf das Vorleseangebot bzw. auf das Ausmalspiel zu Ihrem Thema. Bei beiden Vorschlägen finden Sie außerdem noch Hinweise auf die biblischen Kontexte sowie auf weitere Stichwörter, die zum Thema Außenseiter/in in Verbindung stehen. Diese Stichwörter können erneut im Stichwortverzeichnis nachgeschlagen werden. Eine neue Runde des Suchvorgangs, wie eben beschrieben, kann beginnen.

II.

Sie möchten lieber von einem biblischen Gedanken ausgehen. Deshalb schlagen Sie im **Bibelstellenregister** nach. Sie suchen beispielsweise Vorschläge zu 1. Mose 2,15. Im Bibelstellenregister entdecken Sie wieder die drei Zeilen.

Bibelstellen	**Geschichten**	**Kreatives**
1. Mose 2,15	17, 61	134, 203, 204

Sie überprüfen die Vorschläge und stellen fest: Die Geschichte Nr. 61 und als kreativer Vorschlag die Nr. 203 bieten inhaltliche und methodische Hilfen zum Umgang mit dem Bibeltext unter dem Aspekt ›Schöpfung bewahren‹. Das möchten Sie aufgreifen. Im Übrigen wird bei dem kreativen Vorschlag auf weitere Bibeltexte verwiesen. Die biblische Grundlage wird dadurch erweitert und vertieft.
Ob Sie nun eine Geschichte oder einen kreativen Vorschlag aufschlagen: Überall finden Sie Hinweise, wo und wie Sie weiterarbeiten können.

Inhaltsverzeichnis

Geschichten

39 Dietrich Steinwede
Beneidet

40 Gudrun Pausewang
Wann reitest du wieder, Mutter Gertrudis?

41 Dietrich Steinwede
Heiß ums Herz

42 Susanne von Schroeter
Die Knospe

43 Rolf Krenzer
Freude über den Tag hinaus

44 Willi Fährmann
Das doppelte Kreuz

45 Gina Ruck-Pauquèt
Platz für alle

46 Dietrich Steinwede
Martin Luther

47 Ulrich Walter
Schatz

48 Gudrun Pausewang
Ich werd' mal so wie Onkel Sepp

49 Gianni Rodari
Tante Ada und ihre Vögel

50 Hans Hoffmann
Hier wird nicht geschossen

51 Gina Ruck-Pauquèt
Einen Baum pflanzen

52 Hans Hoffmann
Ein Experiment

53 Rolf Krenzer
Vom Singen und Tanzen

54 Dietrich Steinwede
Trost im Singen

55 Ohiyesa, ein Dakota-Indianer
Stille

56 Lene Mayer-Skumanz
Was man alles miteinander tun kann

57 Dietrich Steinwede
Taufe – neu geboren werden

58 Dietrich Steinwede
Alles hergeben

59 Ulrich Walter
An einem Tisch

60 Rolf Krenzer
Philipp will viele Leben retten

61 Ulrich Walter
Abwasch statt Abfall

62 Rolf Krenzer
Du bist doch jetzt wirklich groß genug!

63 Achim Bröger
Na und!?

64 Gudrun Pausewang
Das Wagnis

65 Ulrich Walter
Was der Christbaum erzählt

66 Norbert Hoffmann
Franziskus feiert Weihnachten – Das Licht in der Höhle

67 Hans Hoffmann
global march

68 Renate Schupp
Jan und der Großvater

69 Rainer Epbinder
Der Zeiger der Uhr

Quellenverzeichnis

Wir danken folgenden Verlagen und Autorinnen/Autoren für freundlich erteilte Abdruckerlaubnis

Nr. 3 Gina Ruck-Pauquèt, Die alte Frau, © Autorin.
Nr. 4 Ursula Wölfel, Die grauen und die grünen Felder, aus: Die grauen und die grünen Felder, © Anrich Verlag, Weinheim.
Nr. 6 Irmela Wendt, Eine ganz andere, aus: Luftschlösser, hg. von Hans Gärtner, Wien 1993, © Autorin.
Nr. 7 Renate Welsh, Straßenbahn, © Autorin.
Nr. 8 Rolf Krenzer, Die Bonbons im Briefkasten, aus: 52 Sonntagsgeschichten von Rolf Krenzer, Reha-Verlag, Remagen.
Nr. 12 Inge und Michael Böhle, Ein Freudentag, © Autoren.
Nr. 13 Gianni Rodari, Die Geschichte vom jungen Krebs, aus: Gutenachtgeschichten am Telefon, © by K. Thienemanns Verlag, Stuttgart/Wien.
Nr. 14 Gudrun Pausewang, Die dunkle Schwester, © Autorin.
Nr. 15 Rolf Krenzer, Durchhalten bis Mutti kommt, aus: ›Meine Welt‹ 2/98, © Autor.
Nr. 16 Renate Welsh, Friedensfest, aus: Frieden fängt zu Hause an, hrsg. von Jutta Modler, 6. Aufl., Verlag Herder, Freiburg 1990.
Nr. 18 Gudrun Pausewang, Tante Ogottchen, © Autorin.
Nr. 21 Elisabeth Zöller, Olly und Olly, aus: ›Meine Welt‹ 3/94, © Autorin.
Nr. 23 Elisabeth Zöller, Heute gibt es keine Brötchen..., aus: ›Meine Welt‹ 39/94, © Autorin.
Nr. 25 Barbara Imgrund, Beppo, © Autorin.
Nr. 26 Elfriede Becker, Schenk mit Hände, aus: ›Kinder sehen dich an‹, © Verlag Ernst Kaufmann, Lahr.
Nr. 27 Hans Hoffmann, Wer läuft denn da durch die Straßen?, aus: ›Meine Welt‹ 46/95, © Autor.
Nr. 30 Irmela Brender, Ich, mein Feind, © Autorin.
Nr. 31 Gudrun Pausewang, Er war da, © Autorin.
Nr. 33 Gudrun Pausewang, Unverschämter Rotzbengel, aus: Gudrun Pausewang, Was wisst ihr denn von mir?, Burckhardthaus Laetare Verlag, Offenbach 1998.
Nr. 35 Barbara John, Fitnessstudio für Mut, aus: ›Der Feuerkopf. Geschichten vom Anderssein‹, hrsg. von Jo Pestum, Verlag Heinrich Ellermann, München.
Nr. 36 Heribert Haberhausen, Bitterschokolade, aus: Geschichtenbuch Religion, Band 1: Grundschule, © Patmos Verlag, Düsseldorf 1999.
Nr. 38 Hans Hoffmann, Fast Vergessenes aus Lambarene, aus: ›Meine Welt‹ 5/99, © Autor.
Nr. 40 Gudrun Pausewang, Wann reitest du wieder, Mutter Gertrudis?, © Autorin.
Nr. 42 Susanne von Schroeter, Die Knospe, © Autorin.
Nr. 43 Rolf Krenzer, Freude über den Tag hinaus, aus: ›Meine Welt‹ 16/97, © Autor.
Nr. 44 Willi Fährmann, Das doppelte Kreuz, © Autor.
Nr. 45 Gina Ruck-Pauquèt, Platz für alle, © Autorin.
Nr. 48 Gudrun Pausewang, Ich werd' mal so wie Onkel Sepp, aus: Es ist doch alles grün, © by Ravensburger Buchverlag, Ravensburg 1991.
Nr. 49 Gianni Rodari, Tante Ada und ihre Vögel, aus: Gutenachtgeschichten am Telefon, © by K. Thienemanns Verlag, Stuttgart/Wien.
Nr. 50 Hans Hoffmann, Hier wird nicht geschossen, aus: ›Meine Welt‹ 29/95, © Autor.
Nr. 51 Gina Ruck-Pauquèt, Einen Baum pflanzen, © Autorin.
Nr. 52 Hans Hoffmann, Ein Experiment, aus: ›Meine Welt‹ 35/97, © Autor.
Nr. 53 Rolf Krenzer, Vom Singen und Tanzen, © Autor.
Nr. 55 Ohiyesa, Stille, aus: T.C. Mcluhan, Wie der Hauch eines Büffels im Winter. Indianische Selbstzeugnisse, © 1979 Hoffmann und Campe Verlag, Hamburg.
Nr. 56 Lene Mayer-Skumanz, Was man alles miteinander tun kann, © Autorin.
Nr. 60 Rolf Krenzer, Philipp will Leben retten, aus: ›Meine Welt‹ 1/98, © Autor.
Nr. 62 Rolf Krenzer, Du bist doch jetzt wirklich groß genug!, aus: ›Meine Welt‹ 10/97, © Autor.
Nr. 63 Achim Bröger, Na und!?, © Autor.
Nr. 64 Gudrun Pausewang, Das Wagnis, © Autorin.
Nr. 66 Norbert Hoffmann, Franziskus feiert Weihnachten, © Autor.
Nr. 67 Hans Hoffmann, global march, aus: ›Meine Welt‹ 19/99, © Autor.
Nr. 68 Renate Schupp, Jan und der Großvater (gekürzt), aus: Vorlesebuch Religion 3, hrsg. von Dietrich Steinwede und Sabine Ruprecht, © Verlag Ernst Kaufmann, Lahr / Vandenhoeck & Ruprecht, Göttingen / Patmos Verlag, Düsseldorf / Theologischer Verlag, Zürich.
Nr. 69 Rainer Epbinder, Der Zeiger der Uhr, aus: ›Meine Welt‹ IV/95, © Autor.

Die übrigen Texte sind Beiträge von Mitgliedern des Redaktionskreises ›Meine Welt‹: Fritz Baltruweit, Annette Kinder, Dietrich Steinwede, Gunnar Urbach und Ulrich Walter.

Stichwörter

Stichwörter

Stichwörter

Stichwörter

Stichwörter	Geschichten	Kreatives
Streit	39, **56**	179, **196,** 201
Südamerika	40	
Symbole	9, 32, 53	131, 132, 197, 198, 199, 201, 202, 204
Tanzen	53	193, 206
Taufe	**57**	**197, 198, 199**
Teilen	4, 19, 43, **58**	122, **200**
Tiere	48, 66	126, 203
Tisch	**59**	121, 166, 167, **201, 202**
Tod	19, 37, 41, 42	
Toleranz	48	113, 133, 143, 167, 202
Töten	50, 60	
Trauer	41, 42	
Traurigkeit	54	
Trost	42	120, 212
Überwinden	7, 21	
Übung	63	
Umkehr	59	
Umwelt	**60, 61**	135, 187, **203, 204, 205, 206,** 207, 216
Unabhängigkeit	24	147
Unterdrückung	144, 145	
Verantwortung	**62**	135, 203, **207**
Vergeben	68	
Verlässlichkeit	35	
Verleumdung	22, 23, 39, 45	
Verlust	68	
Versagen	6	
Versöhnen	56, 68	196, 201, 202
Verstehen	45	116, 150, 152, 172, 173, 184, **208**
Vertrauen	6, 8, 25, **63**	190, **209,** 212
Vertreibung	13	
Verurteilung	13	
Verweilen	55	
Verzicht	33, 37	
Vorbild	27, 37, 38, 50	147, 163, 176
Vorsorgen	19	
Vorurteil	3, 21, 23, 35, 48	111, 113, 192
Wachsamkeit	18	
Wachsen	29, 51	134, 156, 219
Warten	29, 49	100, 217, 219
Wasser	51, 57	148
Weg	41, **64**	101, 138, 191, **210, 211 212**
Weihnachten	1, 27, 32, **65, 66**	100, 101, 102, 103, 104, **213, 214, 215**
Weisheit	48	
Welthaus	20	180
Weltverantwortung	**67**	187, **216**

Stichwörter

Bibelstellen

Bibelstellen

Biblischer Bezug: Sacharja 9,9: Siehe, dein König kommt zu dir, ein Gerechter und ein Helfer.

Kreativer Zugang: **102, 104**

Inhalt: Ich-Erzählung zur Entstehung des Adventskranzes 1839 im ›Rauhen Haus‹ von Johann Hinrich Wichern in Hamburg.

Armut

Hoffnung

Licht

Weihnachten

Der Adventskranz

Erzählung von Ulrich Walter

Was ein Adventskranz ist, dazu brauche ich nicht viel zu sagen. Aber woher kommt er? Wenn ihn heute auch fast jeder kennt, so gibt es ihn in dieser Form doch erst seit ungefähr 150 Jahren. Und gleichzeitig verbindet sich eine lange Geschichte mit ihm. Wenn er sprechen könnte, würde er euch diese Geschichte erzählen. Etwa so:

Ihr wollt von mir erfahren, woher ich stamme?
Gehen wir zurück in die erste Hälfte des vorletzten Jahrhunderts nach Hamburg. Durch den technischen Fortschritt in der Industrie bekamen viele ungelernte Arbeiter Arbeit in den Fabriken. Auch die Kinder mussten hart arbeiten, viele konnten nicht zur Schule gehen. Die Arbeit war hart und ungesund, viele Familien wohnten auf engem Raum in Mietskasernen, Krankheiten verbreiteten sich. Viele Kinder und Jugendliche waren früh auf sich gestellt. Sie wuchsen mehr oder weniger auf der Straße auf.
1833 wurde für solche gefährdeten Jugendlichen das »Rauhe Haus« gegründet.
Johann Hinrich Wichern war Erzieher und Pastor in Hamburg. Täglich sah er das Elend der Arbeiterfamilien und wollte wenigstens für die Jugendlichen einen Ort der Hoffnung schaffen.
Die Jugendlichen, die im »Rauhen Haus« wohnten, lernten Schreiben und Lesen. Und sie lernten die Botschaft der Bibel kennen. Zu den gemeinsamen Andachten und Gottesdiensten versammelten sie sich im Betsaal.

Wichern merkte bald, dass den meisten seiner Jugendlichen der Glaube an Jesus sehr fremd war. Und darum suchte er immer wieder nach Zeichen, mit denen er die Bedeutung von Jesus Christus sichtbar machen konnte. Zu Beginn der Adventszeit im Jahr 1839 hing der erste Adventskranz im Betsaal des »Rauhen Hauses«. Das war ein großer Holzreifen, auf dem vier große rote Kerzen und dazwischen zwanzig weiße Kerzen befestigt waren.
Mit ihm gestaltete Wichern die Zeit bis Weihnachten. An jedem Tag im Dezember wurde eine neue Kerze entzündet. Tag für Tag wurde es heller. Und am Tag vor Weihnachten strahlte der ganze Kranz. An den vier Sonntagen wurde je eine der roten Kerzen entzündet. Dazu las einer der Jugendlichen an jedem Tag einen Bibelvers, der die Geburt Jesu ankündigte. Ein Spruch durfte dabei nicht fehlen, er wurde am ersten Advent gesagt und stammt vom Propheten Sacharja: »Siehe, dein König kommt zu dir, ein Gerechter und ein Helfer.«

Der Adventskranz erzählt: »Auf diese Weise bin ich entstanden. In den Jahren darauf veränderte ich mich noch ein wenig. Der Holzreifen wurde rundum mit Tannengrün geschmückt und mit roten Schleifenbändern aufgehängt. Andere haben diesen Brauch aufgenommen und weitergeführt. Immer mehr Familien haben mich dann in ihre Wohnungen gestellt. Da hatte ich dann nur noch vier rote Kerzen und wurde aus Tannengrün geflochten. Seitdem teile ich die Zeit des Wartens auf die Geburt Jesu in vier Teile. Viele von euch kennen das Gedicht.
»Advent, Advent, ein Lichtlein brennt.
Erst eins, dann zwei, dann drei, dann vier,
dann steht das Christkind vor der Tür.«
Aber nun noch etwas zu meinen Vorfahren. Wichern hat mich ja nicht erfunden. Aber er hat sich an alte Zeichen erinnert. Wenn ihr mich anschaut, dann seht ihr zunächst meine kreisrunde Form. Wie ein Kranz oder eine Krone. Schon bei den Römern war ein solcher Kranz ein Zeichen für die Würde des Kaisers. Außerdem diente er zur Ehrung von Siegern. Bis heute kennen wir Kronen und Siegeskränze.

Aber was hat das mit Advent zu tun? Wir warten auf den Erlöser der Welt, auf Jesus Christus. Er ist für uns der König des Friedens, den Gott uns sendet. Und hat er nicht durch sein Leiden, Sterben und Auferstehen gezeigt, dass er auch über den Tod gesiegt hat?
Weihnachten liegt um die Zeit der Wintersonnenwende. Die Tage werden kürzer, bis es ab dem 21. Dezember dann wieder heller wird. Es ist die Zeit, in der eure Vorfahren Lichter angezündet haben, damit die Sonne wieder emporsteigt und die Natur zu neuem Leben erwacht. Ich bin aus immergrünen Tannenzweigen geflochten; damit halte ich die Hoffnung lebendig: Jesus Christus, unser Erlöser, wird geboren. Er ist unser Licht, das die Welt erhellt. Dazu zündet ihr meine roten Kerzen an, sie sind Zeichen der Vorfreude und der Wärme, die uns das Licht schenkt.
Warum aber vier Kerzen? Der Kreis mit vier Kerzen will euch an den Erdkreis und seine Himmelsrichtungen erinnern. Jesus ist der Erlöser für alle Völker der Erde im Norden und Süden, im Osten und Westen.

1 Advent

Jetzt aber genug von meinen Vorfahren. Geschickte Hände haben Zweige von einer Tanne oder einer Fichte geschnitten und zu einem Kranz geflochten. Der grüne Kranz ist mit roten Schleifenbändern geschmückt, vier Kerzen stecken darauf. Das bin ich.

Die erste Kerze brennt. Noch ist es dunkel. Die Menschen warten auf den Messias, den König, der uns Gottes Frieden bringt. Und schon bald werden alle vier Kerzen leuchten. Dann ist Weihnachten. Ich bin das Zeichen, das euch zur Krippe führen will. Dort findet ihr den Retter der Welt.«

2 Advent

Christentum

Frieden

Glaube

Hoffnung

Licht

Wurzel

Biblischer Bezug: Jesaja 11,1: Ein Sproß wächst aus dem Baumstumpf Isai, ein neuer Trieb schießt heraus aus den Wurzeln.

Kreativer Zugang: 215

Inhalt: Die Jesajaverheißung von dem lebendigen blühenden ›Reis‹ aus Isai (später als Rose gesehen) wird mit der Sitte, in der Vorweihnachtszeit Barbarazweige zum Blühen zu bringen, verbunden.

Was der Barbarazweig erzählt

Erzählung von Ulrich Walter

Ein Strauß mit Zweigen, und diese Zweige sollen blühen, mitten im Winter? Unvorstellbar! Oder kann es doch geschehen?
Zu allen Zeiten hat das die Menschen nicht losgelassen. Eigentlich geht es nicht, aber es wächst etwas heran und kommt zur Blüte, gegen alle Erfahrung erwacht neues Leben.
Da steht ein abgehauener Wurzelstock über viele Jahre. Der ist abgestorben, sagen alle, die etwas davon verstehen. Und dann, ganz unerwartet, wächst ein kleiner Keimling heran. Er wird zum Zweig, treibt Knospen und blüht auf.
Jesaja hat in seiner Hoffnung auf Gott ein solches Zeichen gesehen.
Es stand schlimm um Israel. Jerusalem war verwüstet, die Menschen verschleppt, das Königshaus war entmachtet.
Wird es überhaupt eine Zukunft geben? Kann der Hass zwischen den Völkern überwunden werden? In dieser Zeit will Jesaja seinem Volk neue Hoffnung auf Frieden und Gerechtigkeit geben. Wie in einem Traum entwirft er ein Bild, das von einer Zukunft in Frieden erzählt.

Und es beginnt mit dem Zeichen neuen Lebens aus dem abgehauenen Wurzelstamm. Das haben die Menschen seinerzeit wohl verstanden. Sie hofften, dass aus der Familie Davids der Friedenskönig kommt, den Gott sendet.

Von dieser Hoffnung hat Jesaja gesprochen (nach Jesaja 11,1-10 i.A.):
Aus dem Stamm der Familie Davids und seines Vaters Isai wird ein Keimling aufgehen,
ein kleiner Zweig wird wachsen und eine Blüte entfalten.
Ein neuer Friedenskönig wird geboren, von Gott gesandt.
Er wird weise sein und verständig, stark und gottesfürchtig.
Er tritt mächtig auf für das Recht der Armen.
Ihnen wird Gerechtigkeit widerfahren, dass sie in Frieden und Würde leben können.
So wird es sein, wenn der kleine Keimling aus der alten Wurzel aufgeht,
wenn der Friedenskönig geboren ist.
Das ist das Zeichen für die Völker der Erde.

Die ersten Christen haben dieses Bild von Jesaja für sich neu entdeckt. Der Nachfahre Davids, in Bethlehem geboren, das war ihr Messias und Herr: Christus ist unser Friede!
Damit war und ist auch das Bild von dem unerwartet blütentreibenden Zweig ein Bild für die Geburt Jesu:
Es ist ein Ros entsprungen
aus einer Wurzel zart,
wie uns die Alten sungen,
von Jesse kam die Art

und hat ein Blümlein bracht
mitten im kalten Winter
wohl zu der halben Nacht.

Es gibt den Brauch, Anfang Dezember Zweige in die Vase zu stellen, damit sie in der Wärme ausschlagen und zu Weihnachten blühen.

Vielleicht hängt es mit dem Datum zusammen, vielleicht gibt es wirklich eine Verbindung: Die Legende erzählt, dass die heilige Barbara, deren Gedenktag der 4. Dezember ist, mit diesem Brauch vertraut war.

Barbara lebte als Tochter eines reichen Kaufmannes im 3. Jahrhundert. Das Christentum war noch in den Anfängen. Wer sich taufen ließ und zu Christus bekannte, lebte gefährlich. Der Kaiser in Rom wollte als Gott verehrt werden. Und die Christen wurden verfolgt, weil sie es ablehnten, jemand anderen als Jesus Christus anzubeten.

Barbaras Vater war reich, und jedesmal, wenn er von einer Reise zurückkam, beschenkte er seine Tochter mit kostbarem Schmuck und den schönsten Gewändern. Doch dann erfuhr er, dass Barbara sich hatte taufen lassen und Christin geworden war. Barbara war gebildet und fragte viel nach dem Sinn ihres Lebens. Eine Sklavin ihres Vaters war Christin und hatte ihr vom Glauben an Christus erzählt. Barbara war überzeugt, ihren Lebenssinn gefunden zu haben. Darum nahm sie die Taufe. Der Vater war darüber sehr erbost. All seine Pläne waren durchkreuzt. Er hatte Barbara bereits einem Sohn aus einer reichen Familie zur Frau versprochen. Eine Christin aber würde dieser niemals heiraten. Daher ließ der Vater Barbara in ein dunkles Turmverlies sperren. Er hoffte, dass sie so von ihrem christlichen Glauben ablassen würde. Niemand hatte Zutritt zu ihr, außer der Sklavin, die ihr das Essen brachte.

Aber auch die Zeit ihrer Gefangenschaft konnte Barbara nicht vom Glauben an Jesus Christus abbringen.

Während einer Reise des Vaters hat sie sogar drei Fenster in den Turm brechen lassen, damit das Licht Gottes des Vaters, des Sohnes und des heiligen Geistes ihr leuchtete.

Schließlich übergab der Vater seine Tochter dem Gericht. Aber auch dort bekannte sie ihren Glauben an Christus.

Sie wurde zum Tode verurteilt. In der Zeit der Gerichtsverhandlung, so erzählt die Legende, soll ihr die Sklavin einen Kirschzweig in das Gefängnis gebracht haben.

Am Tage ihres Todes stand er in voller Blüte.

So verbindet sich bis heute der Brauch, vor Weihnachten Zweige in die Vase zu stellen, mit der Geschichte der Barbara. Die Hoffnung auf den Christus, der Frieden bringt wider alle Erfahrung, ist in diesem Zeichen lebendig.

Die heilige Barbara wird in der Kunst mit einem dreifenstrigen Turm dargestellt. Sie ist Patronin der Bergleute geworden, weil sie in ihrem Verlies die gleiche Dunkelheit vor Augen hatte wie die Bergleute bei ihrer Arbeit im Schacht.

Alt und Jung 3

Alter

Vorurteil

Zeit

Zuwendung

Biblischer Bezug: Hiob 32,7: Erst soll das Alter reden. Erfahrung langer Jahre hat den Vortritt.

Kreativer Zugang: **105,** 110, 142, 143

Inhalt: Durch Hinweise der Mutter wird Nuschi darauf aufmerksam, dass die alte Frau Hompke ihr viel zu sagen hat.

Die alte Frau

Erzählung von Gina Ruck-Pauquèt

Die Mama räumt das Zimmer auf.

»Hier liegt noch die Stromrechnung für die Frau Hompke vom dritten Stock«, sagt sie. »Der Postbote hat sie irrtümlich zu uns gebracht. Trägst du sie rauf?« – »Och«, sagt Nuschi. »Nee.«

»Warum denn nicht?«, fragt die Mama und nimmt die Mickymaushefte aus dem Brotkörbchen.

»Weil ...«, sagt Nuschi. »Alte Leute sind langweilig.«

Die Mama findet eine Nähnadel mit einem Faden auf dem Sofa.

»So eine alte Frau«, sagt die Mama, »Oder ein alter Mann, die haben viele geheime Schätze.«

Nuschi schaut.

»Klar«, sagt die Mama, »sie haben ein langes Leben

gelebt. In ihren Köpfen sind unzählige Geschichten, lustige und traurige. Ihre Augen haben Plätze und Ereignisse gesehen, die wir nicht kennen. Ihre Ohren haben Dinge gehört, die wir nicht wissen. Ihre Hände haben Sachen angefasst, denen wir niemals begegnen werden, weil es sie nicht mehr gibt. Und sie haben Menschen getroffen, über die wir nichts erfahren, wenn sie uns nicht von ihnen berichten.«

Nuschi dreht die Stromrechnung in den Händen. »Meinst du?«, sagt sie. »Aber die Frau Hompke spricht nicht mit mir. Die sagt höchstens: ›Du bist aber groß geworden!‹ Und dann gibt sie mir einen blöden Bonbon.«
Die Mama lacht. Sie poliert die Fensterbank und stellt die Blumentöpfe wieder hin. »Du läufst ja auch so schnell wieder weg«, sagt sie zu Nuschi. »Ich weiß ganz bestimmt, dass die Frau Hompke gern mit dir reden würde. Sie ist ja immer allein. Aber Erinnerungen kann man nicht anknipsen wie ein Radio. Da braucht man schon Zeit.«
Nuschi nickt. Sie nimmt die Stromrechnung und läuft die Treppe hinauf. »Du bist aber groß geworden!«, sagt Frau Hompke.
»Ja«, sagt Nuschi. »Darf ich ein bisschen hereinkommen?«

4 Arm und Reich

Armut
Befreiung
Eine Welt
Frieden
Kinder
Lernen
Reichtum
Schule
Teilen
Unterdrückung

Biblischer Bezug: Jesaja 58,6-7(8): Löst die Fesseln eurer Brüder (und Schwestern), nehmt das drückende Joch von ihrem Hals, macht jeder Unterdrückung ein Ende …

Kreativer Zugang: **106,** 144

Inhalt: Am Gegensatz der reichen und armen Juanita wird die Not der unterdrückten Landarbeiter in Südamerika deutlich. Auf die unerträglichen Verhältnisse reagieren die Armen mit Landflucht. Die arme Juanita weiß sich von der überheblichen reichen Juanita durch eine Befreiungstat zu lösen.

Die grauen und die grünen Felder

Erzählung von Ursula Wölfel

Sie wohnen weit weg von hier, die eine Juanita und die andere Juanita. In Südamerika wohnen sie, und ein großes Meer liegt zwischen hier und dort.
Zuerst wohnte die eine Juanita im Dorf am Berg. Ihre Eltern hatten dort ein kleines Haus, das war grau wie die Steine vom Berg.
Sie hatten auch zwei Felder, die waren ebenso grau von Staub und Steinen. Alle Felder dort oben sahen so aus. Die Erde war so trocken, dass kaum etwas wachsen konnte, nur ein bisschen Weizen und ein paar kleine Kartoffeln, gerade genug für die Familie: für den Vater Pedro und die Mutter Ines, für die Großmutter Maria und für die Kinder Juanita und Rosita. Gerade genug wuchs dort, aber manchmal auch zu wenig. Dann kochten sie die Bananensuppe ohne Mehl, einfach nur mit Wasser. Für eine Stunde wurde man satt davon.

Die andere Juanita wohnte unten im Tal in dem schönen Haus hinter der weißen Mauer. Ihre Eltern hießen »der Herr« und »die Dame«, und ihr Bruder Alonso hieß »der junge Herr«. Ihnen gehörten die grünen Felder im Tal, die Zuckerrohrfelder und der Bananenwald. Auch die vielen Lastwagen und die Zuckerfabrik gehörten ihnen. Im Tal gab es genug Wasser, da waren die Felder fruchtbar und saftig grün. Alle grünen Felder gehörten diesen Leuten aus dem Haus hinter der Mauer. Vielleicht gehörten ihnen auch die Leute im Dorf?
Der einen Juanita kam es so vor. Denn die Eltern und alle Dorfleute arbeiteten den ganzen Tag im Tal auf den grünen Feldern oder in der Zuckerfabrik. Was da oben auf ihren grauen Feldern wuchs, reichte nicht aus. Sie brauchten auch Geld für Kleider und Schuhe, für Hüte gegen die Sonne und für Petroleum oder Kerzen, damit sie abends nicht im Dunkeln sitzen mussten.
Die eine und die andere Juanita trafen sich dreimal. Einmal kletterte die eine Juanita mit Rosita auf die weiße Mauer, und sie sahen das schöne Haus dahinter und den Garten mit den Blumenbeeten, den Tennisplatz und den Reitplatz, das Schwimmbad mit dem blauen Wasser und am Haus die Terrasse unter einem gläsernen Dach.
Die andere Juanita saß auf einer Schaukel, sie las in einem Buch.
Die Juanita auf der Mauer flüsterte: »Wie schön ist das

Mädchen! Was für ein feines Kleid! Und sie kann lesen! Und sie heißt Juanita, wie ich.«
Rosita nickte nur. Ihr Mund stand offen vor Staunen. Da rief die andere Juanita: »Weg da! Runter von der Mauer!« Die Kinder erschraken. Sie rutschten von der Mauer und rannten nach Hause.
Ein anderes Mal ritt die Juanita aus dem Tal mit ihrem Bruder auf den Berg. Sie hatte rote Reithosen an und eine weiße Bluse.
Die eine Juanita spielte mit Rosita am Weg. Sie bauten aus Zweigen und Pappe ein kleines Haus für ihre Puppen.
Die andere Juanita sagte zu ihrem Bruder: »Hübsche Mädchen, aber so schmutzig!«
Sie sagte das so laut, dass die Mädchen es hören konnten. Dann ritten die beiden weiter, und die eine Juanita schämte sich.
Großmutter Maria hatte ihre Kleider gewaschen, es war nur keine Farbe mehr in dem Stoff, die Sonne hatte alle Farben ausgebleicht, darum sahen die Kleider grau aus. Rosita schämte sich nicht. Sie war noch zu klein.

Bald danach bekam die eine Juanita einen kleinen Bruder. Er wurde Pedro getauft, wie der Vater. Sie feierten am Sonntag ein Fest, alle Dorfleute kamen dazu, sie sangen und tanzten und redeten und tranken. Vater Pedro sagte zu den Männern:
»Ich habe von einem anderen Dorf gehört, dort haben sich alle zusammengetan und Wasserleitungen gebaut. Ihre Felder sind fruchtbar geworden. Jetzt verkaufen sie Tabak. Sogar einen eigenen Lastwagen haben sie. Alle lernen lesen dort, die Erwachsenen und die Kinder. Sie brauchen nicht mehr für die Leute im Tal zu arbeiten, sie arbeiten für sich selbst.«
Darüber redeten die Männer die ganze Nacht, und die Frauen und Kinder hörten zu.
Juanita konnte nicht einschlafen, als die Großmutter sie ins Haus schickte. Sie musste über das alles nachdenken. Als die Sonne aufging, redeten die Männer noch immer. Sie sagten: »Von heute an gehen wir nicht mehr ins Tal! Wir bauen Wassergräben und eine richtige Straße. Wir arbeiten nur noch für uns selbst!«
Aber dann ritt der Verwalter aus dem Tal herauf, und als die Leute ihn von weitem sahen, nahmen sie schon ihre Hüte und rannten ihm entgegen.
Vater Pedro rannte auch. Juanita sah es. Wie ein Esel rannte er, und die Mutter lief ihm nach. Da spuckte Juanita aus dem Fenster hinter ihnen her.

Zwei Stunden später kamen die Eltern wieder zurück. Mutter Ines weinte, und Vater Pedro fluchte. Er sagte: »Irgendein stinkender Lump hat uns verraten. Es ist verboten, so zu reden wie heute nacht. Die armen Leute sollen arm und dumm bleiben, damit sie gern für ein paar Pfennige im Tal arbeiten. Wir sind entlassen, für immer. Was sollen wir tun? Die Steine hier oben fressen? Wir gehen in die Hauptstadt. Ich werde dort schon Arbeit finden.«
Großmutter Maria sagte nichts dazu. Sie nickte nur. Rosita tanzte vor Freude und rannte gleich ins Dorf und erzählte den anderen Kindern, dass sie jetzt ein Stadtmädchen werden sollte. Sie dachte nur an die schönen Läden in der Stadt und an den bunten Betrieb in den Straßen.
Juanita weinte. Sie wollte hierbleiben, sie wollte nicht in die fremde große Stadt.
Mutter Ines schnürte das Bettzeug zusammen. Sie knotete die Töpfe und Schüsseln in ein Tuch und die Kleider in ein anderes Tuch, und Großmutter Maria nahm das hölzerne Kreuz von der Wand und die Hochzeitsbilder von den Eltern und den Großeltern.
Am Abend gingen sie fort. Sie gingen zur Bushaltestelle im Tal.
Großmutter Maria trug den kleinen Pedro und das Kreuz. Vater Pedro hatte das Bündel mit dem Bettzeug und Mutter Ines das Bündel mit dem Geschirr. Rosita trug die Puppen und die Hochzeitsbilder und Juanita das Bündel mit den Kleidern.
Zuerst war Juanitas Bündel leicht, dann wurde es immer schwerer.
Denn Juanita sammelte Steine vom Weg, viele graue Steine tat sie in das Bündel. Die anderen sahen das nicht, Juanita ging weit hinter ihnen, und es war auch schon dunkel.
Als sie an der weißen Mauer entlangging, warf Juanita die Steine hinüber: drei auf den Tennisplatz, fünf in das blaue Schwimmbad, die drei dicksten auf den Reitplatz und alle anderen auf die Wege.
Sie lachte dabei, sie dachte: Hoffentlich habe ich alles gut getroffen! Die andere Juanita soll über diese Steine stolpern, sie sollen ihr im Schwimmbad die Füße aufreißen, sie sollen ihr Pferd stürzen lassen, Blut soll auf ihre schöne weiße Bluse tropfen!
Dann wohnten sie auf einem anderen grauen Berg am Rand der großen Stadt.
Sie hatten eine Hütte aus Blech und Brettern. Tausend solcher Hütten gab es dort, und mit den Menschen wohnten Ratten in den Hütten, und stinkendes Wasser stand auf den Wegen.
Die Stadt mit den schönen Läden und bunten Straßen, die Stadt mit den Gärten und schattigen Bäumen, die Stadt mit den fröhlichen Leuten war unten im Tal. Sie sahen am Abend die Lichter, und manchmal hörten sie die Musik aus den Cafés.

Vater Pedro fand keine Arbeit in der Stadt, nur die Mutter arbeitete in einer großen Wäscherei. Sie waren jetzt noch ärmer als vorher.
Großmutter Maria meinte, Juanita sollte nun zur Schule gehen. Aber Juanita wollte nicht. Sie war jetzt immer matt und traurig und hatte Heimweh nach dem Dorf.
Jeden Tag lief sie zur Stadt hinunter. Sie bettelte.
Unten in der Stadt traf sie die andere Juanita dann zum dritten Mal. Sie erkannte sie sofort, aber die andere Juanita erkannte sie nicht.
Sie saß mit ihrem Bruder in einem offenen Auto, das stand auf einem Parkplatz.
Die eine Juanita kam ganz nah heran. Sie sah der anderen ins Gesicht. Aber da war keine Schramme, keine Narbe. Es hatte nichts genützt, das mit den Steinen. Die andere Juanita sagte zu ihrem Bruder: »Da ist ein Bettelmädchen. Gib ihm etwas, damit es weggeht.«
Der junge Herr Alonso nahm ein Geldstück aus der

4 Arm und Reich

Jackentasche und warf es der einen Juanita zu. Es fiel auf das Pflaster und rollte fort.
Gleich waren vier, fünf Jungen da, die griffen danach. Und die eine Juanita balgte sich mit den Jungen, und die andere Juanita saß im Auto und sah zu und lachte. Aber jetzt war die eine Juanita nicht mehr müde, und der Zorn machte sie stark. Sie packte das Geldstück, sie jagte die Jungen weg.
Dann lief sie zum Auto. Sie schrie: »Lach nur! Lach nur!« Und sie warf der anderen Juanita, der feinen, schönen, stolzen Juanita das harte Geldstück mitten ins Gesicht. Das gab nur einen kleinen Kratzer über der Nase. Aber es blutete, es blutete! Und sie weinte, die andere Juanita! Die eine lief weg, und niemand holte sie ein, der junge Herr Alonso nicht, und nicht der Polizist, den sie hinter ihr herschickten.
Am Abend sagte sie zu Großmutter Maria: »Vielleicht gehe ich doch zur Schule.«

5 Atem

Freude

Gott

Leben

Liebe

Luft

Pfingsten

Biblischer Bezug: 1. Mose 2,7b: Und Gott blies dem Menschen den Lebenshauch in die Nase. So wurde der Mensch lebendig.

Kreativer Zugang: **107, 108**

Inhalt: Meditation über das Atmen. Einen ›langen Atem‹ zu haben, ist lebenswichtig. Atem gewinnen, Atem verlieren, das kann auch im übertragenen Sinne verstanden werden.

Atmen

Erzählung von Fritz Baltruweit

Ich weiß noch ganz genau, wie meine Mutter einmal sagte: »Da geht mir doch glatt die Puste aus!« – »Warum geht dir denn die Puste aus, Mama? Du bist doch gar nicht schnell gelaufen!« habe ich gefragt. Aber sie hat gesagt: »Das verstehst du noch nicht, mein Kind.« Wollte ich aber verstehen. Denn so klein war ich nun auch nicht mehr. Ich war immerhin sechs Jahre alt und kam bald zur Schule.
Und die Nachbarin sagte dann zu meiner Mutter: »Da wünsche ich dir aber einen langen Atem.« Das war schon wieder so'n Rätselsatz. Atem, was ist das eigentlich?
Wenn ich so richtig schnaufe beim Laufen, dann merke ich, dass ich atme. Dann merke ich, dass die Luft so richtig in mich hineinströmt und wieder aus mir heraus. Aber: Atme ich sonst eigentlich auch? Ich merke doch gar nichts davon. – Man atmet immer. Und nur wenn man atmet, kann man auch leben. Sonst stirbt man. Wir atmen Luft ein und aus – wir brauchen sie zum Leben. Luft ein- und ausatmen ist so wichtig für unser Leben, das wir dieses Wort für ganz unterschiedliche Sachen benutzen. »Mir geht die Puste aus«, sage ich, wenn ich nicht mehr kann. Wenn jemand mich nur ärgert und mir kein gutes Wort sagt, sondern nur: »Du bist ja sowieso blöd.« Oder: »Das kannst du ja sowieso nicht!« –
Oder wenn ich die Cola umgeschmissen habe: »Wieder typisch: Was anderes war dir ja auch gar nicht zutrauen!« – Ich kriege keine Luft mehr, wenn jemand mir meinen Platz zum Leben beschneidet.
Und wenn ich jahrelang zur Schule gehe, um etwas zu lernen, dann brauche ich »einen langen Atem«. Dann kann ich nicht nur darauf sehen, ob mir *heute* die Schule Spaß macht oder nicht. Dann brauche ich Geduld, um die vielen Schultage zu überstehen, und Übersicht, um das Lernen richtig bewerten zu können.
Die Luft zum Atmen schenkt uns Gott. Wir benutzen das Wort »Atmen« auch in dieser Beziehung für ganz verschiedene Sachen.
Wir sagen: Das Gefühl, dass Gott uns liebhat, können wir einatmen. Wir machen uns das nicht immer klar. Aber manchmal spüren wir ganz tief in uns, wie lieb Gott uns hat. Zum Beispiel, wenn wir einen schönen Tag erlebt haben. Wenn wir die blühenden Blumen genießen und die Bäume, die Grillen und die Frösche ...
Manchmal dürfen wir das Gefühl haben, wenn wir traurig sind. Wenn wir das ganz nötig brauchen, dass jemand uns sagt: »Ich hab dich lieb.« Dann ist es besonders schön, wenn wir etwas von dem Atem Gottes spüren: Wenn ich dann auch einmal in mir spüre, dass alles gut wird, auch wenn mir gerade jemand weh getan hat. – Davon leben wir genauso wie von der Luft.
Etwas davon kann ich übrigens auch wieder ausatmen. Dann freuen sich die Menschen um mich herum.

Biblischer Bezug: Jeremia 1,8: Habe keine Angst, denn ich bin bei dir und werde dich beschützen. Ich, der Herr, sage es.

Kreativer Zugang: 120, 212

Inhalt: Anderssein: Die eine Lehrerin wird mit der schwierigen Schülerin zunächst nicht fertig; die andere wird es. Wärme, Zuwendung, aufmerksames Zuhören sind entscheidend. Das macht frei. Das weckt Vertrauen.

Angst
Außenseiter/in
Helfen
Schule
Versagen
Vertrauen
Zuwendung

Eine ganz andere

Erzählung von Irmela Wendt

In der ersten Klasse ist es gewesen. Lena kann die Aufgabe nicht. Sie spielt mit dem Bleistift. Der Bleistift rollt unter den Tisch. Lena kriecht hinter dem Bleistift her. Unterm Tisch sticht Lena die anderen Kinder mit dem Bleistift ins Bein. Sie schreien: »Lena sticht uns mit dem Bleistift!«

»Komm sofort unterm Tisch hervor, Lena!« befiehlt Frau Hübscher, die Lehrerin. Aber Lena bleibt, wo sie ist, bis es klingelt.

»Schnell! Schnell! Alle raus! Ich habe Hof-Aufsicht!« schreit Frau Hübscher. Sie greift unter den Tisch, sie zieht Lena am Arm hervor. Lena macht die Füße steif, die Beine, die ganze Lena macht sich steif, die steife Lena läßt sich durch die Klasse schleifen und über den Flur. Die andern Kinder springen nebenher und lachen. Lena mag die anderen nicht mehr sehen. Sie macht die Augen zu. Lena ist blind.

»Ja, was ist denn?« fragt eine Stimme. Lena mag die Stimme sehr. »Ich habe Hof-Aufsicht!« antwortet Frau Hübscher.

Lena fühlt eine Hand an ihrer Hand. Lena mag die Hand sehr. Lena mag die Hand so sehr, daß sie nicht eine Sekunde länger steif sein will und auch nicht blind. Hand in Hand geht Lena mit Frau Anders über den Flur in Frau Anders' Zimmer. Sie sitzen beieinander in der roten Polsterecke, und Lena sagt, daß sie die Aufgabe nicht kann. Und das andere sagt sie auch. Daß sie die Kinder mit dem Bleistift gestochen hat und so. Sie sagt einfach alles. Frau Anders hört sich ruhig an, was Lena sagt. Erst als Lena kein Wort mehr hervorbringt, fragt sie:

»Hast du Frau Hübscher gesagt, daß du die Aufgabe nicht kannst?«

Lena schüttelt den Kopf.

»Dann weiß Frau Hübscher auch nicht, daß du die Aufgabe nicht kannst«, meint Frau Anders. »Bei so vielen Kindern kann eine Lehrerin unmöglich von jedem einzelnen Kind wissen, ob es seine Aufgabe kann oder nicht. Du mußt es ihr sagen. Dann wird sie dir auch helfen.«

Lenas Augen werden ganz weit und sehr dunkel. Ob das wahr ist? denkt Lena. Ob sie es wirklich nicht weiß? Sie weiß doch sonst immer alles, jedenfalls tut sie so, als ob sie alles wüßte. Und es ist gemein, daß sie mir nie hilft. Weil sie mich nicht mag, darum hilft sie mir nicht. Frau Anders mag mich. Meint Frau Anders vielleicht, Frau Hübscher mag mich auch, nur so ein bißchen, ein ganz kleines bißchen, eben so viel, daß sie mir bei der Aufgabe helfen mag ...

»Willst du jetzt zu ihr gehen und es ihr sagen?« fragt Frau Anders.

Lena nickt. Sie rutscht vom Polster und läuft auf den Flur. Vor der Klassentür bleibt sie stehen. Drinnen hört sie Frau Hübscher reden, der Unterricht hat schon wieder angefangen. Leise öffnet Lena die Tür einen Spaltbreit, schlüpft hindurch, geht schnell zu Frau Hübscher und sagt es.

Lena setzt sich auf ihren Platz. Das Heft liegt noch aufgeschlagen da. Sie fängt an zu zählen, unhörbar für die andern, nur für sich selbst ganz leise innen zählt sie: eins, zwei, drei ... wenn sie bis fünf kommt, mag sie mich sehr ... vier fünf, sechs ... wenn sie bis zehn kommt, mag sie mich auch... sieben, acht, neun, zehn, elf ... wenn sie bis fünfzehn kommt, dann bin ich aber froh ... zwölf, dreizehn ... Eine Hand legt sich auf Lenas Hand. »Nun zeig mir mal die Aufgabe, die du nicht kannst ...«

Mittags nach Schulschluß sagt Frau Hübscher zu Frau Anders, eine ganz andere Lena sei zu ihr zurückgekommen. Und Lena sagt zu ihrer Mutter, eine ganz andere Frau Hübscher sei das heute in der letzten Stunde gewesen.

Aggression

Eskalation

Hass

Rücksichtslosigkeit

Überwindung

Biblischer Bezug: 2. Mose 22,20: Ihr dürft die Fremden, die bei euch wohnen, nicht bedrängen.

Kreativer Zugang: 111, 112, 113

Inhalt: Karin vermag in der Straßenbahn der angepöbelten Ausländerin nicht wirklich beizustehen. Sie hadert mich sich selbst: Ich hätte viel mehr tun können.

Straßenbahn

Erzählung von Renate Welsh

Als Karin zur Haltestelle kam, standen schon acht Frauen und zwei Männer da. Das war ungewöhnlich um diese Zeit, kurz nach zehn Uhr vormittags. Eine Frau trat vom Gehsteig, blickte in die Richtung, aus der die Straßenbahn kommen sollte, schüttelte den Kopf und zuckte mit den Schultern. Die Wartenden sahen einander an. Sie hatten fast den Punkt erreicht, wo sich ihr Unwille Luft machen musste. Ihre Wangenmuskeln arbeiteten schon. Karin zog ein Buch aus der Tasche. Sie musste die Zeit nützen. Nächste Woche war Abschlussprüfung.

»Die geschichtlichen Vorbelastungen und Gärungskräfte der deutschen Nationalidee sammeln sich in ihrer äußersten Zuspitzung in der Ideologie des Nationalsozialismus und finden unter anderem in der sogenannten Kristallnacht ihre erste Entladung«, las sie. Sie versuchte sich zu konzentrieren. Es gelang ihr nicht, das Gemurmel ringsum ungehört an sich vorbeiplätschern zu lassen.

»... aber die Tarife erhöhen, das können sie ...«

»... sicher wieder ein Unfall...«

»... ich weiß noch wie heute, damals im Sechzigerjahr – oder war es schon Neunundfünfzig? – Stunden danach bin ich vorbeigekommen, ganz zufällig, und da ist noch ein Finger gelegen. Den haben sie einfach vergessen ...«

Die Straßenbahn kam. Sie war sehr voll. Die Fahrgäste rückten widerwillig noch enger zusammen, musterten die Einsteigenden wie eine vorrückende Besatzungsmacht.

Niemand schien zu wissen, was die Verspätung verursacht hatte. Eine leise Enttäuschung breitete sich auf den Gesichtern aus. Die Gespräche verstummten.

Karin wurde in den Mittelgang abgedrängt. Neben ihr stand ein junges Paar. Das Mädchen klammerte sich am Kragen ihres Freundes fest statt an der Halteschlaufe. Sie trug einen langen, bunt gewebten Schal mit geknoteten Fransen. So einen hätte ich gern, dachte Karin.

Eine Gießkanne stieß sie in die Kniekehlen. Zwei ältere Frauen waren offenbar auf dem Weg zum Friedhof, beladen mit Gartenwerkzeug und großen Körben. Karin hatte die eine schon oft gesehen, eine Frau mit freundlichem, rosigem Gesicht, die immer in die Runde lächelte, bevor sie sich aufseufzend setzte. Heute trug sie weiße Stiefmütterchen in ihrem Korb. Das letzte Mal waren es Primeln gewesen. Die Frau hielt den Korb in Brusthöhe und schützte die Blüten mit der Hand.

Die Straßenbahn klingelte anhaltend und bremste scharf.

Karin wäre gefallen, wenn sie nicht im letzten Augenblick nach einer Lehne gegriffen hätte.

Hinter ihr schrie eine Frau.

Karin drehte sich erschrocken um. Eine dunkelhaarige Frau mit strengem, hagerem Gesicht rieb mit dem Handrücken über ihr rechtes Auge.

Die Straßenbahn fuhr ruckartig an. Die dunkelhaarige Frau wandte sich an das Mädchen mit dem Schal: »Können Sie nicht sagen: Entschuldigung?«

Das Mädchen zuckte mit den Schultern: »Wofür?«

»Sie haben mich getroffen am Auge. Mit Schal.« Die Frau sprach langsam und überdeutlich, sie hatte einen fremden Akzent und ihre Stimme war scharf.

Das Mädchen sagte: »Ich habe es nicht bemerkt.«

»Nicht einmal sagen: Entschuldigung«, wiederholte die Frau. Die Sehnen an ihrem mageren Hals zuckten.

Das Mädchen wandte sich ihrem Freund zu. Er legte den Arm um sie. Die beiden flüsterten miteinander.

Karin erwartete, dass sich die Fahrgäste nun über die Rücksichtslosigkeit der heutigen Jugend verbreiten würden. Aber die alte Frau mit den Stiefmütterchen sagte: »Wird schon nicht so schlimm gewesen sein.«

»Gehört sich entschuldigen«, beharrte die dunkelhaarige Frau.

Der Mann, der ihr gegenübersaß, ließ seine Zeitung sinken. »Wenn es Ihnen hier nicht passt, dann gehen Sie doch zurück, wo Sie hergekommen sind.«

Die Frau schüttelte den Kopf. Ihr linker Mundwinkel zuckte hoch und legte einen Goldzahn frei.

»Ja, gehen Sie nur!« rief eine schrille Stimme.

Karin sah die Sprecherin nicht, sie stand hinter einem großen breitschultrigen Mann.

»Sitzt da, während unsere eigenen Leute stehen müssen, und regt sich auch noch auf!«

Die Menschen, eng gedrängt, einander anstoßend, aber doch jeder für sich, wurden zu einer Masse.

»Was will die denn überhaupt?«

»Sicher eine Zigeunerin ...«

»... frech auch noch ...«

Jede Bemerkung wurde mit Zustimmung aufgenommen, lockte weitere, immer feindseligere heraus.

»Ruhe!«, rief der Fahrer in sein Mikrofon.

Es wurde noch lauter. Das Mädchen mit dem Schal begann zu weinen. »Das habe ich nicht gewollt! Das habe ich wirklich nicht gewollt!«
Karin war nicht sicher, ob das Mädchen zu ihrem Freund sprach oder zu der Frau, die steif dasaß, die Hände im Schoß gefaltet. Ihre großen Knöchel traten immer weiter hervor. Die Falten in ihren Wangen gruben sich tiefer ein.
»... da gehört eine starke Hand her, die Ordnung macht mit solchen Leuten ...«
»... man sieht ja, wohin das führt – im eigenen Land kann man sich nicht mehr rühren ...«
Sagten sie das alles wirklich? Diese Gespenstersätze? Sie sagten es, und mehr. Bis zu »... unter Adolf hätte es das nicht gegeben ...«
Das Mädchen mit dem Schal schluchzte. »Ich halte das nicht aus!« Sie drängte sich zur Plattform vor; man ließ sie durchgehen. Ihr Freund folgte verwirrt. An der nächsten Haltestelle stiegen sie aus.
Karin wäre am liebsten auch ausgestiegen. Sie hatte Angst.
»Ruhe! Oder ich lasse den Wagen räumen!«, rief der Fahrer ins Mikrofon.
»Das wird ja immer schöner. Hält der auch noch zu dem fremden Gesindel ... und die sitzt da, als ob sie das alles nichts angeht ...«
Karin sah sich verzweifelt um.
Die Gesichter schienen immer näher zu kommen, ineinander zu verschwimmen; ein einziges Riesengesicht mit hundert bösen Augen.
Warum sagt denn keiner was dagegen?, dachte Karin. Aber die Frau hatte schließlich angefangen. Warum musste sie so ein Theater machen?
Wenn doch wenigstens einer da wäre ...
Karin wurde weiter nach vorn geschoben. Sie stand jetzt neben der Frau, die mit weit aufgerissenen Augen vor sich hin starrte. Hin und wieder blinzelte sie heftig. Auf der Oberlippe hatte sie einen dunklen Flaum, auch auf den Wangen.
Karin drehte sich um. Sie wollte die Frau nicht so mustern.
»... aber Kinder wie die Karnickel ...«
»... traut man sich als Frau kaum mehr, nach zehn auf die Straße zu gehen ...«
»... da kann einer sagen, was er will. Damals war das alles ganz anders ...«
Selbst die alte Frau, die ihre Stiefmütterchen so liebevoll schützte, hatte einen bösen Zug um den Mund. So mussten die Gesichter ausgesehen haben in der Kristallnacht. So mussten die Stimmen geklungen haben.
Karin holte tief Atem. »Was hat denn die Frau getan?«, fragte sie. »Die hat doch nichts getan!«
Die Gesichter kamen noch näher. Karin spürte eine Bewegung hinter sich. Ihr Herz klopfte hart.
»Du hast dich da gar nicht einzumischen, verstanden?«
Karin machte sich schmal, zwängte sich zum Ausgang durch. Die nächste Station war ohnehin ihre. Und keine Kreuzung dazwischen. Nur noch drei Querstraßen. Sie drückte auf den Knopf neben der Tür. Die rote Schrift leuchtete auf.
Plötzlich sah sie aus dem Augenwinkel, wie ihr am anderen Ende des Wagens jemand zunickte. Sie sah zuerst nur die Bewegung, dann den weißhaarigen Kopf. Der Mann nickte noch einmal, lächelte ihr zu, fast ohne den Mund zu verziehen.
Wir wären zu zweit gewesen, dachte Karin.
Die dunkle Frau stieg hinter ihr aus und bog in die Seitengasse ein, die hinunter zum Fabrikviertel führte. Sie ging sehr aufrecht, fast steif, und nahm Karin nicht zur Kenntnis.
Die Autokette auf der Hauptstraße riss nicht ab. Karin stand lange da, einen Fuß auf dem Gehsteig, einen frei wippend. Sie konzentrierte sich auf den wippenden Fuß. Das half gegen die schlaffe, müde Traurigkeit, die sich in ihr breit machte.
Es war ja gar nicht ihretwegen, dachte sie.
Es war meinetwegen.
Nur hätte ich mich viel früher trauen müssen.
Ich hätte früher den Mund aufmachen müssen.
Ich habe zu lange gewartet.
Aber immerhin.

8 Behindert

Anderssein

Freude

Geschenk

Hoffnung

Vertrauen

Biblischer Bezug: Römer 10,11-12a: Wer ihm vertraut, der wird nicht untergehen. Das gilt für alle.

Kreativer Zugang: **116,** 212

Inhalt: Ein geistig behinderter Junge glaubt, auch einmal einen Brief zu bekommen, wenn er den Briefkasten mit Süßigkeiten ›füttert‹. Der Postbote beobachtet den Vorgang. Er hilft.

Die Bonbons im Briefkasten

Erzählung von Rolf Krenzer

Als der Postbote einmal den Briefkasten leerte, fand er zwischen den Briefen ein eingepacktes Sahnebonbon. Der Postbote wunderte sich und dachte an einen dummen Scherz. Aber weil er gerade Lust auf ein Bonbon hatte, wickelte er das Sahnebonbon aus und steckte es in den Mund. Dann vergaß er die Sache.

Am nächsten Tag, als der Postbote den Briefkasten leerte, fand er wieder ein Bonbon zwischen den Briefen. Komisch, dachte der Postbote. Er wickelte das Bonbon aus und ließ es sich schmecken. Am dritten Tag wartete der Postbote schon ein bißchen darauf, dass wieder ein Bonbon im Briefkasten liegen würde. Und wirklich! Diesmal war es ein Schokoladenbonbon. Da freute sich der Postbote, denn Schokoladenbonbons aß er besonders gern. In den folgenden Tagen lag immer, wenn der Postbote den Briefkasten leerte, ein Bonbon zwischen den Briefen. Einmal ein Sahnebonbon, dann ein Himbeerbonbon, ein Zitronebonbon und ein Malzbonbon. Jetzt wollte der Postbote aber gar zu gern wissen, wer wohl die Bonbons immer in den Briefkasten warf. Deshalb fuhr er mit dem gelben Postauto, so oft er konnte, an dem Briefkasten vorbei. Wenn er einmal eine Pause hatte, stellte er sich in die Nähe des Briefkastens und beobachtete ihn ganz genau.

Er beobachtete dicke und dünne Leute, Männer und Frauen, die dicke und dünne Briefe in den Briefkasten warfen. Aber dass jemand ein Bonbon in den Briefkasten warf, das beobachtete er nicht. Doch als er dann den Briefkasten leerte, lag wieder ein Bonbon zwischen den Briefen. Diesmal war es ein Erdbeerbonbon. Der Postbote wurde immer neugieriger. Er schaute immer häufiger nach, wer Briefe in den Briefkasten warf. Aber er hatte kein Glück. Als er endlich den Briefkasten leerte, lag ein Gummibärchen zwischen den Briefen.

Endlich an einem Sonntag erblickte er einen kleinen mongoloiden Jungen. Der Junge kam aus der Tür des Nachbarhauses und ging schnurstracks auf den Briefkasten zu. Er trug keinen Brief in der Hand. Dafür aber einen großen roten Dauerlutscher. Er hob die Briefklappe hoch und warf, eins, zwei, drei, den Dauerlutscher in den Briefschlitz.

»Hallo!« rief der Postbote und lief zu dem Jungen. »Warum hast du deinen Dauerlutscher dort hineingeworfen?« fragte er und zeigte auf den Briefkasten.

Der kleine Junge schaute ihn mit großen Augen freundlich an und sagte: »Vielleicht bekomme ich auch einmal einen Brief, wenn ich ihn ordentlich füttere!« Zuerst musste der Postbote lachen. Aber dann fragte er ernsthaft nach dem Namen des Jungen. Der kleine Junge wusste sogar seine vollständige Adresse, Straße und Hausnummer. »Ich werde mich darum kümmern!« sagte der Postbote und winkte dem kleinen Jungen freundlich zu.

Am Abend schrieb er einen Brief an den Jungen. Er malte sogar ein Bild dazu, weil es sein konnte, dass der Junge seinen Brief gar nicht lesen konnte.

Und als er den Jungen am nächsten Tag wieder sah, sagte er freundlich zu ihm: »Du brauchst den Briefkasten nicht mehr zu füttern. Ich glaube, dass du bald Post bekommst. Vielleicht schon heute!« Dann holte er aus seiner Hosentasche ein Päckchen Gummibärchen heraus und schenkte es dem Jungen. An diesem Tag war der Postbote ganz besonders gut gelaunt.

Biblischer Bezug: 1. Mose 9,12: Das ist das Zeichen des Bundes (Friedensbogen); Lukas 2,12: Das habt zum Zeichen (Krippe)!

Kreativer Zugang: 101, **117,** 181, 183, 214, 215

Inhalt: Unter Verweis auf die tragenden Symbole und die liturgischen Leit-Farben führt der Erzähler durch das Kirchenjahr, darüber hinaus (Sommerferien, Schulanfang) auch durch das Schuljahr.

Kirche

Kirchenjahr

Schuljahr

Symbole

Zeichen

Symbole der Christen

Erzählung von Gunnar Urbach

Hast du in der Kirche schon die bunten Tücher gesehen, die an der Kanzel und am Altar hängen? Und hast du gemerkt, dass die Tücher verschiedene Farben und Bilder haben? Daran kannst du erkennen, was in der Kirche gerade los ist – ein ganzes Jahr lang. Komm, ich lade dich ein zu einem Rundgang durch das Kirchenjahr:

Das Kirchenjahr beginnt ganz still – ohne Böller – mit dem Anzünden des ersten Adventslichtes am *Adventskranz.* Die Farbe ist lila, denn die vier Wochen der Adventszeit sollen eine Zeit der Ruhe und Vorbereitung auf die Geburt Jesu sein, eine Zeit der Vorfreude, nicht der Hektik. Ein besonderer Tag ist der *Nikolaustag*, er erinnert an den echten Nikolaus, den Bischof von Myra in der heutigen Türkei, einen Freund und Helfer der Kinder und Seefahrer.

Und dann wird es Weihnachten. Das Zeichen ist die *Krippe*, denn der mächtige Gott wurde klein und schwach wie ein Kind. Er sorgt sich um uns und will uns nahe sein. Deshalb ist die Farbe weiß, die Farbe der Freude. Am achten Tag, dem Neujahrsmorgen, wurde das Jesuskind von Maria und Josef in den Tempel gebracht, um es Gott anzuvertrauen. Dort nimmt der alte *Simeon* das Kind und lobt Gott für seine Güte. Ebenfalls zur Weihnachtszeit gehört der Dreikönigstag mit den *Königen und dem Stern.*

Dann kommt eine ausgelassene Zeit, die Zeit der *Masken* und des Faschings. Noch einmal richtig feiern können und sich freuen, bevor am Aschermittwoch die sieben stillen Wochen der Passions- und Fastenzeit beginnen. Wir erinnern uns daran, wie Jesus gefangen und gefoltert wurde. Die Farbe ist lila, die Farbe der Stille. Das Zeichen ist die Dornenkrone. Besondere Tage sind der Gründonnerstag mit der Einsetzung des *Abendmahls.* Deshalb die Freudenfarbe weiß. Und der Karfreitag, der Tag der *Kreuzigung.* Seine Farbe ist schwarz. Und zum Zeichen der Trauer schweigen die Glocken und die Orgel.

Mit der Auferstehung Jesu beginnt die fröhliche Osterzeit. Erst waren die Menschen erschrocken über das *leere Grab.* Doch dann waren sie froh. Die Farbe ist weiß, das ist doch klar! Zur Osterzeit gehört auch die Himmelfahrt Jesu, bei der die *Jünger in den offenen Himmel blicken.*

Zu Pfingsten gehören die *Feuerflammen* des Heiligen Geistes. Die Farbe ist rot, die Farbe des Feuers, des Heiligen Geistes, der Heiligen und der Kirche. Wenige Wochen später werden die *Johannisfeuer* brennen.

Für die Sommerferien gibt es eigentlich keinen kirchlichen Namen. Doch für mich gehört das Zeichen der *Weltkugel* dazu. Denn Gott hält die ganze Welt in seiner Hand. Er ist überall für uns da, wohin wir auch reisen. Die Farbe ist grün wie die Pflanzen und das Gras.

Und dann kommt der Schulanfang. Ich gebe ihm das Zeichen des Weges, der dich und mich zu neuen Zielen führt, ein Weg des Entdeckens und des Lernens, ein Weg mit Gottes Nähe und Begleitung.

Am 29. September ist der Michaelistag, der Tag des *Erzengels* Michael. Seine Farbe ist weiß, die Farbe der Freude und der Engel. Und am ersten Sonntag nach dem Michaelistag feiern wir das Erntedankfest. Sein Zeichen ist der *geschmückte Altar.* Seine Farbe ist grün.

Die rote Farbe der Kirche und des Glaubens leuchtet dann noch einmal am Reformationstag, dem 31. Oktober. Kennst du die *Lutherrose?* Hast du schon von Luthers 95 *Thesen an der Kirchentür* gehört? Am 11. November ist dann Martinstag, der Tag des heiligen Martin, der seinen Mantel mit einem Bettler teilte, und später auch der Tauftag Martin Luthers.

Volkstrauertag und Friedenswoche erinnern an die schrecklichen Kriege und das Leiden auch der Kinder und Familien. Sie sagen uns: »Nie wieder Krieg!« Die Farbe ist lila, die Farbe der Stille und der Besinnung und der Umkehr, des neuen Anfangs. Ein Zeichen ist der *Regenbogen,* das Zeichen der Hoffnung für die ganze Welt. Die *betenden Hände* am Buß- und Bettag sind ein Zeichen für die Beichte: Alles Gott anvertrauen können, was uns belastet. Und von Gott die Zusage der Vergebung bekommen, die Chance eines Neubeginns ohne Schuld.

Und mit dem Ewigkeitssonntag ist der letzte Sonntag des Kirchenjahres erreicht. Sein Thema ist nicht nur der Tod, sondern auch die versprochene Auferstehung, das ewige Leben im Reich Gottes für alle Menschen. Deshalb ist die Farbe noch einmal weiß, die Farbe der Hoffnung und der Freude, weil wir eine Zukunft haben, ein neues Leben nach dem Tod. Das Zeichen ist die *aufgehende Sonne hinter dem Kreuz,* das Licht, das alle Novembernebel hell überstrahlt. Das Licht, das die erste Adventskerze schon wieder erahnen lässt.

Ein Jahr in der Kirche geht zu Ende, ohne Böller, ganz still, aber mit dem Lichtstrahl der Hoffnung und des neuen Lebens. Ich wünsche dir ein gutes Jahr!

Anderssein

Behindert

Bethel

Freiheit

Freude

Helfen

Krankheit

Lebensqualität

Schule

Zukunft

Biblischer Bezug: Matthäus 8,16b-17: Und er heilte alle Kranken. Da traf ein, was der Prophet Jesaja vorausgesagt hatte: Er hat unsere Krankheit und unser Leiden von uns genommen.

Kreativer Zugang: 116, **118, 119,** 159, 169

Inhalt: Der Ich-Erzähler begleitet die epilepsiekranke Tanja durch ihren Tag in Bethel. Deutlich wird, dass Epilepsie heute längst nicht mehr so bedrohlich ist wie ehedem.

Zur Zeit lebt Tanja in Bethel

Erzählung von Ulrich Walter

Ich bin eingeladen, Tanja einen Tag zu begleiten. Tanja lebt seit vier Jahren in Bethel. Sie hat Epilepsie. Sie bekommt plötzlich Krampfanfälle. Dann stürzt sie, und oft hat sie sich dabei verletzt. Ihre Eltern wußten nicht mehr ein und aus. Die Freundinnen blieben nach und nach weg, sie war meistens allein. Als sie dann noch die Schule verlassen musste, wandten sich ihre Eltern nach Bethel. Zuerst war Tanja lange Zeit zur Behandlung in der Klinik, und dann stand fest: Sie würde in Haus Arche wohnen können.

Hier fühlt Tanja sich wohl. Sie hat neue Freunde gefunden und geht auch zur Schule. Alle wissen, dass sie krank ist. Aber trotzdem kann sie das tun, was wohl allen 12jährigen Spaß macht: Fahrrad fahren, schwimmen gehen, tanzen, lesen, Briefmarken sammeln und noch vieles mehr.

In der Mamre-Schule

Um 8.00 Uhr bin ich mit Tanja an der Schule verabredet. Auf dem Weg durch Bethel freue ich mich an den Sonnenblumen, die mir überall an den Fußgängerüberwegen entgegenwinken. Auf ihre Weise sagen sie mir: Pass auf, du in deinem Auto, hier sind viele Menschen unterwegs, sie haben Vorfahrt. In der Schule angekommen, werde ich von Tanja begrüßt. Auf dem Weg in die Klasse fallen mir die vielen bunten Bilder und Bastelarbeiten der Kinder auf. Das Malen, Gestalten und Werken, aber auch das Musizieren wird hier besonders gefördert. Etwa 170 Schülerinnen und Schüler in 20 Klassen besuchen diese Schule. Es sind lernbehinderte und geistigbehinderte Kinder und Jugendliche, von denen etwa 100 auch in Bethel wohnen. Jede Klasse hat zwei Lehrer, damit alle Kinder nach ihren Gaben gefördert werden.

In Tanjas Klasse werde ich stürmisch begrüßt.

Heute steht erst einmal Schwimmen auf dem Stundenplan. Fast alle der 10 Schüler kommen mit, nur Bernd bleibt heute in der Klasse. Er hatte in der vorletzten Nacht einen Anfall und fühlt sich noch schwach. Auf dem Weg zum Schwimmbad schiebe ich mit Tanja abwechselnd den Rollstuhl von Heike. Sie ist herzkrank und wäre schon zu müde zum Schwimmen, wenn sie den Weg laufen müsste. Tanja ist sehr erfahren im Rollstuhlschieben, und so überlasse ich ihr lieber diese Aufgabe. Nach dem Umkleiden und Duschen geht es in die Schwimmhalle. Die Beckentiefe ist auf 90 cm eingestellt. Zuerst bilden wir einen großen Kreis im Wasser. Jeder von uns geht einmal in die Mitte und wird ordentlich nass gespritzt, bis er die Hand hebt. Einige Kinder schwimmen schon ohne Schwimmhilfe, andere üben noch, aber bald werden es alle gelernt haben.

Als wir nach dem Schwimmen wieder in die Schulklasse zurückgekehrt sind, frühstücken wir gemeinsam. Dann ist Haushaltsstunde. Jedes Kind hat seine besondere Aufgabe zu erledigen: Blumen gießen, das Turn- und Schwimmzeug ordnen, die Spielecke aufräumen, den Papierkorb leeren und die Tafel reinigen. Nach der großen Pause beginnt die letzte Stunde für heute. Die Kinder waren auf einem Bauernhof und lernen nun mehr über die Tiere dort kennen. Dabei üben sie gleichzeitig schreiben, lesen und malen. Alle bekommen verschiedene Aufgaben, je nach ihren Fähigkeiten. Tanja übt heute lesen. Als es klingelt, endet für mich der Schulbesuch in der Mamre-Schule.

Tanja wohnt im Haus »Arche«.

Mit Tanja und Bernd gehe ich hinüber in das Haus Arche, wo die Erzieherinnen schon den Mittagstisch gedeckt haben. Heute ist das Essen aus der Großküche geliefert worden, aber Tanja sagt mir gleich: »Zweimal in der Woche kochen wir in unserer Gruppe selbst. Da helfen alle mit, und es schmeckt noch besser!« Ich lerne nun auch die anderen acht Kinder und Jugendlichen der Wohngruppe kennen, sie sind zwischen 8-19 Jahren alt. Lars, der Älteste, macht eine Lehre im Berufsbildungswerk, er wird bald in eine Wohnung nach Bielefeld ziehen.

Nach dem Essen zeigt mir Tanja ihr Zimmer. Es ist groß und hell, mit vielen Bildern an der Wand, wie alle Zimmer in dieser Gruppe. Hier erzählt Tanja mehr von Lars. Er wird in Bielefeld ganz selbständig seinen Haushalt führen, nur ab und zu besucht ihn ein Betreuer aus Bethel. Der Abschied fällt Tanja nicht leicht. »Lars ist wie ein großer Bruder für mich. Er weiß immer Rat, von ihm habe ich das Billard- und Tischtennisspielen gelernt. Hoffentlich findet er neue Freunde! Für mich ist es noch besser, hier zu wohnen. Zu Hause war es nicht mehr schön, auch wenn ich meine Eltern vermisse. Dort hatte ich keine Freunde, die ich hier gefunden habe. Sie wissen von meiner Krankheit und helfen mir, da brauche ich nicht ständig zu erzählen, warum ich so bin, ich bin einfach akzeptiert. Hier kann ich wieder Fahrrad fahren und schwimmen gehen, zu Hause ging das alles nicht. Nächstes Jahr werde ich einen Tanzkurs besuchen, darauf freue ich mich besonders. Ja, wenn ich so alt bin wie Lars, vielleicht werde ich dann auch ausziehen.«

Ich verabschiedete mich nun erst einmal von Tanja. Sie braucht jetzt ein wenig Mittagsruhe und Zeit für ihre Hausaufgaben. Währenddessen schaue ich mich in der Umgebung um. »Arche« hieß dieses Haus, das soviel Geborgenheit ausstrahlt. Ich wünsche mir, dass die Jungen und Mädchen, wenn sie diesen Ort wieder verlassen, Menschen finden, mit denen sie selbstverständlich zusammenleben können.

Am Nachmittag mache ich einen Spaziergang mit Tanja. Wir gehen zum Quellenhof, um dort ein Eis zu essen. Der Himmel wird dunkler und dunkler, ein Gewitter zieht auf. Viel zu spät machen wir uns auf den Rückweg. Und wir werden noch aufgehalten Vor der Entenweide läuft ein verängstigtes Küken auf und ab. Es kann das kleine Loch im Zaun nicht wiederfinden, durch das es geschlüpft war. Auf der Wiese haben sich schon alle Tiere vor dem näherkommenden Donnergrollen in den Unterstand geflüchtet. Über uns ergießt sich ein Wolkenbruch. Wir mühen uns redlich, das Küken zu fangen. Schließlich gelingt es Tanja. Mit einem beherzten Griff um den Bauch nimmt sie das Tier hoch und hebt es über den Zaun, wo es in Windeseile zu den anderen läuft. Pitschnass sind wir, als wir endlich in Haus Arche angekommen sind. Zum Abschied schenkt Tanja mir ein Bild. Ein großer, blauer Wassertropfen, in der Mitte leuchtend rot wie eine Flamme, dazu eine gelbe, lachende Sonne links oben im Bild. »Das kannst du dir zu Hause an das Fenster hängen, dann scheint bei dir die Sonne, auch wenn es regnet.«

Engel 11

Biblischer Bezug: Psalm 91,11: Gott hat seinen Engeln befohlen, dich zu beschützen, wohin du auch gehst.

Kreativer Zugang: **120**

Inhalt: Engel als Menschen – Engel als Boten Gottes, über diese beiden Seinsweisen meditiert der Text; zugleich bringt er Beispiele über die unterschiedlichen Funktionen biblischer Engel.

Bote

Erkennen

Gott

Mensch

Schutz

Engel – Boten Gottes
Menschen – Boten Gottes

Erzählung von Dietrich Steinwede

Engel sind Menschen

Es müssen nicht Männer oder gar Frauen mit Flügeln sein, die Engel.

Es können Menschen sein, Menschen wie du und ich.

Sie können uns begegnen, jeden Tag.

So wie ein Mädchen zu einer uralten Frau kommen kann, um mit ihr zu basteln und ihr damit eine Freude zu machen. Die alte Frau sagt vielleicht zu dem Mädchen: »Du bist ein Engel.«

»Du bist ein Engel.« Wer hat das schon einmal zu dir gesagt? Deine Mutter? Deine Freundin? Dein Vater? Deine Großmutter? Wann war das? Und warum?

Hast du schon einmal gehört, dass zwei, die sich liebhaben, zueinander sagen: »Du bist mein Engel«?

Ein Engel kann nebenan wohnen. Ein Engel macht dem Kranken das Bett.

Ein Engel gibt dem Hungrigen zu essen.

Ein Engel hört dich, wenn du schreist.

Ein Engel kann auch einmal ›Nein‹ sagen.

Immer sind diese Engel Menschen. Menschen ohne Flügel.

Mutter Teresa war der Engel der Armen von Kalkutta.

Albert Schweitzer war ein Engel für die kranken Schwarzen in Afrika.

Elsa Brandström aus Schweden, die im ersten Weltkrieg frierenden und hungernden Gefangenen half, hieß der ›Engel von Sibirien.‹

Flügel als Erkennungszeichen

Andererseits: Engel sind die Fliegenden. Flügel sind ihre Erkennungszeichen.

Die Maler früher dachten: Gott ist oben. Wenn seine Engel zu den Menschen kommen, müssen sie einen

Luftraum durchmessen.
Darum malten sie Engel mit Flügeln.
Sie tun es heute noch, obwohl sie wissen, dass Gott nicht hinter den Wolken ist.
Obwohl sie wissen, dass es Menschen mit angewachsenen Flügeln nie gegeben hat.
Warum?
Weil sie zeigen wollen, dass Engel auch Wesen ganz anderer Art sind, Wesen zwischen Gott und den Menschen, geheimnisvolle Wesen, die Botschaft bringen von Gott, die am Tag kommen, aber auch im Traum.

Verstehen, was Engel sagen

Verstehen, was die Engel sagen. Erkennen, was sie tun, das ist wichtig. Menschen der Bibel haben das immer wieder gemerkt.
Zu Abraham kamen drei Engel. Sie sagten ihm: »Sara wird ein Kind haben.«
Als Abraham seinen Sohn Isaak töten wollte, kam ein Engel: »Halt ein! Tue es nicht!«
Jakob sah Engel im Traum.
Gott machte Jakob Hoffnung.
Jakob kämpfte auch mit dem Engel Gottes, und der segnete ihn nach dem Kampf.
Als das Volk Israel aus Ägypten auszog, ging der Engel Gottes vor ihnen her.
Bei Bileam versperrte der Engel Gottes den Durchgang: »Du bist auf falschem Wege!«
Den zu Tode erschöpften Propheten Elia, der in der Wüste eingeschlafen war, stärkte ein Engel Gottes mit Brot und Wasser.
Ein Engel kündete Zacharias die Geburt des Johannes an. Ein Engel kündete Maria die Geburt Jesu an. Ein Engel brachte den Hirten die Weihnachtsbotschaft von dem Retter der Welt. Engel sangen über den Hirtenfeldern Betlehems das ›Ehre sei Gott in der Höhe‹. Ein Engel schickte Josef mit Maria und dem Kind nach Ägypten, damit Herodes das Kind nicht töte. Ein Engel zeigte den Weisen einen anderen Weg in ihr Land.
Engel dienten Jesus, als der Teufel ihn in Versuchung führen wollte. Als Jesus im Ölgarten weinte vor Angst und Schmerz, tröstete ihn ein Engel. Ein Engel sagte den drei Frauen am Grab die Osterbotschaft:
»Er ist auferstanden!« Engel waren da, als Jesus zurückging zu seinem Vater.
Engel über Engel. Die Bibel ist voll von Engeln. Die Menschen der Bibel glaubten an diese Boten Gottes. So wie viele Menschen heute auch. Und immer wird es Menschen geben, die an Engel als Boten Gottes glauben.
Und immer werden diese Menschen den Engeln Flügel malen, um zu zeigen, dass sie etwas ganz Besonderes sind.

Schutzengel für mich

Engel sagen etwas. Engel zeigen etwas.
Engel beschützen. Engel helfen.
Manchmal heißt es: »Das war dein Schutzengel!«
Manchmal ist ein Engel schon vorübergegangen, ehe du merkst, dass er da war.
Aber nur wer glaubt, der kann das sagen:
»Das war ein Engel, ein Bote Gottes.«
Nur wer es mit dem Herzen sieht.
Mit den Augen des Glaubens.
Gute Mächte sind die Engel. Sie bergen uns.
Sie lassen uns hoffen.

Biblischer Bezug: Psalm 104,27: Alle deine Geschöpfe warten darauf, daß du ihnen Nahrung gibst zur rechten Zeit. Du öffnest deine Hand, und alle werden satt.

Kreativer Zugang: **121, 122, 123, 124**

Inhalt: Daniela darf allein Brot backen. Die Mutter hilft, eine Beziehung zu dem herzustellen, der das tägliche Brot gibt.

Brot

Geschwister

Groß und Klein

Herz

Ein Freudentag

Erzählung von Inge und Michael Böhle

Heute ist ein Freudentag für Daniela. Sie darf mit helfen Brot zu backen. Das erste Mal. Sonst haben Mutter und Schwester das Brot immer alleine gebacken. Mutter hat ihr einen Tagesplan geschrieben: einkaufen und auf Christoph, den kleinen Bruder, aufpassen. Das ist leicht. Das hat sie schon öfter gemacht. Als ihr Bruder fertig gefrühstückt hat, gehen sie einkaufen. Er freut sich riesig. Bis zum Kaufladen im Dorf sind es etwa zehn Minuten. Daniela muss Weizenschrot, Salz, Hefe und Öl besorgen. Alle anderen Zutaten für das Brot haben sie noch zu Hause. Als Daniela alles im Einkaufswagen verstaut hat, gehen sie zur Kasse und bezahlen. Beide bekommen ein Gummibärchen für den Heimweg.

Unterwegs lacht sie der gelbe Weizen an. Daniela stellt die schwere Tasche ab. »Guck mal, Christoph«, ruft sie und pflückt ein paar Ähren. »Hier die Körner. Die werden alle zu Brot. Hmmm, leckeres braunes Brot!« Sie pult ein paar Körner heraus und gibt sie Christoph, »Weißt du was? Wir nehmen ein paar Ähren mit, pulen die Samenkörner zu Hause heraus und geben ein paar davon in das Brot, das wir heute backen.« Und so geschieht's. Bald sind die Ähren gepflückt und in die Tasche gewandert. Die Mutter wartet schon. »Mama«, ruft Christoph, »wir haben Pullbrot gegesst. Smeckt gut.« Die Mutter versteht nicht. »Was habt ihr?« fragt sie. »Wir haben ein paar Ähren ausgepult und die Körner gegessen«, erklärt Daniela. »Und einige Ähren haben wir für unser Brot mitgebracht. Schmeckt bestimmt gut, wenn wir ein paar frische Körner in den Teig geben. Was meinst du, Mama?«

»Das kann ich mir gut vorstellen. Deshalb habt ihr so rote Backen. Na, dann fangt mal gleich an. Nach dem Essen können wir den Teig machen.«

Endlich ist es soweit. Schüssel, Waage, Zutaten stehen auf dem großen Küchentisch. Daniela hat sich nicht zuviel versprochen. Es macht riesigen Spaß. Aber es ist auch anstrengend, bis der Teig richtig durchgeknetet ist, das braucht seine Zeit. Als die ersten beiden Brote lang und weiß auf dem Blech liegen, da fällt Daniela ein. »Wir haben die Weizenkörner vergessen. Schade!«

Die Mutter überlegt und hat eine Idee. »Wir legen mit den Körnern ein Muster oben auf das Brot. Wie wäre das?« »Aber was könnte das sein? Vielleicht eine Ähre?« schlägt Daniela vor. »Ja, eine Ähre wäre schön. Aber warte mal. Mir fällt etwas ein«, sagt die Mutter. Sie geht zum Schrank und holt ein Buch heraus. »Was ist das für ein Buch?« fragt Daniela. »Es ist Großmutters Buch. Weißt du, die Großmutter hat auch oft Brot selbst gebacken. Bevor der Teig in die Brotröhre kam, hat sie immer etwas oben in den Teig geritzt – mit der Rückseite des Backpinsels – und dabei hat sie ein Dankgebet gesprochen.« Die Mutter blättert. »Hier! Ich habe es gefunden. Wie schön. Großmutter hat alles aufgeschrieben. Da sind die verschiedenen Zeichen, die sie in den Teig geritzt hat und sogar die Gebete dazu.« Sie liest.

»Daniela, was hältst du davon? Das Zeichen ist ein Herz und daneben stehen ein paar Worte aus der Bibel.

Gott,
du lässest Gras
wachsen für das
Vieh und Saat
zu Nutz den
Menschen, dass
du Brot aus der
Erde hervorbringst,
dass der Wein
erfreue des
Menschen Herz
und sein Antlitz
schön werde
vom Öl und das
Brot des Menschen
Herz stärke.

»Das klingt aber komisch schön«, stellt Daniela fest. »Es gefällt mir trotzdem: Brot aus der Erde – das sind unsere Pullkörner. Mit ihnen legen wir ein Herz, weil Gott uns verwöhnt mit allem, was er wachsen lässt. Gott ist ein richtiger Verwöhner. Das macht uns stark.«

Aufbegehren
Einsamkeit
Entdecken
Freiheit
Respekt
Spott
Staunen
Unbeirrbarkeit
Vertreibung
Verurteilung
Widerstehen

Biblischer Bezug: Johannes 8,32: Die Wahrheit wird euch frei machen.

Kreativer Zugang: 110, 111

Inhalt: Für den jungen Menschen gibt es die Notwendigkeit, den Schutz der Familie (auch ihre Bevormundung) zu verlassen und seinen eigenen Weg zu suchen, Neues zu wagen. Das kann ihm Nichtverstehen, Verurteilung einbringen, Einsamkeit zur Folge haben. Gianni Rodari verdeutlicht diesen Sachverhalt an einem Beispiel aus der Tierwelt.

Die Geschichte vom jungen Krebs

Erzählung von Gianni Rodari

Ein junger Krebs dachte bei sich: »Warum gehen alle Krebse in meiner Familie immer rückwärts? Ich will vorwärts gehen lernen, so wie die Frösche, und mein Krebsschwanz soll mir abfallen, wenn ich es nicht fertig bringe.«

Und heimlich begann er zwischen den großen Steinen seines heimatlichen Bächleins zu üben. In den ersten Tagen kostete ihn dieses Unternehmen ungeheure Kräfte. Überall stieß er sich und quetschte sich seinen Krebspanzer, unaufhörlich verfing sich ein Bein im anderen. Aber von Mal zu Mal ging es ein bisschen besser, denn: Alles kann man lernen, wenn man will.

Als er seiner Sache sicher war, stellte er sich vor seine Familie und sagte: »Jetzt schaut mir einmal zu!«

Und machte einen ganz prächtigen Lauf vorwärts.

»Sohn«, brach da seine Mutter in Tränen aus, »bist du denn ganz verdreht? Komm doch zu dir – gehe so, wie es dich dein Vater und deine Mutter gelehrt haben. Gehe wie deine Brüder, die dich alle lieben.«

Seine Brüder jedoch lachten ihn nur aus. Der Vater schaute ihn eine gute Weile streng an und sagte dann: »Schluss damit. Wenn du bei uns bleiben willst, gehe wie alle Krebse. Rückwärts! Wenn du aber nach deinem eigenen Kopf leben willst – der Bach ist groß –, geh fort und komm nie mehr zu uns zurück!«

Der brave junge Krebs hatte die Seinen zwar zärtlich lieb, aber war so sicher, er handle richtig, dass ihm nicht die mindesten Zweifel kamen. Er umarmte seine Mutter, sagte Lebewohl zu seinem Vater und zu seinen Brüdern und machte sich auf in die Welt.

Als er an einem Grüppchen Kröten vorüberkam, erregte er großes Aufsehen. Sie hockten unter den Blättern einer Wasserlilie, um als gute Gevatterinnen ihren Schwatz zu halten.

»Jetzt geht die Welt verkehrt herum«, sagte eine dicke Kröte, »schaut euch nur diesen jungen Krebs an! Da müsst ihr mir Recht geben!«

»Ja, Respekt gibt es überhaupt nicht mehr«, sagte eine andere.

»Pfui, pfui«, sagte eine dritte.

Doch der junge Krebs ließ sich nicht anfechten und ging aufrecht seine Straße weiter, man muss es wirklich sagen. Plötzlich hörte er, wie ihn ein alter Krebs, an dem er vorüberging, rief. Der sah ganz melancholisch aus und hockte allein auf einem Stein.

»Guten Tag«, sagte der junge Krebs.

Der Alte betrachtete ihn lange, schließlich sagte er: »Was glaubst du, was du da Großartiges anstellst?! Als ich noch jung war, wollte ich auch den Krebsen das Vorwärtsgehen beibringen. Sieh mal, was mir das eingebracht hat! – Ich muss ganz allein leben, und die Leute würden sich lieber die Zunge abbeißen, als ein Wort an mich zu richten. – Hör auf mich, solange es noch Zeit ist! Bescheide dich, lebe wie die anderen! Eines Tages wirst du mir für meinen Rat dankbar sein!«

Der junge Krebs wusste nicht, was er antworten sollte, und blieb stumm. Aber im Innern dachte er: »Ich habe doch Recht! Ich habe Recht!«

Und nachdem er den Alten höflich gegrüßt hatte, setzte er stolz seinen Weg fort.

Ob er weit kommt? Ob er sein Glück macht? Ob er alle schiefen Dinge dieser Welt gerade richtet?

Wir wissen es nicht, weil er noch mit dem gleichen Mut und der gleichen Entschiedenheit dahinmarschiert wie am ersten Tag. Wir können ihm nur von ganzem Herzen »Gute Reise« wünschen.

Biblischer Bezug: Matthäus 25,40b: Was ihr für einen meiner geringsten Brüder (eine meiner geringsten Schwestern) getan habt, das habt ihr für mich getan.

Kreativer Zugang: 129, 171

Inhalt: Adoption eines indischen Kindes durch eine deutsche Familie. Sujata erfährt Liebe. Bald ist sie heimisch.

Adoption
Anderssein
Armut
Ausländer/in
Eine Welt
Fremd
Geschwister
Hunger
Indien
Mitgefühl
Wünsche

Die dunkle Schwester

Erzählung von Gudrun Pausewang

Ich heiße Bernd und habe mir zur letzten Weihnacht eine Schwester gewünscht. Das kam so: Ich war schon sieben Jahre alt und immer noch allein. Alle Nachbarskinder haben Geschwister, mindestens einen Bruder oder eine Schwester. Nur ich hatte niemanden. Immer wieder habe ich zu meinen Eltern gesagt, dass ich Geschwister haben möchte, Aber es hat nichts genutzt. Ich glaube, sie haben überhaupt nicht richtig hingehört, wenn ich davon anfing. Da habe ich auf den Weihnachtswunschzettel eben draufgeschrieben: ›Nichts anderes als ganz bestimmt eine Schwester, dringend!‹

Wenn ihr mich fragt, warum ich mir eine Schwester und keinen Bruder gewünscht habe, kann ich euch sagen, dass die Susanne von nebenan immer mit mir spielt. Ich spiele mit ihr viel lieber als mit ihrem Bruder. Sie ist nicht so grob wie er und will auch nicht bei jedem Spiel der Anführer sein. So eine Schwester habe ich mir gewünscht. Meine Eltern lasen den Wunschzettel und sagten: »Du willst also unbedingt eine Schwester haben. Wir werden sehen, was sich da tun lässt. Aber bis zum Weihnachtsfest ist es unmöglich, eine Schwester heranzuschaffen. Du musst ein bisschen Geduld haben. Inzwischen kannst du dir ja was anderes wünschen.«

Ich wünschte mir also eine elektrische Eisenbahn und bekam sie auch. »Aber meinen Hauptwunsch dürft ihr darüber nicht vergessen!« sagte ich zu meinen Eltern.

Nein, sie vergaßen ihn nicht. Man kann sich auf sie verlassen. Seit dem sechsten Juni habe ich nämlich eine Schwester! Sie ist ungefähr sechs Jahre alt und heißt Sujata. Aber ich will alles der Reihe nach erzählen:

Ein paar Tage, nachdem ich den Wunschzettel geschrieben hatte, blätterte meine Mutter in einer Illustrierten. Sie schaute lange auf ein Bild, reichte dann die Zeitschrift meinem Vater hinüber und sagte:

»Sieh dir das mal an.«

Ich kletterte meinem Vater auf den Schoß, denn ich wollte auch sehen, was er sich ansehen sollte. Es war ein Foto, auf dem viele Kinder in langen Reihen auf der bloßen Erde lagen und schliefen. Sie hatten eine sehr braune Haut und schwarze Haare und waren mager und barfuß. »Was sind das für Kinder?« fragte ich. »Sie sehen ganz anders aus als die Kinder bei uns.«

Es sind indische Kinder«, erklärte mein Vater. »Sie sind dunkler als du und deine Freunde, aber sonst sind es genau solche Kinder wie ihr.« »Warum schlafen sie denn auf der bloßen Erde?« fragte ich.

»Weil sie keine Betten haben«, sagte mein Vater. »Sie leben in einem Waisenheim.«

»Was ist ein Waisenheim?« fragte ich weiter.

»Das ist ein großes Haus, in dem solche Kinder leben, die keine Eltern mehr haben«, sagte meine Mutter. Ich schaute mir das Bild noch einmal genau an. »Aber warum sind denn so viele von den Kindern so mager?« rief ich.

»Viele waren halb verhungert, als sie in das Waisenheim gebracht wurden«, sagte mein Vater. »Dort müssen sie erst langsam wieder zu Kräften kommen. Aber auch im Waisenheim gibt es nur so viel zu essen, dass die Kinder knapp satt werden. Die Frauen, die die Kinder versorgen, können keine Betten für sie kaufen. Sie bitten die reichen Leute, den Kindern alte Kleider zu schenken. Sie bitten sie auch um Geld, denn es muss ja Essen gekauft werden. Und Medikamente brauchen die Kinder auch.«

»Ich will die Kleider hinschicken, die mir zu klein geworden sind«, rief ich. »Mutti und ich werden das mal besprechen«, sagte mein Vater.

Zwei Tage später, als wir beim Abendessen saßen, sagte meine Mutter: »Bernd, du hättest doch gern eine Schwester, nicht wahr?« »Ja«, sagte ich und sah sie erstaunt an. »Bekomme ich doch eine?«

»Wenn du willst, werden wir dir eine besorgen«, sagte meine Mutter und lachte. »Vater und ich möchten nämlich auch gern ein kleines Mädchen. Aber bis zu Weihnachten werden wir es nicht mehr schaffen. Und noch etwas: Es wird kein so winziges Baby sein. Es wird schon fünf oder sechs Jahre alt sein. Weißt du, so ein Kind aus dem indischen Waisenheim.«

Ich tanzte vor Freude im Zimmer herum. Ich erzählte es den Kindern in der Schule und der Lehrerin und den Nachbarn. Mit meinem Sparbüchsengeld kaufte ich eine kleine Puppe für meine Schwester. Aber sie kam noch lange nicht. Mein Vater schrieb oft Briefe nach Indien, und der Briefträger brachte Briefe, die aus Indien kamen. Meine Mutter zeigte mir ein Foto von dem Mädchen. Es hatte ein kleines Gesicht und sehr große Augen. Es gefiel mir gut. Meine Mutter hatte ein Bett für das Kind besorgt und Pullover gestrickt und Spielsa-

14 Familie

chen gekauft. Alles war fertig und bereit, aber das Kind war immer noch nicht da.

Endlich kam ein Telegramm. Darauf stand, dass am nächsten Tag um drei Uhr das Kind auf dem Flughafen ankommen sollte. Wir waren alle drei sehr aufgeregt. Mein Vater nahm sich diesen Nachmittag frei. Meine Mutter packte einen Mantel, eine Mütze, Strumpfhosen und Schuhe ein, und ich nahm die kleine Puppe mit. Wir fuhren im Auto auf den Flughafen. Wir waren viel zu früh dort.
Endlich kam das Flugzeug aus Indien an. Wir sahen es landen. Dann warteten wir vor der Sperre. Viele Leute stiegen aus. Manche hatten eine dunkle Haut. Dann kam auch eine Frau in einer blauen Uniform. Sie führte ein kleines Mädchen an der Hand.
»Das ist es«, sagte mein Vater. Und er grüßte die Frau. Ich wollte dem Kind die Hand geben, aber es versteckte sich ängstlich hinter der Frau. Ich reichte dem Mädchen die Puppe, aber es nahm sie nicht. Ich fragte das Mädchen: »Kannst du schon lesen?« aber es verstand mich nicht. Es sprach mit der Frau eine ganz andere Sprache. Als die Frau sich verabschiedete und fortging, weinte das Kind. Meine Mutter nahm es auf den Arm und streichelte es, bis es zu weinen aufhörte. Sie setzte ihm die Mütze auf, zog ihm die Strumpfhose, die Schuhe und den Mantel an und führte es ins Auto. Ich trug die Sandalen, die das Kind angehabt hatte Es war ein windiger Regentag. Das Kind fror. Als das Auto losfuhr, klammerte sich das Mädchen an mich. Kaum waren wir zu Hause, setzte es sich mitten im Zimmer auf die Erde. Beim Abendessen aß es den Reis mit den Fingern. Es wollte auch keine Milch trinken. »Vielleicht kennt es keine Milch«, sagte mein Vater.
Dann brachte meine Mutter das Kind zu Bett. Es schlief gleich ein. Ich stand lange vor dem Bett und schaute meine neue Schwester an. Ich war traurig, dass sie schlief. Ich hätte so gern mit ihr gespielt.
Aber das ist lange her, schon ein paar Monate. Jetzt spielen wir jeden Tag miteinander und sind wie richtige Geschwister. Sie versteht alles, was ich sage und spricht selbst schon ganz gut Deutsch. Sie nimmt die Puppe, die ich ihr geschenkt habe, immer mit ins Bett. Sie trinkt gern Milch und ißt nicht mehr mit den Fingern. Sie sagt Vati zu meinem Vater und Mutti zu meiner Mutter. Ich hole sie aus dem Kindergarten ab, wenn ich früher aus der Schule komme. Sie wird jetzt bald mit uns Weihnachten feiern. Sie weiß ja noch gar nicht, was das ist. Aber ich habe ihr schon erklärt, das es sehr schön sein wird. Sie ist gern bei uns, das merkt man. Nur wird sie traurig, wenn die Kinder sie so angucken, weil sie eine braune Haut hat.
»Ich möchte so aussehen wie Bernd«, sagte sie zu meiner Mutter. »Ich bin nicht schön. Ich bin dunkel!«
»Dunkel ist genauso schön wie hell«, sagte meine Mutter und küsste sie. »Wir finden dich sehr schön.«
Da war Sujata zufrieden.
»Bald werden die Kinder nicht mehr so gucken«, sagte mein Vater. »Sie gucken dich an, weil du neu in unserer Nachbarschaft bist. Bald werden sie ganz vergessen haben, dass du ein bisschen dunkler bist als sie.« Ja, das glaube ich auch. Ich schaue sie ja auch nicht mehr immerzu an wie am Anfang. Sie gehört jetzt zu uns.

15 Fremd

Alleinsein

Anerkennung

Fremdsprache

Gastfreundschaft

Selbstständigkeit

Selbstvertrauen

Biblischer Bezug: 5. Mose 10,18: Der Herr liebt die Fremden, die bei euch leben. Er versorgt sie mit Nahrung und Kleidung. Darum sollt auch ihr die Fremden lieben.

Kreativer Zugang: 112, 172

Inhalt: Christine betreut die überraschend früh eingetroffenen Gäste aus England. Sprachprobleme lassen sich überwinden. Fremdheit weicht. Die endlich heimkehrende Mutter ist stolz auf ihre Tochter.

Durchhalten bis Mutti kommt

Erzählung von Rolf Krenzer

Als Christine eine Stunde früher als sonst aus der Schule kam, sah sie gleich das fremde Auto, das auf Muttis Platz vor ihrem Haus auf der Straße stand. Und als sie das englische Nummernschild entdeckte, schrak sie zusammen. Der Besuch aus England, der sich erst für heute nachmittag angekündigt hatte, war also bereits eingetroffen. Und Mutti war in der Schule. Sie hatte Unterricht bis eins und würde nicht vor halb zwei hier sein!
Am liebsten wäre Christine gleich wieder umgekehrt

und hätte irgendwo so lange gewartet, bis Mutti endlich kam. Sie kannte diese fremden Leute aus London doch überhaupt nicht, diese Mrs. Osborne und Mister Osborne. Mutti hatte Mrs. Osborne bei einem Wochenendseminar in England kennengelernt und sie gleich zu ihnen nach Hause eingeladen. Christine hatte dieses Wochenende bei ihren Großeltern verbracht und hatte dann, als Mutti wieder zurück war, nur staunend zugehört, als sie ihr erzählte, was sie an diesem Wochenende alles erlebt hatte.
Und Mrs. Osborne hatte versprochen, mit ihrem Mann im Herbst zu ihnen nach Deutschland zu kommen. Mutti hatte sich bereits seit damals sehr auf diesen Besuch gefreut. Seit sie von Vati geschieden war, hatte sie nicht mehr so viele Freunde und war meistens mit Christine allein.
Vorgestern war dann das Fax gekommen. Osbornes hatten noch zwei Tage nach dem Wochenende frei und wollten nun endlich kommen. Am frühen Nachmittag wollten sie bei ihnen eintreffen.

Nachmittags war Mutti gleich losgefahren, um im Supermarkt einen Großeinkauf zu tätigen. Gestern hatte sie bereits das Mittagessen für heute vorbereitet, damit alles schnell aufgetischt werden konnte, wenn die Freunde nachmittags kamen.
So früh hatte Mutti nicht mit ihnen gerechnet.
Wenn sie nun oben vor der Wohnungstür standen und bereits schon lange dort warteten. Nein, Christine konnte sich nicht einfach verdrücken. Das durfte sie Mutti nicht antun!
Sie blieb noch einen Augenblick lang ruhig stehen, atmete tief durch und ging dann zur Haustür. Entschlossen stieg sie die Treppe zu ihrer Wohnung hoch.
Vor der Tür standen zwei kleine rote Koffer und eine große Reisetasche. Und auf den Stufen zum nächsten Stockwerk saßen sie, Mrs. und Mister Osborne.
Sie lächelten Christine zu und waren für einen Augenblick so verlegen, wie Christine selbst. Dann streckte Mrs. Osborne ihr die Hand hin.
»Christine?« fragte sie und lächelte ihr zu. Es klang ganz anders, als wenn sonst jemand ihren Namen nannte.
Christine nickte und drückte kurz die fremde Hand.
»Hallo!« , sagte der Mann und erhob sich von der Stufe.
Christine reichte auch ihm die Hand. »Hallo!«, sagte sie.
Dann suchte sie in ihrer Tasche nach dem Wohnungsschlüssel. Gut, dass sie in dieser Zeit die Fremden nicht ansehen musste. Sie wusste ja nicht, was sie sonst noch zu ihnen sagen sollte. Englisch stand im vierten Schuljahr noch nicht auf dem Stundenplan.
Wenn doch Mutti eine Stunde früher nach Hause käme!
Mutti sprach gut Englisch.
Dann wären alle Probleme gleich gelöst.

Jetzt hatte sie die Tür geöffnet und hob einladend ihre Hand.
»Bitte!«, sagte sie und ging bereits vor durch den Flur. Der Besuch folgte ihr mit dem Gepäck. Mister Osborne schloss hinter sich die Tür.
Gut, dass Mutti gestern Abend noch das Wohnzimmer aufgeräumt hatte, dachte Christine, als sie sie dort hineinführte und ihnen zwei Stühle am Tisch anbot.
»Bitte!«, sagte sie wieder, und beide Besucher ließen sich auf den Stühlen nieder.
»Excuse!« sagte Mister Osborne dann und lächelte Christine entschuldigend an. »We are too early. We did not need so much time. Please excuse!«
Christine nickte tapfer und lächelte freundlich, obwohl sie kein Wort verstand.
»Durchhalten!« sagte sie lautlos und ohne die Lippen zu bewegen zu sich selbst.
»Durchhalten, bis Mutti kommt!«
»Kaffee oder Tee?« hörte sie sich dann sagen und wusste doch, dass sie noch nie im Leben Kaffee gekocht hatte. Sie hatte keine Ahnung, wie sie mit der Kaffeemaschine umgehen sollte.
»Tea please!«, antworteten beide fast gleichzeitig, und Christine fiel ein Stein vom Herzen. Heißes Wasser konnte sie zubereiten, und dann brauchte sie nur noch die Teetassen mit den Teebeuteln hereinzubringen.
Sie lief zur Küche und stellte den Kessel mit Wasser auf. Die Teebeutel fand sie im Schrank über der Arbeitsplatte.
Und dann fiel ihr ein, dass Mutti immer Milch im Tee trank, seit sie in England gewesen war. So holte sie Milch aus dem Kühlschrank und stellte sie zusammen mit den beiden Teetassen mit den Teebeuteln auf das Tablett.
Zucker noch! Natürlich! Sie stellte auch noch die Zuckerdose dazu und trug dann alles behutsam ins Wohnzimmer.
»Oh!« Mrs. Osborne strahlte sie an und stellte die Tassen vor sich und ihren Mann auf den Tisch.
Christine lief bereits wieder zur Küche zurück und kam bald darauf mit dem heißen Teekessel und einem Untersetzer zurück.
»Thank you very much!«, sagte Mister Osborne und goss das kochende Wasser über die Teebeutel in den beiden Tassen! »Many thanks!«
»Sie müssen auch etwas zu essen haben!« schoss es Christine durch den Kopf. Schon war sie bereits wieder in der Küche und holte den Kartoffelsalat aus der Speisekammer. Sie hatte gesehen, dass Mutti ihn dort heute morgen hineingestellt hatte.
Nein, die Steaks ließ sie im Kühlschrank liegen. Sie hatte noch nie Steaks gebraten. Und das traute sie sich einfach nicht zu. Zumal Mutti sagte, dass richtiges Steakbraten ganz schön schwer war. Dafür holte sie die sechs Frikadellen, die gestern übrig geblieben waren, noch heraus und stellte sie kurz in die Mikrowelle. Ja, damit konnte sie umgehen. Schließlich hatte sie sich schon oft ihr Essen selbst wärmen müssen, wenn Mutti Konferenz in der Schule hatte.

Nun trug sie alles ins Wohnzimmer und baute den Kartoffelsalat und die heißen Frikadellen vor den beiden Osbornes auf.
Messer und Gabel, Teller und das Salatbesteck holte sie und brachte sogar die grünen Servietten noch. Dann zündete sie die Kerze an, die sie immer beim Mittagessen anzündeten und freute sich so richtig, als der Besuch sich nicht weiter bitten ließ, sondern gleich zugriff.

15 Fremd

Und als sie für diesen Augenblick auch so richtig zufrieden mit sich war, hörte sie, dass die Wohnungstür geöffnet wurde.
Jetzt war auch Mutti gekommen.
Sie stürmte gleich ins Wohnzimmer. Nachdem sie und die beiden Osbornes sich mehrmals umarmt und ganz viel und ganz schnell aufeinander eingesprochen hatten, blickte sie mit großen Augen auf den Tisch und dann zu Christine.
Da ließ Frau Osborne wieder einen ganzen Redeschwall los. Und weil sie dabei auch immer wieder Christine ansah, spürte sie, dass sie von ihr sprach.
»Sie sind ganz begeistert von dir!« sagte Mutti dann. Christine hörte im Klang ihrer Stimme, dass Mutti sehr stolz auf sie war.
»Tee und den Salat und die Frikadellen von gestern!«, sagte sie. »Das hätte ich dir nie zugetraut!«
»Ich habe sie im Mikro heiß gemacht!« antwortete Christine nur. »An die Steaks habe ich mich nicht herangetraut!«
»Die vier Steaks braten wir zwei jetzt zusammen!«, sagte Mutti und legte ihr den Arm um die Schulter. »Dann können wir alle zusammen essen!«
Da holte Christine noch zwei Teller. Dann lief sie hinter Mutti her.
»Ich muss dringend Englisch lernen!«, sagte sie dann, als sie neben Mutti am Herd stand.
»Meine Tochter kommt auch ohne Englisch zurecht!« lachte Mutti nur und legte den Arm um sie.

16 Frieden

Aggression

Fest

Frieden

Konflikt

Schule

Biblischer Bezug: Psalm 85,9: Ich horche auf das, was der Herr sagt: Er spricht vom Frieden für sein Volk.

Kreativer Zugang: **133,** 174, 196

Inhalt: Die 4. Klasse hat ein Friedensfest ausgerichtet. Widrige Umstände, aber auch plötzlich ausbrechende Aggressionen lassen es missraten.

Friedensfest

Erzählung von Renate Welsh

In der 4a schweben wunderschöne Friedenstauben aus weißem Papier vor den Fenstern. Jedes Kind hat eine gebastelt.
An der Türwand hängen Kriegsgeschichten und Kriegsbilder. Die sind schrecklich.
An der Fensterwand hängen Friedensgeschichten und Friedensbilder. Die sind wunderschön.
Auf der Tafel steht:

FRIEDE · PEACE · PACE · PAIX
SHALOM · MIR

Die 4a plant ein Friedensfest, mit Gedichten und Liedern, mit Essen und Trinken. Alle Eltern sind eingeladen.
In der Schulküche haben die Kinder Friedenstauben aus Mürbeteig gebacken. Jeder Gast wird eine bekommen.
Die Tür geht auf. Klaus kommt herein. Der Klaus aus der 4b. Mit ihm kommt ein Windstoß, weil ein Gangfenster und ein Klassenfenster offen sind.
Die Friedenstauben beginnen zu schwanken.
Die dünnen Fäden verheddern sich.
»Tür zu!« schreit einer.
Klaus steht und schaut.
»Tür zu!«
Klaus guckt noch verwirrter und tut nichts. Florian schiebt ihn zur Seite und knallt die Tür zu.
Klaus stößt Florian.
Florian stößt Klaus.
Ein paar Kinder versuchen, die Tauben zu entwirren.
Eine Papiertaube reißt ein, dann eine zweite und eine dritte.
Harry geht auf Klaus zu. Seine Daumen stecken im Gürtel. Er ist ziemlich zornig.
Klaus hebt die Ellbogen vors Gesicht.
»Was habt ihr denn?« fragt er.
»Wir machen Frieden, du Trottel!« brüllt Harry.

Biblischer Bezug: 1. Mose 2,15: Gott übertrug ihm (dem Menschen) die Aufgabe, den Garten zu pflegen und zu schützen.

Kreativer Zugang: **134, 135,** 187, 216

Inhalt: Die eigene Freude am Garten, am Spielen und Arbeiten darin, verbindet sich mit dem biblischen Auftrag, den Paradiesgarten zu hüten und zu pflegen. Dies heißt aber auch, dem ›Garten der Welt‹ seine Aufmerksamkeit zuzuwenden.

Arbeit
Baum
Bebauen
Bewahren
Geschenk
Natur
Paradies
Schöpfung

Der Garten

Erzählung von Dietrich Steinwede

Habt ihr einen Garten?
Wenn ja: ihr Glücklichen!
Als ich ein Kind war, hatten wir auch einen grossen Garten. Wie schön war das.
Im Sommer gleich morgens aus dem Bett, schnell anziehen und dann hinaus in den Garten. Alles so frisch. Der Tau auf den Gräsern. Die aufgehende Sonne. Da konnte ich laufen und springen und tollen. Die Wege entlang bis zur Vethe. Das war der Bach, der am Rand des Gartens entlangfloss.
In der Mitte unseres Gartens war das »Gebüsch«: viele Sträucher, ein riesiger uralter Edelkastanienbaum, eine schiefe Tanne, die so schräg war, dass man freihändig hinauflaufen konnte, und fünf Hainbuchen, die im Kreis einen wirklichen Hain bildeten.
Und dann die Blumen: Ich sage nur: Tulpen im Frühling, Rosen im Sommer, Astern im Herbst.
Und die Gemüsebeete. Da bekam ich oft von Vater oder Mutter einen Auftrag, nämlich mitzuhelfen: Im Frühjahr beim Säen in die frische Erde. Im Sommer hacken und Unkraut jäten. Und dann ernten: Erbsen und Bohnen, Karotten und Gurken. Und dann die Früchte, die wuchsen: Erdbeeren und Stachelbeeren, Johannisbeeren und Brombeeren. Und von den Bäumen: Birnen und Äpfel, Mirabellen und Quitten, Körbe voller Obst. Wie oft bin ich da hochgeklettert im Baum oder auf der Leiter.
Ja, ein Garten, ein wunderbares Geschenk. Kaum Schöneres ist zu denken: Über den Rasen tollen.
Und all die Gerüche. Und die Vögel. Und die Jahreszeiten: Glücklich, wer einen Garten hat.
In der Bibel. In der zweiten Schöpfungsgeschichte ganz am Anfang, wird auch von einem Garten erzählt:
Am Tag, da er, Gott, Himmel und Erde machte, ganz zu Anfang, da war noch nichts da. Es gab noch kein Gras. Und noch keinen Busch in der Steppe, denn Gott hatte noch nicht regnen lassen über die Erde. Und es war noch kein Mensch da, kein Adam, der das Land bebauen konnte.
Doch aus der Erde stieg Wasser auf, Quellen. Und so wurde der Boden getränkt.
Und Gott nahm Erde und formte daraus den Menschen, den Adam. Und Gott blies ihm Atem ein, Hauch des Lebens.
Und der Mensch, der Adam, holte Atem, und atmete ein und atmete aus und war ein lebendiges Wesen.
Und dann legte Gott den Garten an.
Im Osten, in Eden, im üppigen Land.
Gott ließ es wachsen aus der Erde. Bäume kamen hervor, Bäume von vielerlei Art, prächtige Bäume mit wunderbaren wohlschmeckenden Früchten.
Und in diesen Garten brachte Gott den Menschen, den er geschaffen hatte.
Und zwei besondere Bäume wuchsen in der Mitte des Gartens: Ein Baum, dessen Früchte unvergängliches Leben schenken, und ein Baum, dessen Früchte erkennen lassen, was gut ist und was böse.
So erzählt der Gottesmann in der Urzeit des Alten Testamentes, der Mann, der nachdachte über Gott und die Menschen und die Zeit des Anfangs, wie all das gekommen ist.
Er gab Gott den Namen »Jahwe«. Darum heißt er »der Jahwist«. Denn seinen richtigen Namen kennt man nicht.
Er hat uns all die Geschichten aufgeschrieben von Adam und Eva, von Kain und Abel, von der großen Flut, von Gottes Bund mit den Menschen, vom Turmbau, von den Vätern Israels und von Mose. Und er erzählt, dass im Garten Eden ein Fluss entsprang, der den Garten bewässerte. Und dieser Fluss teilte sich auf in vier Arme mit Namen Pischon, Gichon, Tigris und Eufrat.
»Also«, erzählt der Jahwist:
»Gott nahm den Menschen, den Adam, und brachte ihn in diesen Garten Eden. Und er gab ihm einen Auftrag: Du sollst diesen Garten pflegen und behüten, du sollst ihn bebauen und bewahren. Das ist deine Aufgabe. Das ist mein Auftrag.«
Ja, ich denke mir, dass der Mensch Adam diesen Auftrag erfüllt hat, dass er gern in dem Garten Eden war, in dem es wuchs und blühte und gedieh, weil Wasser da war, genug Wasser.
Ja, ich stelle mir vor, er war so gern in seinem Garten, wie ich es in dem meinen war. Gern habe ich die Aufträge meiner Eltern erfüllt, den Garten zu pflegen und zu behüten, ihn zu bebauen und zu bewahren. Ich war glücklich in meinem Garten.
Einen Wunsch hätte ich, einen unerfüllbaren: Die ganze Welt wie ein Garten, wie ein Garten Gottes, immer genug Wasser, dass es wachsen kann und gedeihen, immer Menschen da, die bebauen und bewahren, das wäre etwas: Die ganze Welt ein Paradies.

Eskalation
Familie
Gottesname
Respekt
Wachsamkeit

Biblischer Bezug: Psalm 1,2: Wie glücklich ist, wer Freude findet an den Weisungen des Herrn.

Kreativer Zugang: **138**

Inhalt: In der Familie eskalieren die missbräuchlichen Namen Gottes. Auslösung ist die Empörung darüber, dass die Großtante so oft die Wendung ›O Gottchen‹ im Munde führt. Letztlich aber verstoßen – meist unbewusst und unkontrolliert – alle gegen den Geist des dritten Gebotes.

Tante Ogottchen

Erzählung von Gudrun Pausewang

Eigentlich war sie unsere Großtante – eine Schwester unserer verstorbenen Großmutter – und hieß Luise. Wir nannten sie aber nicht Großtante, sondern Tante, und auch nicht Tante Luise, sondern Tante Ogottchen. Die ganze Familie nannte sie so, nur unser Vater nicht. Für ihn allein war sie die Tante Luise.

Tante Ogottchen wohnte ein Stockwerk über uns. Aber sie hielt sich die halbe Zeit des Tages unten bei uns auf: bei meiner Schwester und mir, unseren Eltern und Onkel Theo, der bei uns wohnte. Sie war seelengut und immer bemüht, uns nützlich zu sein. Sie half beim Bügeln, beim Großreinemachen, beim Kochen und Bakken. Sie passte auf uns Kinder auf, wenn unsere Eltern abends ausgingen und wir allein daheimblieben.

Wir mochten sie gern, auch wenn sie bei jedem geringsten Anlass in Panik geriet und dann wie ein aufgescheuchtes Huhn herumflatterte. Ihre unzähligen O-Gottchen-Ausrufe hörten wir kaum mehr. Für uns gehörten sie zu ihr wie ihr Dutt oder ihre erschrockenen Kulleraugen. Nur unserem Vater fielen sie auf die Nerven.

»O Gottchen«, rief sie zum Beispiel, »jetzt hab ich doch vergessen, Brot einzukaufen – und morgen ist Sonntag!«

Oder: »Warum habt ihr bloß die Fifi auf die Straße gelassen. Jetzt treibt sich Müllers Bello mit ihr herum. Dackel und Pudel – O Gottchen, was wird das für eine Mischung geben!«

Oder: »O Gottchen, o Gottchen, es kneift mich so hier unten – das wird doch nicht der Blinddarm sein?«

»Aber Tante Luise«, sagte einmal unser Vater zu ihr, »lass doch den lieben Gott in Frieden.«

»Wieso?«, fragte Tante Ogottchen mit runden, erschrokkenen Augen.

»Was tue ich ihm denn?«

»Du machst ihn lächerlich.«

»O Gottchen, wie kannst du so etwas behaupten?«, rief Tante Ogottchen empört aus, brach aber mitten im Satz ab und hielt sich die Hand vor den Mund.

»Siehst du«, sagte unser Vater. »Nun hast du's selber gemerkt, wie du ihn unnötig bemühst. Und noch dazu so verkleinert!«

Jetzt wurde Onkel Theo lebendig. »Wenn man sich das recht überlegt: den Herrgott ›Gottchen‹ zu nennen – ha ha ha! Da gehört schon was dazu!«, rief er und schlug sich mit einer dröhnenden Lache auf die Schenkel.

Unsere Mutter, die fast immer versöhnlich gestimmt war und nicht anders konnte, als zu den Schwachen, Kleinen und Unbedarften zu halten, schaute mit einer Falte zwischen den Brauen in die Runde und sagte: »Das ›chen‹ muß nicht immer nur verkleinern. Es kann auch Zärtlichkeit ausdrücken wollen.«

»So hab ich's gemeint, ja«, beeilte sich die Tante zu beteuern. »Es kann mir niemand nachsagen, dass ich den Herrgott nicht liebe und ehre.«

»Aber wo bleibt der Respekt?«, fragte Onkel Theo. »Der Respekt vor dem höchsten und mächtigsten Wesen, dem Herrn von Himmel und Erde?«

Tante Ogottchen bekam nasse Augen.

»Übernimm dich nicht, Theo«, sagte unsere Mutter. »Als ob sich der liebe Gott so leicht kränken ließe – noch dazu von Tante Ogottchen, die keiner Fliege was zuleide tut.«

»Aber mich stört's«, sagte unser Vater. »Wirklich, Tante Luise, ich kann's nicht mehr hören. Es macht mich ganz krank. Kannst du nicht etwas anderes ausrufen, wenn du schon den Drang verspürst, etwas ausrufen zu müssen? Kannst du dich nicht auf ›o Himmel!‹ oder ›o du meine Güte!‹ umgewöhnen?«

»Oder: ›ach du liebe Zeit!‹«, sagte ich.

»Oder: ›o Jesses!‹«, meinte meine Schwester.

»Herrje«, rief Onkel Theo ärgerlich, »jetzt soll wohl für Tante Ogottchens kleine Aufregungen auch noch Jesus herhalten!«

Da fiel auch schon die ganze Familie über den Onkel her.

»Sei du mal ganz still«, hörte ich unseren Vater sagen.

»Du benutzt ihn ja selber.«

»Ich?«, rief Onkel Theo höchst entrüstet. »Wann hab ich je den Namen Jesus respektlos in den Mund genommen?«

»Eben!«, riefen meine Schwester und ich gleichzeitig.

Unser Vater amüsierte sich köstlich. »Sagt ›Herrje‹ und merkt es nicht«, rief er. »Ein Witz!«

»Herrje?«, donnerte Onkel Theo. »Das hab ich nie gesagt!«

»Es wird immer besser«, triumphierte unser Vater, »Tante Luise sagt ›O Gottchen‹ wie ›O Radieschen‹ – und du, Theo, rufst den Herrn Jesus an und merkst es nicht einmal!«

»Verlangst du etwa, dass ich mir jeden Satz erst gründlich überlegen soll, bevor ich ihn ausspreche?«, rief

Onkel Theo erhitzt. »Das ist einfach zu viel verlangt, Herrgott nochmal!«
»Da!«, schrien meine Schwester und ich wie aus einem Mund und deuteten mit spitzen Fingern auf Onkel Theos geöffnete Lippen.
»Natürlich kann man sich sowas nicht von heute auf morgen abgewöhnen«, sagte meine Mutter. »Aber man könnte sich vielleicht ein bisschen darum bemühen.«
Tante Ogottchen wischte sich über die Augen und nickte eifrig, während sich Onkel Theo räusperte und dem Blick unserer Mutter auswich.
»Na ja«, meinte er, »versuchen kann man's – aber Garantie geb ich keine.«
»Wir können ja ein Spiel daraus machen«, schlug ich vor. »Jeder, der so einen Gottesnamen sinnlos verwendet, muss einen Groschen in eine Kasse zahlen –«
»– in die Ogottchen-Kasse!«, rief meine Schwester dazwischen.
»– und das Geld wird vor Weihnachten für irgendeinen guten Zweck gespendet.«
»Einverstanden«, sagte Onkel Theo.
Auch Tante Ogottchen nickte.
»Das muss aber für jeden von uns gelten«, sagte unsere Mutter, »nicht nur für die beiden da.«
»Das versteht sich von selbst«, sagte unser Vater. »Aber wer außer Theo und Tante Luise benutzt schon solche Namen? Ich glaube, von dir und mir werden nicht viele Groschen in die Kasse fallen.«
»Da sei du dir nur nicht so sicher«, sagte unsere Mutter trocken
Plötzlich stieß die Tante einen spitzen Schrei aus und stürzte zur Küchentür. »O Gottchen!«, jammerte sie, »jetzt hab ich den Kuchen im Backrohr vergessen – über all dem Gerede!«
Meine Schwester und ich schauten uns an und mussten kichern. Auch Onkel Theo begann zu lachen. Sogar unsere Mutter lächelte. Vaters Gesicht aber ließ keinen Zweifel darüber, dass er Tante Ogottchen für einen hoffnungslosen Fall hielt. Kopfschüttelnd schnalzte er mit der Zunge, dann seufzte er: »Mein Gott -!«

Geld 19

Biblischer Bezug: Lukas 12,15: Das Leben eines Menschen hängt nicht vom Besitz ab, auch wenn dieser noch so groß ist.

Kreativer Zugang: 106, **139**

Inhalt: Jesus warnt davor, sein Herz an Besitz, an Geld zu hängen. Alles für mich, nichts für dich – das ist der Tod. Aber danach zu fragen, ob jeder hat, was er braucht – das ist das Leben.

Armut
Besitz
Egoismus
Gott
Helfen
Jesus
Leben
Reichtum
Teilen
Tod
Vorsorgen

Einmal reich sein ...

Erzählung von Dietrich Steinwede

Wenn ich viel Geld hätte ...«
Oh, davon träumen viele.
Einmal reich sein, sich alles kaufen, was man möchte, das wäre etwas, das wäre das Leben.
Ist es so? Macht Reichsein glücklich?
Die Menschen haben immer wieder darüber nachgedacht. Kann Reichsein nicht gefährlich sein?
Geld, noch mehr Geld, immer neues Geld, Geld, Geld, Geld, ganz verrückt nach Geld, das Geld lieben, mehr haben wollen, immer mehr.
Gierig werden nach Geld, Gier, es zu haben: Hab-Gier, ist das nicht gefährlich?
Jesus hat gesagt: »Hütet euch davor. Hütet euch vor der Habgier!«
Und Jesus hat eine Geschichte davon erzählt:
Da ist ein reicher Gutsbesitzer. Der hat eine großartige Ernte gehabt, Korn und Wein die Hülle und Fülle.
»Was soll ich nur tun?« überlegt er:
»Das ist ja so viel, so überaus viel, ich weiß wirklich nicht, wie ich das alles unterbringen soll.
»Ah, ich hab's«, spricht er: »Ich reiße meine Scheunen ab und baue neue, größere.
Dann kann ich alles unterbringen, all meine Vorräte.
Ja, das ist gut«, spricht er zu sich selbst: »Dann bin ich versorgt, gut versorgt auf viele Jahre, auf immer. Dann kann mir nichts passieren. Dann kann ich mir Ruhe gönnen, essen und trinken nach Herzenslust, und das Leben voll genießen.«
Denkt er – dieser Gutsbesitzer.
Er rechnet so gut. Aber er rechnet nicht mit Gott.
Gott fährt herein über ihn:
»Du, du Dummkopf! Noch heute nacht bist du tot. Weg ist dein Leben. Alles dahin. Und dann, wer bekommt es dann, all deinen Besitz, all deinen Reichtum?«
»Ja«, spricht Jesus: »So wie diesem Gutsbesitzer, so wird es allen gehen, die nur an sich denken, die nur für

19 Geld

sich Reichtümer suchen, die nur für sich selbst reich sind, aber nicht reich in Gott.«

Hütet euch vor der Liebe zum Geld.
Denn sie ist nicht von Gott.

Und trotzdem: Immer wieder träumen es die Menschen: Ganz viel Geld haben. Lose kaufen. Im Lotto gewinnen. Den Haupttreffer: Millionen über Millionen ...
Aber was würdest du damit machen, mit soviel Geld? Hast du schon einmal überlegt? Alles für dich behalten? Mit Argusaugen darüber wachen, dass nichts wegkommt? So wie der reiche Gutsbesitzer? Der, der Gott vergessen hat über all seinem Reichtum?
Oder abgeben davon, austeilen, vielen helfen, vielen, die in Not sind?
Was würdest du machen?
Ein Leben im Reichtum ist nicht alles.
Irgendwann kommt der Tod. Dann ist's vorbei.
Im Geld sich aalen: Autos, ein Ferienhaus, Schwimmbad, Flugreisen in alle Welt. Die feinsten Hotels, das teuerste Essen, die schönsten Kleider und Sachen, eine Villa, eine Segeljacht .... alles vorbei.
Ist es nicht doch besser, nach anderem zu fragen, nach dem, was wirklich wichtig ist im Leben?
Dafür zu sorgen, dass jeder hat, was er braucht?
Dass nicht die Reichen immer reicher werden und die Armen immer ärmer?
Viel haben, viel besitzen, alles gut bewachen, das ist nicht das wirkliche Leben.
»Wer nur an das Haben denkt, an das Behaltenwollen, der ist ein Narr«, spricht Gott.

Ein bisschen Geld, Gott,
oder auch ein bisschen mehr:
Soviel kann ich anfangen damit.
Es ist nützlich und schön.
Es kann helfen.

Aber zuviel davon,
das schadet nur:
Dann denke ich mehr an das Geld
und an mich
als an dich.

Gott, lass mich niemals
zuviel Geld haben.

20 Gemeinde

Geist (Gottes)
Gemeinschaft
Haus
Jesus (der Christus)
Kirche
Leben
Liebe
Menschenbild
Oikoumene
Welthaus

Biblischer Bezug: Epheser 2,19-20: Ihr Menschen aus den anderen Völkern seid also nicht länger Fremde und Gäste. Ihr gehört mit zum Volk Gottes und seid in Gottes Hausgemeinschaft aufgenommen. Ihr seid in den Bau eingefügt, dessen Fundament die Apostel und Propheten bilden. Der Schlußstein aber ist Jesus Christus.

Kreativer Zugang: **140, 141,** 180

Inhalt: Alle, die sich als lebendige Steine sehen, bauen mit an der ›Kirche‹ hier, aber auch am Welthaus Gottes, der Oikoumene.

Haus der lebendigen Steine

Erzählung von Dietrich Steinwede

Wie können Steine lebendig werden?
Indem du sie bemalst.
Mit einer Blume.
Mit einem Tier.
Mit einem Stern.
Mit einem wichtigen Wort darauf.
Zum Beispiel: ›Freundschaft‹.
Mit dem Gesicht eines Menschen.
Oder noch anders:
Denke dir, du hast rechteckige Kästen, Pappschachteln, einen Schuhkarton oder kleine Pakete.
Und nun bemalst du sie.
Oder du beklebst sie.
Womit?
Mit eigenen Bildern.
Oder mit Fotos.
Wovon?
Von dir und deinen Eltern.
Von deinen Freundinnen und Freunden.
Von einem Baby. Von einer alten Frau.
Von einem bärtigen Mann.
Von einem Mädchen mit Sommersprossen und blonden Haaren.
Fotos von Menschen.
Von Menschen aus aller Welt.
Vielleicht ist auch ein Schwarzer dabei.

Oder ein Chinese.
Von diesen Menschenbildern, darauf gemalt, darauf geklebt, werden deine Kastenbausteine ganz lebendig.
Es werden lebendige Steine.
Und jetzt stelle dir vor, du klebst noch ganz andere Bilder auf:
Das Bild von einem schöngeschmückten Erntealtar, das Bild von einer Taufe.
Das Bild von einem Organisten an der Orgel.
Das Bild von einer Pfarrerin auf der Kanzel.
Das Bild von einem schönen Kirchenfenster.
Das Bild von einer singenden Gemeinde.
Dann hast du lauter Kirchen-Bausteine.
Oder noch anders:
Du klebst Bilder auf von einem Fest im Kindergarten.
Oder von einem Schulgottesdienst.
Oder wie ein Zivi einer alten kranken Frau hilft.
Oder wie ein Kirchenchor singt.
Oder wie die Kinder im Kindergottesdienst um den Altar tanzen.
Oder wie ein Behindertengottesdienst stattfindet.
Oder wie die Gemeindeschwester eine alte Frau im Rollstuhl schiebt.
Oder wie Konfirmanden unter einem großen Regenbogen die Noah-Geschichte spielen.
Oder wie Ausländer bei uns im Gottesdienst ihre Lieder singen und eine tolle Musik machen.
Oder wie ein evangelisches Mädchen und ein katholischer Mann heiraten.
Und sie werden zusammen von einem Priester und einer evangelischen Pfarrerin getraut.
Alle solche Bilder sind lebendige Bilder.
Und wenn du sie auf Pappbausteine klebst, hast du lebendige Steine.
Und nun stelle dir vor, du schichtest diese Steine übereinander.
Du baust daraus eine Kirche.
Dann hast du ein Gotteshaus aus lauter lebendigen Steinen.
Alles, was in der Kirche lebendig ist, kann man von diesen Steinen ablesen.
Und nun stelle dir vor:
Es sind nur die Menschen, die zusammenkommen, geisterfüllte Menschen.
Da ist jeder Mensch wie ein lebendiger Stein.
So hat Jesus das gemeint, als er sagte:
»Ihr Menschen seid die lebendigen Steine.
Baut euch zusammen zum Hause Gottes.«
Alle in der Gemeinde, die erfüllt sind von Gottes Geist, die einander lieben, das sind lebendige Steine.
Alle zusammen bilden das unsichtbare Haus Gottes, ein Haus, das keine Mauern braucht.
Und doch steht es fest.
Es steht auf den Worten der Bibel.
Auf den Worten der Propheten. Auf den Worten der Evangelisten. Es steht auf dem Glauben der Christen an ihren Herrn Jesus Christus, an den einen unsichtbaren und starken Gott.
Jeder ist ein Teil, ein Stein dieses wunderbaren Hauses.
Jeder hat seinen Platz.
Und jeder hält und trägt die anderen Steine mit.
Und oben im Gewölbe dieser unsichtbaren Kirche, da gibt es einen Schlussstein, der alles zusammenhält.
Und dieser Schlussstein ist Jesus Christus.
Ja, alle Menschen aus allen Völkern, die an Gott glauben, die in Gottes Namen zusammenkommen, die bilden eine riesige Weltenkirche, das Welten-Haus Gottes.
Unsichtbar.
Und dennoch ganz stark.
Unzerstörbar.
Ein ewiges Haus.
So steht es in der Bibel geschrieben im Neuen Testament, im Brief an die Gemeinde in Ephesus:
»Ihr Menschen aus den anderen Völkern, ihr seid nicht länger Fremde.
Ihr gehört zum Volke Gottes.
Ihr seid in die Hausgemeinschaft, in das Haus Gottes, aufgenommen.
Ihr seid als lebendige Steine in den großen Bau eingefügt, dessen Fundament die Apostel und die Propheten bilden.
Der Schlussstein aber ist Christus. Er hält das ganze Gebäude zusammen.
Durch ihn wird es ein heiliges Haus, ein wahrer Tempel Gottes.
Ganz und gar von Gottes Geist erfüllt ist dieses Haus.
Und alle darin sind glücklich.
Möchtest du auch ein Stein sein in einem solchen Weltenhaus des lebendigen Gottes?
Es gibt ein geheimnisvolles Wort für dies Haus, ein griechisches Wort:
›oikos‹.
Dieses Weltenhaus Gottes aus lauter lebendigen Steinen, unsichtbar und dennoch stark, das ist die Oikoumene.
Alle, die Gott liebhaben, alle, die den Mitmenschen, ob fern oder nah, liebhaben, alle, die einander beistehen, die sich die Hand reichen, Schwester und Bruder, alle, die dahin gehen, wo der Frieden wohnt, die bauen mit am Welthaus der Oikoumene.

21 Generationen

Alt und Jung

Begegnung

Grenzen

Miteinander

Vorurteil

Überwindung

Biblischer Bezug: Psalm 148,12-13: Alte und Junge miteinander sollen loben den Herrn.

Kreativer Zugang: 105, **142, 143**

Inhalt: Oliver (Olly) hat Sorge, dass seine Oma Olga (auch Olly), die als Besuch in seinem Zimmer schlafen muss, alles mit Beschlag belegt. Irrtum. Sie passt sich bestens ein, weiß wunderbar vorzulesen, verbreitet eine gute Stimmung. Oliver ist begeistert.

Olly und Olly

Erzählung von Elisabeth Zöller

Olly und Olly haben ein Zimmer zusammen. Sie heißen richtig Olga und Oliver. Komisch, was? Wer heißt denn schon Olga heute?
Soll ich's verraten? Olivers Oma heißt Olga. Und Oma Olga ist zu Besuch. Deswegen wohnen jetzt in dem Zimmer:
Olly und Olly, Oma Olga und Oliver.
Aber das ist eine lange Geschichte:
»Oma Olly kommt morgen, Oma Olly«, rief Mama durch die Wohnung.
»Oma Olly, toll«, rief Oliver, auch Olly genannt.
»Und wo schläft sie?«
»Bei dir, wo denn sonst?« rief Mama.
»Bei mir, oh Gott«, dachte Olly, er sagte es sogar. »Mein Zimmer ist zu klein.«
»Mein Zimmer ist zu klein«, rief Mama. »Du hast ja extra das große bekommen. Und wir hatten von Anfang an abgemacht: die Gäste müssen in deinem Zimmer schlafen.«
»Stimmt.« Mama hatte recht. Aber trotzdem.

Oma Olly würde sich breit machen in seinem Zimmer. Sie würde den Koffer hinlegen, die Kleider aufhängen, die Schuhe hinstellen, die Bücher hinlegen ... Sie würde das Zimmer besetzen. Und bald hätte er nichts mehr.
Und was würde Timmy sagen und Uwe und Kai? »Der wohnt mit 'ner Oma in einem Zimmer, mit einer alten Schachtel!«
Deswegen legte Olly in die Mitte des Zimmers ein Seilchen. »Das ist die Grenze«, wollte er Oma sagen.
Oma kam. »Wofür ist denn das Seilchen?« lachte sie.
Olly stotterte.
»Brauchen wir nicht«, sagte sie.
»Meinen Koffer leg' ich ins Badezimmer, die Schuhe stell' ich in den Flur, die Kleider häng' ich in Mamas Zimmer.
Ich besetze dein Zimmer nicht. Das ist dein Zimmer. Du brauchst deinen Raum.« Sie lachte.
»Du weißt ja, ich sitz' gerne in der Küche und schau aus dem Fenster. Nur abends brauch' ich mein Eckchen zum Lesen. Das ist alles.«
Am Abend hatte Oma im Bett gelegen und gelesen. »Soll ich dir vorlesen?«
»Au ja«, sagte Olly. Und Oma las vor. Das war eine schöne Geschichte. Das ganze Zimmer war voll davon.
»Noch mehr«, sagte Olly. Und Oma las weiter.
»Gut, dass Oma da ist«, dachte Olly.
»Oma Olly«, sagte er. »Liest du morgen auch wieder vor?« »Wenn du willst.« »Ja, ja«, sagte Olly ganz schnell. »Ganz bestimmt!

Und du kannst auch ganz lange hierbleiben, wenn du willst. Es ist so gemütlich abends«, sagte Olly.
»Das finde ich auch«, sagte Oma Olly. »Ich hatte nämlich erst Angst mit dir in einem Zimmer . Weißt du, das ist für eine alte Frau nicht so einfach. Ich habe gedacht, der Olly will mich nicht, mich Alte. Da war so etwas wie eine Sperre, ja fast so etwas wie eine Grenze im Kopf.«
»Komisch«, sagte Olly, »das hatte ich auch. Deswegen hatte ich doch das Seilchen in die Mitte gelegt, das war meine Grenze. Aber als du kamst, war sie fast überflüssig, und als du vorgelesen hast, da war sie weg.
Spielen wir noch etwas, Oma? Schach?«
»Au ja«, sagte Oma, »Schach ist mein Lieblingsspiel.«
»Komisch, meins auch. Aber mit mir spielt ja keiner!« sagten sie auf einmal beide zusammen und lachten, als sie das merkten.
»Und warum nicht?« fragte Olly.
»Weil ich zu alt bin für Schach. Komisch«, sagte Oma Olly. »Was haben wir Menschen für komische Gedanken im Kopf. Grenzen«, sagte sie, »die behindern uns ganz schön, die Grenzen im Kopf.«
»Und wie kriegt man die weg?«
»Wenn man den anderen mag, so wie er ist«, sagte Oma.
»Weg damit«, ruft Olly, »weg damit« und er springt der Oma auf den Schoß und drückt sie.
»Und jetzt wird gespielt«, ruft die Oma:
»Schach, weil wir das nämlich beide mögen.«
»Und weil wir uns mögen! Jeder den andern«, lacht Olly.

Biblischer Bezug: Amos 8,11: Der Herr sagt: Bald ist die Zeit, da kommt eine Not über's Land, da wird man nicht nach Brot hungern oder nach Wasser lechzen, sondern verzweifelt darauf warten, von mir das rettende Wort zu hören.

Kreativer Zugang: 106, **145,** 146

Inhalt: Ich-Erzählung, die Schicksal und Botschaft des Amos knapp entfaltet.

Armut
Auftrag
Botschaft
Gericht
Gewalt
Prophet
Reichtum
Ungerechtigkeit
Verleumdung
Widerstehen

Ein Mann aus dem Volk

Erzählung von Dietrich Steinwede

Ich bin Amos, ein Mann aus dem Volk, nach Gottes Willen ein Prophet, *einer*, der Gottes Wort sagt, nicht sein eigenes Wort, *einer*, dessen Rede anfängt: »So spricht Gott«, *einer*, den Gott berufen hat, der sich nicht dagegen wehren kann, *einer*, den Gott in sein Herz hat sehen lassen, *einer*, der den Menschen Gottes Willen verkündet, auch wenn er Unheil ansagen muss.

Ich bin Amos, ein Mann aus dem Volk. Von Beruf bin ich Viehzüchter. Ich habe Rinder und Schafe. Die Wolle der Schafe wird verkauft und das Fleisch der Rinder. Und ich habe Bäume, Maulbeerfeigenbäume.

Aus ihrem Holz schneidet man Balken. Und ihre Früchte muss man ritzen, bevor sie reifen, sonst werden sie wurmstichig. Tiere und Bäume, das sind meine Besitztümer. Damit habe ich bis jetzt mein Leben verdient. Ich habe hart gearbeitet in meinem Dorf Tekoa, im Südreich Juda.

Und dann ist Gott gekommen.Er hat mich von meiner Herde weggeholt und von meinen Bäumen. Er hat gesagt: »Gehe nach Norden. Gehe in das Nordreich Israel. Und dort sollst du überall zu den Menschen sprechen, in den Dörfern und in der Hauptstadt Samaria und im Heiligtum Bet-El. Du sollst ihnen mein Strafgericht ankündigen. Du sollst mein Prophet sein.«

Ich habe es getan. Ich bin gegangen. Ich habe alles zurückgelassen, meine Frau, meine Kinder, die Tiere und die Bäume. Und dabei war ich glücklich in meinem Dorf. Aber Gott hat mich weggeholt, dieser Gott, der einfach ruft, und du kannst nichts dagegen tun.

Und ich habe gepredigt, überall, wo Menschen mir zuhören wollten.

Und dies war meine Predigt: »Es ist eine böse Zeit. Viele Menschen hier sind böse!«

Ich habe geeifert gegen die Reichen: »Ihr nehmt den Armen das Letzte, was sie haben. Ihr beutet sie aus. Wenn euch ein Armer nur ein Paar Sandalen schuldet, dann macht ihr ihn schon zum Sklaven. Ehrliche Leute verstoßt ihr, nur weil sie Schulden bei euch haben. Ihr nehmt Bestechungsgelder an. Ihr verweigert den Schutzlosen ihr Recht. Die Hilflosen, die im Staube liegen, tretet ihr mit Füßen. Rücksichtslos drängt ihr die Schwachen mit dem Ellbogen beiseite. In eurer Königsstadt Samaria sind Gewalt und Unterdrückung an der Tagesordnung. Viele Bewohner häufen in ihren Häusern Schätze auf, die sie mit Raub und Mord an sich gebracht haben. Weh euch, ihr Reichen in Israel! Ihr tretet das Recht mit Füßen, Verbrechen häuft ihr auf Verbrechen. Gott sieht das nicht länger mit an. Im Zorn erhebt er seine Stimme. Gott wird euch nicht schonen. Gott wird euch vernichten! Darum: Sorgt lieber dafür, dass jeder zu seinem Recht kommt. Hasst das Böse. Liebt das Gute. Dann vielleicht ist Gott euch gnädig!«

So habe ich gerufen. So habe ich sie eindringlich beschworen, ich, Amos, ein Mann aus dem Volk.

Und dann in Bet-El bei den Altären, im Heiligtum, da gab es Streit. Mit Amazja, der dort Dienst tat. Er war der oberste Priester. Er hat Boten zum König geschickt, zu Jerobeam im Königspalast von Samaria. Er hat mich angeschwärzt. Er hat dem König melden lassen: »Da ist dieser Amos aufgetaucht aus dem Südreich, aus Tekoa. Was der redet, ist unerträglich. Der zettelt einen Aufstand gegen dich an, König, eine Verschwörung. Der sagt, du, König, wirst durch das Schwert umkommen, und unser Volk Israel wird in ein anderes Land verschleppt. Das ist unerträglich. Das ist nicht auszuhalten. Das wollen wir nicht hören. König, wir können das nicht dulden. Dieser Amos muss hier weg!«

Und der Priester Amazja kam zu mir: »Verschwinde, du Prophet«, sagte er zu mir: »Mach dich schleunigst davon! Hau ab nach Tekoa. Dort können sie dir meinetwegen zuhören. Dort geben sie dir auch zu essen dafür. Aber hier in Bet-El, hier ist das Reichsheiligtum des Königs. Hier hast du nichts zu suchen. Der König will deine Reden nicht. Verschwinde! Hau ab nach Süden!«

So hat er zu mir gesprochen.

Aber ich, Amos, der Mann aus dem Volk, ich bin nicht gegangen. Ich bin geblieben. Gott war stärker als der Priester Amazja. Gott war stärker als König Jerobeam.

Und Visionen habe ich gehabt, Gesichte. Gott ließ mich etwas sehen: Ich sah einen Erntekorb voll Obst.

Gott sprach: »Was siehst du?«

»Einen Korb mit reifem Obst«, antwortete ich.

Gott sprach: »Das Volk Israel ist reif wie dieses Obst. Es ist reif zum Gericht. Es gibt ein Ende mit Schrecken. Ohne Trost und Hoffnung. Samaria wird zerstört. Und alle werden vertrieben und verbannt. Die Leute werden im Land umherirren vom Toten Meer bis zum Mittelmeer und von Norden bis in den Süden. Sie werden fallen und nicht mehr aufstehen. Man wird Klagen

22 Gerechtigkeit

anstimmen im Königspalast von Samaria. Denn an allen Orten liegen Leichen herum. Und keiner wird sie begraben.«
So sprach Gott zu mir. Und ich sagte es weiter, immer weiter.
Ich muss das. Denn ich bin ein Prophet, einer, der Gottes Wort sagt und nicht sein eigenes Wort. Dabei sehne ich mich so nach Tekoa, nach meiner Frau und den Kindern, nach den Tieren und Bäumen.
Aber ich muss hier ausharren, ich muss den Bösen in Israel sagen, das sie Unrecht tun, dass sie zugrunde gehen werden.
Ich, Amos, der Mann aus dem Volk, ich muss das.
Ganz allein.

23 Gewalt

Aggression
Ausländer/in
Freundschaft
Hass
Helfen
Solidarität
Verleumdung
Vorurteil

Biblischer Bezug: 3. Mose 19,33-34: Jeder soll seinen fremden Mitbürger lieben wie sich selbst.

Kreativer Zugang: **146,** 174, 196

Inhalt: Der Ich-Erzähler steht zu seinem türkischen Freund Özan, dessen Familie zerstörerischer Gewalt und übler Verleumdung ausgesetzt ist. Der Junge weiß: Niemand hat das Recht, einen anderen Menschen zu verunglimpfen, denn (vor Gott) sind alle Menschen gleich.

Heute gibt es keine Brötchen ...

Erzählung von Elisabeth Zöller

Ich kann heute meine Brötchen nicht bei Özan einkaufen. Bei Özan ist was passiert.
Ich war am Morgen losgezogen, war sogar ein bisschen brummig, weil ich Brötchen holen sollte.
»Warum kann Kai die nicht holen?« hatte ich gemault. Als ich mit meinem Geld um die Ecke kam, sah es erst ganz komisch aus. Überall lagen Glassplitter auf dem Boden. Da war ich erschrocken, denn ich sah in Özans Laden eine kaputte Schaufensterscheibe. Erst dachte ich, es hätte einer aus Versehen einen Stein in die Scheibe geworfen. Aber dann sah ich, dass alle Scheiben kaputt waren. Da bin ich erst mal stehengeblieben. Ich war schockiert. Das konnte kein Zufall sein. Ich habe mit dem Brötchengeld in der Hosentasche geklimpert. Dann hatte ich kapiert. Da bin ich ganz schnell zu Özan gegangen und hab ihm geholfen.

Er ist doch mein Freund. Morgens kauf ich immer unsere Brötchen bei ihm. Er steht jeden Morgen ab 7.30 Uhr im Lebensmittelladen seines Vaters und verkauft frische Brötchen.
In der Schule sitzt er hinter mir. Und nachmittags spielen wir oft Fußball zusammen. Özan ist der beste Fußballspieler unserer Klasse, und ich bin froh, dass er mit mir trainiert. Ich bin nämlich nicht gut.
Ich hab mal gehört, wie eine Nachbarin zu Mama gesagt hat, Özan wäre kein Umgang für mich. Aber Mama hat gesagt: »Alle Menschen sind gleich« und ist weggegangen. »Na, na«, hat die Nachbarin gesagt. Sie war irgendwie beleidigt. »Sie werden sehen«, hat sie hinterhergerufen, »es gibt bald wieder andere Zeiten bei uns.«
Ein bisschen wütend klang das. Daran denk ich jetzt. Das fällt mir plötzlich ein. Und ich helfe Özan, die Scherben aufzusammeln. Ich glaube, er weint. Wenn auch mehr innen. Er hat auf jeden Fall ganz verschwollene Augen. Dann hab ich mich aufgerichtet und hab es gelesen, was sie hingeschrieben haben oben an die Tür.
»Ausländer raus« steht da, und an der andern Tür steht »Pack«. Einfach das Wort »Pack«. Ich weiß nicht genau, was das bedeutet, aber ich glaube, es ist ein gemeines Wort. Ein sehr gemeines Wort, genauso gemein wie »Ausländer raus«.

Ich hab auf einmal den großen Brötchenkorb gesehen. Er stand in der Ecke und war noch ganz voll. Aber die Brötchen mussten doch verkauft werden! Özan hat mir freundlich zugelächelt. Da haben seine Augen schon wieder anders ausgesehen. Und er sammelte weiter Scherben auf.
Ich stehe und verkaufe. Das macht Spaß, und ich werde Özan auch weiter helfen!
Da hör ich Frau Müllers Stimme. Sie kommt aus der Getreidegasse noch bis hierher.
»Es war laut heute nacht«, sagt sie. »Sie sind auf Motorrädern gekommen und haben einen furchtbaren Krach gemacht. Sie haben mit Stöcken und Steinen auf die Scheiben geschlagen und einer hat die Farbe aufgepinselt.«
»Weiter«, hat dann einer gerufen.
»Zum nächsten!« Und sie sind auf ihren Motorrädern weitergebraust.

»Geht das denn schon wieder los?« sagt die alte Frau Kümper.
»Das darf nicht noch einmal kommen. Ich weiß das noch wie heute, wie das in der Kristallnacht gewesen ist. Damals waren es die Juden, heute sind es die Ausländer und morgen sind wir vielleicht dran. Die brauchen doch nur einen Sündenbock, auf den sie alles schieben. Da müssen wir doch was tun!«
Ich höre ihre Stimme ganz laut. Ich habe jetzt fast alle Brötchen verkauft.

Ich will Mama zu Hause fragen, was die Kristallnacht ist. Ich weiß es nämlich nicht. Aber es muss etwas sehr Schlimmes gewesen sein. Und das erzählen die Erwachsenen oft nicht, weil sie meinen, wir könnten das Schlimme nicht vertragen. Dabei wird es doch viel, viel schlimmer, wenn wir nichts wissen!

Ich gebe Özan das Brötchengeld. Ich sag ihm, dass ich ihm nach der Schule wieder helfen will. Auch wenn unsere Nachbarin sagt, er wäre kein Umgang für mich. Vielleicht können wir sogar ein bisschen Fußball spielen. Und Mama sagt ja auch: »Alle Menschen sind gleich.«
Aber erst muss ich jetzt fragen, was in der Kristallnacht war. Damit ich das weiß und damit ich was dagegen tun kann. Damit es nicht wieder andere Zeiten gibt bei uns.
Da merk ich, dass ich mein Geld noch in der Tasche hab. Ich hab keine Brötchen für uns gekauft. Ich hab meine eigene Brötchen vergessen. Ich klimper mit dem Geld in der Tasche. Ich werde es Mama erklären und sie muss mir dann alles erklären.
Damit es nicht wieder andere Zeiten gibt bei uns oder eine Kristallnacht. Darum muss Mama mir alles erklären. Und damit das Schlimme nicht noch schlimmer wird für uns Kinder, weil uns keiner das Schlimme erklärt.

Gewaltlosigkeit 24

Biblischer Bezug: Matthäus 5,5: Freuen dürfen sich alle, die keine Gewalt anwenden, denn Gott wird ihnen die Erde zum Besitz geben.

Kreativer Zugang: 133, 145, **147,** 196

Inhalt: Die Erzählung lässt Gandhis sanft-mutige Geisteshaltung, seine Lehre und seine weltverändernde Tat aufscheinen.

Erfolg
Fasten
Freiheit
Frieden
Friedfertigkeit
Gandhi
Indien
Kasten (religiös)
Kolonialismus
Religionen
Unabhängigkeit
Unterdrückung
Widerstehen

Sanft sein – mutig sein

Erzählung von Dietrich Steinwede

Sanftmut, das ist ein seltsames Wort. Was bedeutet es eigentlich? Sanft sein: Immer ganz still sein, freundlich, ohne Groll, wenn einer frech wird. Nicht zurückschlagen, wenn einer zuschlägt.
Demütig sein. Nicht ungeduldig. Sanftsein, das ist eine große Kraft.
Und mutig sein? Keinen Feind scheuen. Etwas wagen. Sich einsetzen für alle, die benachteiligt sind. Für Rechtlose, für Arbeitslose, für Obdachlose. Für solche, die verfolgt werden. Für solche, über die schlecht geredet wird, böse und gemein. Für solche, die arm sind, elend, ohne Kraft. Für solche, die betteln müssen. Für solche, denen sonst niemand hilft. Das ist mutig.
Sanftsein und Mutigsein, das kann zusammengehören. Jesus sagt: »Die gehören zu Gott, die Sanftmütigen. Und Gott zu ihnen. Die leben mit Gott, die Sanftmütigen, auf ewig.«
Gandhi war solch ein Sanftmütiger, der Hindu aus Indien. Er hatte einen langen Namen: Mohandas Karamchand Gandhi. Aber sie nannten ihn »Mahatma«, »die große Seele«. Gandhi war kein Christ. Aber ein Kind Gottes, das war er gewiss.
Er sagte: »Bete immer, dass deine Feinde zu besseren Menschen werden, ganz gleich, zu welcher Religion sie gehören.«
Er sagte: »Die Religionen sind verschiedene Wege, die alle zum gleichen Ziel hinführen, zu Gott.«
Er sagte: »Kein Mensch weiß alles. Kein Mensch hat die Wahrheit gepachtet. Wir sind alle auf der Suche, wir Menschen auf der Erde.«
Er sagte: »Wenn Gott Kinder haben kann, dann sind wir alle seine Kinder.«
Er sagte: »Wir Hindus wollen Brüderlichkeit mit allen Menschen, mit den Tieren mit allem, was lebt. Wenn überall guter Wille ist, Brüderlichkeit und Schwesterlichkeit, dann ist Friede auf Erden.«
Er sagte: »Ich könnte ein Christ sein, wenn die Christen nur so leben wollten, wie Jesus es sagt in der Bergpredigt, wenn sie nur eins wären: Sanftmütig!«
»Keine Gewalt«, sagte Gandhi. »Nicht schlagen, nicht schießen, nicht töten! Damit erreicht man gar nichts. Nur schlimmere Gewalt. Was wir erreichen wollen, das

müssen wir mit freundlichen Mitteln erreichen. Mit Sanftmut.«

Was wollte Gandhi denn erreichen?

Die Freiheit! Die Freiheit seines Volkes, der Inder. Die Freiheit von 300 Millionen Menschen. Die Freiheit von der Unterdrückung durch die Engländer.

Die hatten Indien besetzt. Die hatten Indien zu ihrer Kolonie gemacht. Die waren die Herren in dem riesigen Land. Die waren eine Besatzungsmacht.

Gandhi sagte: »Gebt uns die Freiheit! Wir sind ein eigenes Volk. Wir können uns selbst regieren!«

Gandhi ging hin zu den Engländern. Er sagte es ihnen ins Gesicht. Dem Gouverneur. Dem Vizekönig. »Wir arbeiten nicht mit euch zusammen. Ihr sollt hier fortgehen. Ihr gehört nicht hierher. Dies ist unser Land!«

Riesige Volksversammlungen hielt Gandhi ab. Immer gegen die Engländer. Und immer ohne Gewalt. Riesige Protestmärsche hat Gandhi veranstaltet. Immer gegen die Engländer. Viele Jahre lang. Und immer predigte er: »Ohne Gewalt! Sanftmütig!«

Sie marschierten. Oft Hunderte von Kilometern. Oft barfuß.

»Einfach müssen wir leben«, sagte Gandhi. »Wir müssen uns selbst ernähren. Wir dürfen nicht abhängig sein von den Engländern!«

Die Engländer ließen ihre Soldaten aufmarschieren. Sie schossen mit Gewehren und Kanonen. Viele Inder starben.

Gandhi sagte: »Keine Rache! So schmerzlich das ist. Nicht zurückschießen! Keine Gewalt!«

Andere sagten etwas anderes. Aber die meisten hörten auf Gandhi.

Was geschah? Gandhi wurde verhaftet. Aber er kam wieder frei. Gandhi wurde wieder verhaftet. Wieder kam er frei.

Warum? Gandhi war jetzt berühmt. Alle Welt achtete auf das, was er tat, und auf das, was die Engländer mit ihm machten. Es gab Zeitungsreporter. Die berichteten in alle Welt.

Und was tat Gandhi?: Er fing an, ganz einfach zu leben. Er setzte sich ans Spinnrad und begann Baumwolle zu spinnen für Kleidung. So sollten es alle machen in Indien: Selbst für ihre Kleidung sorgen. Dann konnten die Engländer ihnen keine Kleidung mehr verkaufen.

Gandhi trug nur noch einen weißen Lendenschurz. Und ein weißes Baumwolltuch um die Schulter. Und Sandalen. Mehr brauchte er nicht. Oft lief er barfuß. Und sein Kopf war rasiert. Und viele, viele Inder taten es ihm nach.

Das hatten die Menschen bei Gandhi gemerkt: Es geht etwas aus von ihm. Er strahlt etwas aus. Große Kraft. Und das, was er tut, das hat Erfolg. Ganz verunsichert sind die Engländer.

Und wer Gandhi kannte, der konnte nicht anders, der musste auch sanft sein, sanftmütig. Engländer kamen zu Gandhi, englische Frauen. Sie wollten bei ihm sein. Sie wollten leben wie er. Und immer waren Reporter um ihn herum. Dort auf dem Dorf, wo er sein Haus hatte, ein ganz einfaches Haus. Und dabei war er jetzt weltberühmt.

Eins lag Gandhi besonders am Herzen: Es darf keine Feindschaft sein unter uns selbst. Es darf keine Feindschaft sein zwischen Indern, die Hindus sind, und Indern, die Muslime sind. Und bei den Hindus darf keine Feindschaft sein unter den Kasten.

Seit Jahrtausenden lebten die Hindus in Kasten, in verschiedenen Gruppen. Die einen galten viel, die anderen galten weniger und andere noch weniger. Am wenigsten aber galten die, die zu gar keiner Kaste gehörten, die Kastenlosen, die Ausgestoßenen, die Parias. Von allen wurden sie verachtet. Und sie durften nur die schmutzigste Arbeit tun.

Gandhi sagte: »Die Kastenlosen gehören zu euch! Sie sind eure Schwestern und Brüder! Auch sie sind Kinder Gottes!

Und die Frauen hier bei uns in Indien, sie sollen die gleichen Rechte haben wie die Männer«, sagte Gandhi.

Und Gandhi betete. Er betete für die Frauen. Er betete für die Hindus. Er betete für die Muslime. Er betete für die Kastenlosen, die er »Harijans« nannte, »Kinder Gottes«. Und Gandhi betete für die Engländer. Und für den Frieden in Indien.

Aber die Engländer blieben. Sie zogen nicht ab. Da tat Gandhi etwas, das kannte man damals so noch nicht: Gandhi begann zu fasten. Um etwas zu erreichen. Nichts essen. Keinen Krumen Brot. Und nur ganz wenig Wasser trinken.

Gandhi war schon alt. Und er lag da und fastete 10, 20, 30, 40, 50, 60, 70 Tage lang. Und er wurde schwach und immer schwächer. Er lag auf den Tod. Und alle Welt schrie auf ...

Da geschah es. Die Engländer konnten nicht mehr anders. Sie beschlossen Indien freizugeben. Es dauerte noch. Aber dann rückten ihre Truppen ab. Indien war frei. Es war das Jahr 1948. Gandhi hatte gesiegt.

Etwas Unglaubliches hatte er erreicht: 300 Millionen Menschen frei! Ohne Gewalt! Mit Sanftmut! »Mahatma« – »Die große Seele«. Ein Mensch für Hindus und Muslime. Und auch ein Mensch für Juden und Christen. Ein Mensch für die ganze Welt. Wie Albert Schweitzer. Wie Mutter Teresa.

Und dann geschah es: Gandhi wurde ermordet, erschossen von einem Hindu. In blindem Hass. Gewalt gegen den Gewaltlosen. Entsetzen, Trauer in der ganzen Welt. Die Menschen konnten es nicht fassen.

»Haltet Frieden! Seid sanftmütig!« So lehrte Mahatma Gandhi ein ganzes Leben lang.

Und Mahatma, der Mensch mit der großen Seele, lebte nicht nur dafür, er starb auch dafür.

Niemals werden die Inder das vergessen.

Und wir auch nicht.

Jesus hat es gesagt: »Die Sanftmütigen gehören zu Gott.«

Er hat auch Gandhi damit gemeint.

Biblischer Bezug: 1. Samuel 2,7: Der Herr macht arm, er macht reich.

Kreativer Zugang: 119, 120, 154, 157, 159

Inhalt: Beppo vertraut darauf, dass sein Brief an Gott seiner notleidenden Familie Hilfe bringt. Er wird nicht enttäuscht.

Botschaft
Danken
Familie
Freude
Geschenk
Geschwister
Güte
Hilfe
Hoffnung
Kinder
Nächstenliebe
Vertrauen
Zuversicht

Beppo

Erzählung von Barbara Imgrund

Alle Kinder waren in der Schule. Nur Beppo, acht Jahre alt, stand mutterseelenallein auf einem Hügel und starrte angestrengt zum Himmel hinauf. Dort oben war ein winziger, roter Punkt. Seinetwegen hatte Beppo die Schule geschwänzt. Es war ein roter Luftballon. Beppo hatte zwanzig Lire geopfert, um ihn kaufen zu können. Das war eine Menge Geld für Beppo! Trotzdem hatte er den Luftballon gekauft – nur so, zum Davonfliegen?

Beppo hatte niemandem erzählt, was er damit anfangen wollte. Heimlich hatte er einen Brief geschrieben und ihn an der Schnur des Luftballons angebunden. Und als alle Kinder in der Schule waren, hatte er sich fortgeschlichen, um auf dem Hügel seinen Luftballon steigen zu lassen. Hoffentlich würde der Wind die Botschaft nicht abreißen!

»Lieber Gott«, stand mit großen Buchstaben auf dem Zettel geschrieben, »in ein paar Wochen bekomme ich einen kleinen Bruder Wir sind sechs Kinder, und meine Eltern haben wenig Geld. Der Kleine muß mit Pedro und mir zusammen schlafen, weil wir nicht genug Bettzeug haben. Bitte, lieber Gott, mach doch, dass ich dem kleinen Bruder einen Strohsack mit Bettzeug zurechtmachen kann! Es darf ruhig etwas Gebrauchtes sein! Ich wohne in Arcole in Italien. Dein Beppo Sala.«

So hatte Beppo geschrieben, und er hoffte, dass der, für den der Zettel bestimmt war, ihn würde lesen können. Und als der kleine rote Punkt in der Höhe verschwunden war, trottete Beppo voll Zuversicht nach Hause: Gott wird helfen.

Die nächsten Tage waren für Beppo nicht leicht zu ertragen. Er wartete voll Spannung. Aber nicht das geringste geschah. Es war, als ob es seinen roten Luftballon niemals gegeben hätte. Das einzige, was sich ereignete, war, dass er nachsitzen musste, weil er die Schule geschwänzt hatte.

Aber dann geschah doch etwas. Das war am vierten Tag, nachdem er den Luftballon losgelassen hatte. Schon von weitem erkannte Beppo den Paketkarren des Postboten vor seinem Elternhaus. Aufgeregt stürmte er ins Haus. Drinnen fand er die ganze Familie in der Küche versammelt. Mitten auf dem Tisch lag ein Paket. Vater Sala zankte sich mit dem Postboten. Aus dem Stimmengewirr hörte Beppo den Bass seines Vaters heraus. »Du willst Postbote sein, Antonio, und begreifst nicht einmal, dass dieses Paket unmöglich für uns sein kann?« Der Briefträger rollte die Augen. »Du Dummkopf!« schrie er. »Kannst du nicht lesen? Sala – Familie Sala! Da steht es!«

»Jawohl, so heißen wir. Aber wir kennen niemand in Rovigo. Und geschenkt nehme ich nichts, das weißt du! Nimm das Paket wieder mit!« Und damit versetzte der Vater dem Paket einen Hieb, dass die zwei kleinen Salakinder, die munter auf dem Fußboden herumkrochen, erschreckt unter den Tisch flüchteten.

Beppo hielt es nicht länger aus. »So mach das Paket doch auf!« schrie er, außer sich vor Erregung, »dann werden wir sehen, ob es für uns ist oder nicht!« Der Lärm verstummte. Unter den buschigen Brauen hervor warf der Vater einen finstern Blick auf den vorlauten Sohn und überlegte. »Also los!« fuhr er den Postboten an. »Du hörst es doch, öffne!«

Hastig riss der Mann die Schnüre auf. Als er den Deckel zurückschlug, wurde es ganz still in der Küche. Und alle sahen, wie es weiß aus dem Karton herausleuchtete: Windeln; Bettzeug und winzige Kinderwäsche! Nicht gerade nagelneu, aber heil und sauber. Ein Schatz für die Familie Sala! Die Augen der Mutter leuchteten.

War es nicht wie ein Wunder, dass Gott ausgerechnet in Rovigo, fast hundert Kilometer von Arcole entfernt, ein Paket für die Familie Sala zur Post gab?

Ein Glück, dass wenigstens kein Absender angegeben war. dachte Beppo. Nun konnte der Vater das Paket nicht zurückschicken!

Und während der Inhalt des Paketes von Hand zu Hand ging, schlich Beppo sich leise hinaus. Sein Herz war übervoll. Rasch, rasch eilte er zu dem Hügel, wo er vor vier Tagen den roten Luftballon zum Himmel geschickt hatte, und dankte dem gütigen Geber.

Ausweglosigkeit

Behinderung

Familie

Weihnachten

Wünsche

Biblischer Bezug: Psalm 22,2: Warum hörst du nicht, wie ich schreie? Warum bist du so fern? Mein Gott, Tag und Nacht rufe ich um Hilfe. Doch du antwortest nicht.

Kreativer Zugang: **149,** 212

Inhalt: Manfred erkennt, dass sein Wunschzettel zu Weihnachten ihm die fehlenden Hände (er wurde ohne Hände geboren) nicht bringen kann. Auch die übergestreiften Küchenhandschuhe der Mutter sind eine Fiktion. Manfred möchte verzweifeln.

Schenk mir Hände

Erzählung von Elfriede Becker

Zwei Tage vor Weihnachten schreibt Manfred seinen Wunschbrief. Voriges Jahr hat ihm die Mutter noch geholfen. Heute kann er es allein. Er sitzt auf dem Teppich. Vor ihm steht die kleine Leselampe. Auf der Schreibunterlage liegt der Briefbogen. Manfred hat keine Hausschuhe an, keine Socken. Der Füllhalter steckt zwischen der großen Zehe und der zweiten Zehe am rechten Fuß. Der linke Fuß drückt das Blatt nieder. Manfred schreibt mit dem Fuß. Er hat keine Hände. Seine Arme hören beim Ellbogen auf. So ist er auf die Welt gekommen. Er weiß nicht, warum! Niemand weiß, warum!

Voriges Jahr ist Manfreds Wunschbrief lang gewesen. Er hat alles bekommen: die Eisenbahn, das Auto, den Legokasten, die drei Bücher. Heute schreibt Manfred nur einen Wunsch auf:

»Schenk mir Hände!«

Es gelingt ihm, dass Blatt mit den Füßen in den Umschlag zu schieben.

Auf den Umschlag schreibt er:

An das

Postamt

»Christkindl«, in Salzburg.

Dann klemmt er den Brief zwischen die Armstümpfe und legt ihn auf das Fensterbrett in seinem Zimmer. Am nächsten Tag riecht es gut in der Wohnung. Die Mutter bäckt Plätzchen. Manfred spielt mit der Eisenbahn.

Die Mutter kommt aus der Küche. Sie sagt: »Manfred, ich gehe schnell einkaufen. Ich komme bald zurück.«

Manfred nickt. Er ist nicht allein. Der Vater arbeitet in seinem Zimmer.

Nach einer Weile steht Manfred auf. Er geht in die Küche. Dort steht die Schüssel mit dem Backwerk. Ein Plätzchen ist auf den Tisch gerutscht. Es liegt ganz nahe am Tischrand. Manfred spitzt den Mund und schnappt es auf. Es schmeckt sehr gut.

Da sieht er die Gummihandschuhe der Mutter. Sie liegen auf dem Abwaschtisch.

Hände! Finger! denkt Manfred.

Mit dem linken Arm streift er die Handschuhe auf den Boden. Dann hockt er sich hin. Er steckt jeden Armstumpf in einen Handschuh. Mit den Zähnen zieht er sie hoch. Die Handschuhe sitzen fest.

Manfred rennt ins Wohnzimmer und schreit: »Hände! Ich habe Hände!« Er tanzt im Zimmer umher und schreit immer wieder: »Hände! Ich habe Hände!«

Die Mutter ist zurückgekommen. Der Vater kommt aus seinem Zimmer. Da stehen die Eltern und schauen auf ihr Kind. Der Vater presst die Lippen zusammen und geht in sein Zimmer. Die Mutter schluckt. Auf einmal bleibt Manfred stehen. Er schaut auf die Handschuhe. Er jubelt nicht mehr. Er ist still.

Und dann schleudert er die Handschuhe weg, wirft sich auf die Couch und weint. Die Mutter läuft zu ihm und nimmt ihn in die Arme.

»Manfred, wenn du groß bist, bekommst du Hände. Es gibt Menschen, die können Hände machen, künstliche Hände«, sagt sie.

Aber Manfred hört nicht zu.

Später holt er den Brief und wirft ihn in den Abfalleimer. Am Abend geht er schlafen. Er betet. Aber er sagt nicht mehr:

»Schenk mir Hände.«

Er weiß, er bekommt keine – auch nicht zu Weihnachten.

Biblischer Bezug: Matthäus 19,21: Wenn es dir ums Ganze geht, dann verkaufe deinen Besitz und gib das Geld den Armen, so wirst du bei Gott einen unverlierbaren Reichtum haben.

Kreativer Zugang: 139, **155, 156, 157**

Inhalt: Wie Franziskus ein ›Kind Gottes‹ wird – in totaler Armut, in totaler Hingabe an die Notleidenden, in seiner Liebe zum Kreatürlichen, in seiner Freude an Lied und Musik.

Armut

Franz von Assisi

Güte

Hingabe

Kreatur

Miteinander

Mitmensch

Reichtum

Schöpfung

Vorbild

Wer läuft denn da durch die Straßen?

Erzählung von Hans Hoffmann

Pietro Bernadone handelt mit Stoffen, nicht mit billigem Zeug, sondern mit Seide, Brokat, Samt und Satin, dessen Glanz die Kleider besonders vornehm erscheinen lässt. Dazu verkauft er in seinem Geschäft in Assisi, das im italienischen Umbrien liegt, noch goldene Gürtel und Spangen und vieles mehr, womit sich reiche Frauen gern schmücken. Er ist viel unterwegs, um Modeneuheiten zu entdecken, die er dann in Assisi vorstellt. Im Jahr 1182 kommt er von einer Reise nach Frankreich zurück. Während seiner Abwesenheit hat ihm seine vermutlich aus Frankreich stammende Frau Pica einen Sohn geboren, der den Namen Giovanni bekommen hat. Der Name gefällt dem Vater nicht. Weil er von allem Französischen begeistert ist, sagt er: »Der Junge heißt von jetzt an Francesco.«

Der kleine Franz bekommt alles, was er sich wünscht. Er genießt den Reichtum der Eltern. Als er älter wird, zieht er mit Freundinnen und Freunden lärmend durch die nächtlichen Straßen von Assisi zum Hauptplatz des Städtchens. Dort tanzen und singen sie. Nicht selten kommt es unter den Zuschauern zu Schlägereien. Franz ist der Anführer solch einer Tanzgruppe. Ihm gefällt der laute Spaß, aber er möchte noch mehr Aufsehen erregen. Er will ein Star werden. Das kann er am besten, wenn er als stolzer Ritter in den Krieg zieht. Dazu hat er bald Gelegenheit. Das kleine Heer der Bewohner von Assisi zieht gegen das Heer der Stadt Perugia. Aber aus dem erhofften Ruhm wird vorerst nichts. Franz gerät in Gefangenschaft, doch der reiche Vater kauft ihn frei. Franz wartet auf den nächsten Krieg. Dann will er endlich Heldentaten vollbringen.

Franz wird älter, er fängt an nachzudenken. Was hat das für einen Sinn, wenn sein Vater immer reicher werden will? Wann hat man genug? Und braucht man soviel Geld zum Leben? Auch die nächtlichen Vergnügungen geben nicht das Gefühl von Zufriedenheit. Da bleibt nichts, worauf man stolz sein könnte.
Als Franz 23 Jahre alt ist, reitet er im Auftrag seines Vaters in Geschäften nach Rom. Dort macht er eine folgenreiche Entdeckung: Es gibt viele Bettler, Menschen, die schlecht gekleidet und hungrig sind. Wohlhabende Bürger werfen ihnen ein paar Pfennige hin. Da nimmt Franz sein ganzes Geld und gibt es den Bettlern. Dann zieht er sich wie ein Bettler an, setzt sich auf die Stufen einer Kirchentreppe und hält die Hand auf.
Er spürt jedoch bald, dass dies nur Theater ist. Was macht es ihm schon aus, den Bettlern sein ganzes Geld zu schenken? Sein Vater ist reich, was machen da schon ein paar Goldstücke aus?
Und sein Betteln ist auch nicht echt. Schließlich wird er hinterher wieder sein prächtiges Kaufmannsgewand anziehen. Alles bloße Spielerei! Er schämt sich. Er müsste selber so arm werden wie der ärmste Bettler, müsste seinen ganzen Reichtum aufgeben. Dann erst wäre er der Bruder der Notleidenden, dann erst würde er das Gebot Christi wirklich erfüllen: Was ihr den Benachteiligten tut, das tut ihr mir.

Auf dem Heimweg reitet Franz durch ein Tal. Da sieht er einen Aussätzigen mit seinen fürchterlichen Wunden am Leib. Die Stadtbewohner haben ihn hinausgejagt. Sie haben Angst, er könnte sie anstekken. Einen Augenblick denkt Franz: Gib ihm etwas Geld, und dann nichts wie weiter! Doch dann steigt er vom Pferd, gibt dem Aussätzigen Geld und küsst ihm die Hand. Er sagt sich: Das ist die Hand, die Gott mir entgegenstreckt, und ihm wird klar, wo in Zukunft sein Ort ist: bei den Armen, den Kranken, den Verfolgten, den Verängstigten.
Dazu muss er jedoch den entscheidenden Schritt tun: sich von seinem Reichtum und von seinem bisherigen Leben trennen. Er tut dies deutlich. Er zieht sich eine schäbige braune Kutte an, die mit einem Strick zusammengehalten wird. In diesem Aufzug läuft er durch Assisi. Die Kinder rennen hinter ihm her und verspotten ihn. Die Erwachsenen schütteln den Kopf und sagen: »Der Franz ist offenbar verrückt geworden.«

Sein Vater ist entsetzt. Er sagt: »Franz bringt Schande über unser ganzes Haus.« Er sperrt ihn in seinem Haus ein. Doch die Mutter lässt ihn heimlich hinaus, und Franz geht in den Wald zurück. Der Vater schickt Männer hinter ihm her, die ihn mit Gewalt zurückbringen sollen. Doch Franz geht nicht mit ihnen zurück. Da fordert der Vater die Stadtverwaltung auf, seinen Sohn vor Gericht zu stellen.
Die Gerichtsverhandlung findet vor der großen Mari-

enkirche von Assisi statt. Der Richter fordert Franz auf, alles Geld, das er noch besitzt, an seinen Vater zurückzugeben. Das Geld hat er für gute Zwecke ausgegeben. Er hat nur noch seine Kleider. Deshalb zieht er sich nackt aus und gibt seine Kleider dem wütenden Vater Er sagt: »Von diesem Augenblick an ist Gott mein Vater, und ich gehe ihm nackt entgegen.« Franz ist jetzt 26 Jahre alt. Er fühlt sich endlich frei. Tagsüber bettelt er, abends kehrt er in den Wald zurück. Mehrere Söhne reicher Eltern machen es ihm nach. Sie geben ihr ganzes Geld den Armen und leben mit Franz zusammen in größter Einfachheit.

Sie ziehen durch das Land und geben den Leuten ein Beispiel, mit wie wenig man auskommen kann. Viele Bürger werden nachdenklich und sagen: »Wir müssten alle wieder einfacher leben, vielleicht fühlten wir uns dann auch freier und vielleicht sogar ein bisschen glücklich.«

Franz lenkt den Blick der Bürger aber nicht nur auf die notleidenden Mitmenschen, indem er sagt: »Sie alle sind unsere Schwestern und Brüder, für die wir verantwortlich sind.« Er öffnet seinen Zeitgenossen auch die Augen für unsere Weggenossen in der Natur. Er sagt zu ihnen: »Die Tiere und die Pflanzen, das Wasser und die Wolken und all die anderen Lebewesen um uns herum sind unsere Schwestern und Brüder, und wir alle zusammen sind Gotteskinder, die freundlich miteinander umgehen sollen.«

Franz tut keinem Tier weh, er zieht keine Wurzel aus und reißt kein Blatt ab. Er will nicht, dass irgendein Lebewesen auch nur den kleinsten Schmerz erleidet. Er scheut sich, eine Flamme auszulöschen. Er möchte ihr nicht die Freude des Leuchtens nehmen. Er spricht mit Vögeln und Pflanzen, als ob sie Menschen wären. Oft tanzt er vor Freude. Er nimmt zwei Zweige vom Waldboden auf und spielt darauf wie auf einer Geige. Er ist eins mit der Natur.

28 Hinsehen

Betteln
Familie
Geben
Helfen
Nächstenliebe
Obdachlose
Not

Biblischer Bezug: Psalm 77,5: Meine Augen hältst du, daß sie wachen müssen.

Kreativer Zugang: **158, 159,** 177

Inhalt: Nina gibt einem jungen Bettler eine Mark. Zuhause beginnt sie darüber nachzudenken, warum es in unserem Wohlstandsland derartige Armut geben muß. – Vielleicht, weil wir nur noch Augen für uns haben.

Augen für das Wichtige

Erzählung von Ulrich Walter

Eigentlich konnte es nur ein langweiliger Samstagmorgen werden: Großeinkauf mit den Eltern stand auf dem Programm. Nina befürchtete schon das Schlimmste. Jedoch, es kam ganz anders.

Schon im Bus zur Innenstadt hatte Nina ein merkwürdiges Erlebnis. Ein älterer Herr, Nina schätzte ihn so auf das Alter ihres Opas, stieg in den Bus und verlangte eine Fahrkarte nach Berlin. Nina wartete gespannt auf die Antwort des Fahrers. Der lachte zunächst, doch als sich der alte Herr nicht von seinem Vorhaben abbringen ließ, wurde er laut. »Sie wollen mich wohl auf den Arm nehmen? Machen Sie, dass sie fortkommen!« Wenn nicht eine junge Frau von hinten gekommen wäre, wer weiß, was geschehen wäre? Sie kannte den alten Herrn von ihren Besuchen im Seniorenheim. Er stammte wohl aus Berlin und konnte sich in seiner neuen Umgebung nicht mehr zurechtfinden. Drei Haltestellen weiter stiegen sie aus. Die Frau geleitete den Herrn in das Wohnheim auf der gegenüberliegenden Straßenseite.

In der Stadt herrschte ein großes Gedränge. »Müsst ihr denn vor jedem Schaufenster stehenbleiben?« Nina wurde es sehr schnell langweilig. Doch dann blieb ihr Blick an einem jungen Mann haften. Er saß auf einem alten abgerissenen Mantel und lehnte sich an die Wand zwischen zwei Schaufenstern. Vor sich hatte er eine leere Büchse stehen. Neben ihm standen drei Plastiktüten, in denen er seine ganze Habe aufbewahrte. Sein Blick sprach die gleiche Sprache wie das speckige Pappschild, das er vor sich hielt:
Ich habe Hunger.

Ninas Hände verschwinden verlegen in der Manteltasche. Unvermittelt spürt sie ein Geldstück in der Hand. Von Frau Schmittke hat sie es bekommen.

Einmal in der Woche kauft sie für ihre Nachbarin ein, weil die selbst nur noch sehr schlecht gehen kann. Jedesmal, wenn Nina dann vom Einkauf zurückkommt, hat Frau Schmittke eine Überraschung. Mal ein Glas kühle Limonade im Sommer, oder eine Tasse Kakao im Winter, manchmal auch ein Markstück, eingewikkelt in Seidenpapier.
Dann sitzen die beiden zusammen, und Frau Schmittke erzählt Nina Geschichten aus ihrer Kindheit. Nina hört ihr immer gern zu, denn Frau Schmittke kann gut erzählen.
Doch da holten die Eltern sie aus ihren Gedanken. »Los, Nina, komm schon, träum nicht!« Nina fühlte das Markstück in ihrer Hand.
»Typisch Erwachsene, für die vielen Schaufenster haben sie endlos Zeit, aber wenn ich was ganz Wichtiges entdecke, dann drängeln sie.« Nina riss sich kurz entschlossen los, ging zu dem jungen Mann, schaute ihn an und legte ihm ihre Mark in die Büchse. Der junge Mann lächelte sie an und nickte ihr zu.

Am Abend muss Nina noch einmal an den jungen Mann denken. »Warum haben Menschen in unserem Land nichts zu essen? Unsere Läden sind doch alle voll bis oben hin. Da stimmt doch was nicht!« Die Mutter schaut Nina nachdenklich an: »Vielleicht, weil wir nur noch Augen für uns haben. Dann merken wir nicht mehr, dass Helfen und Teilen auch Freude machen kann.« Nina schaut ihre Eltern an: »Ich glaube, ich würde auch für Frau Schmittke einkaufen, wenn ich nichts von ihr bekäme, außer ihren schönen Geschichten.«
»Da geht es dir grad wie deiner Mutter«, sagt der Vater, »sie geht auch gern zu deiner Tante und passt auf den Kleinen auf.«
Die Mutter pflichtet ihm bei: »Stimmt eigentlich, meine Schwester kann in Ruhe ihre Besorgungen machen, und ich habe meine Freude an dem Kleinen.«
»Und du, Papa, wann macht dir das Helfen Spaß?« fragt Nina.

Hören 29

Biblischer Bezug:	Jesaja 61,11: Denn wie aus dem Boden die Saat keimt und wächst, so läßt der Herr unser Glück wachsen.
Kreativer Zugang:	134, **160,** 217, 219
Inhalt:	Die Mädchen spielen mit verschiedenen Samenkörnern in kleinen Dosen ›Genau-Hinhören‹. Dann überlegen sie zusammen mit der Mutter, was geschehen könnte, wenn sie all die Körner aussäen würden.

Kinder
Säen
Spielen
Wachsen
Warten

Samen-Körner

Erzählung von Annette Kinder

Draußen stürmt es, Regen lässt die letzten Schneereste schmelzen, und kalter Wind pfeift durch die Straßen. Anne ist auf dem kurzen Weg zu ihrer Freundin Katrin ganz durchgefroren.
Jetzt hocken beide im warmen Wohnzimmer auf dem Teppich und überlegen, was sie spielen können.
Katrin hat eine Idee: Sie holt aus dem Kinderzimmer einen buntbeklebten Schuhkarton und sagt: »Lass uns Horchmemory spielen. Meine Mutti hat dafür kleine Plastikdosen gesammelt und in jede Dose einen Löffel voll Samen getan. Mach einige Deckel auf, dann kannst du sehen, was darin ist.«
Anne staunt: »Das sind ja Apfelkerne und Kirschkerne. Und hier sind Erbsen und dort Eicheln. Aber diese hier, was sind das für gelbe Körner?«
Katrin kennt inzwischen alle Sorten und erklärt: »Die winzigkleinen sind Hirsekörner, die etwas größeren Senf. Sieh hier, das ist Roggen, und diese platten Kerne sind aus einem Kürbis.

So, jetzt machen wir aber alle Dosen wieder zu und versuchen durch Schütteln zu hören, was darin ist.«
Anne mischt die geschlossenen Dosen, die wieder ganz gleich aussehen. Sie greift eine heraus und schüttelt. Vorsichtig fragt sie: »Sind darin wohl die Apfelkerne?«
Katrin ermuntert sie: »Mach auf und sieh nach. Wenn du recht hast, bekommst du einen Punkt!«
Eine Weile spielen die Mädchen konzentriert »Genau-Hinhören«.
Da wird Anne plötzlich nachdenklich und sagt: »Das sind doch alles Samen! Was passiert, wenn wir sie alle in eurem Garten aussäen?«
Katrin lacht: »Dann spielen wir Sämann wie in der Geschichte, die wir gestern in ›Reli‹ besprochen haben.«

Katrins Mutter steht in der Tür. Sie hat die beiden schon eine Weile beobachtet und sich darüber gefreut, dass sich ihre Mühe mit dem Horchmemory ge-

29 Hören

lohnt hat. Jetzt setzt sie sich auch auf den Teppich und sagt: »Euer Vergleich ist gar nicht so schlecht. Wenn wir diese Samen alle ausstreuen würden, kämen gleich viele Vögel und pickten sich ihre Leckerbissen heraus. Außerdem hätte unser Garten für die allermeisten Körner gar nicht die richtige Erde und vor allem nicht das nötige warme Wetter.

Trotzdem würden einige Körner gut wachsen und wieder neue Samen hervorbringen. Könnt ihr euch vorstellen, dass die hohe Buche hinten im Garten vor vielen Jahren auch mal so eine kleine Buchecker war?«

30 Identität

Alleinsein

Diebstahl

Gefühle

Geld

Gewissen

Konflikt

Biblischer Bezug: 2. Mose 20,17: Suche nichts an dich zu bringen, was einem anderen gehört.

Kreativer Zugang: **164,** 175

Inhalt: Ich-Erzählung: Der/die Erzählende gibt sich sorgfältig Rechenschaft über die Versuchung allein zu Hause Geld zu entwenden. Er/sie unterliegt der Versuchung. Doch das Gewissen schlägt: Wer bin ich, dass dies mit mir geschieht?

Ich, mein Feind

Erzählung von Irmela Brender

Ich bin ganz in Ordnung. Meine Mutter weiß, dass sie mich allein zu Hause lassen kann. Gerade ist sie weggegangen, zum Einkaufen. Sie weiß, dass ich jetzt hier an meinem Tisch sitzen bleibe und meine Hausaufgaben mache.
3 x 4 = 12
4 x 3 = 12
2 x 5 + 2 = 12
Ich steh' lieber mal auf. Es ist nicht gut, die ganze Zeit so still zu sitzen. Nein, ich tu ja nichts. Ich will nur mal aufstehen und ans Fenster gehen. Zwölf – eine ganz tolle Zahl ist das. Man könnte ein Heft vollschreiben über die Zwölf. Ich geh' jetzt mal durch die Wohnung. Einfach so. Da ist ja nichts dabei. Viele Leute können besser denken, wenn sie gehen.
Aber ich denke dabei an nichts als an zwölf. 2 x 6 = 12. Ich gehe durch die Wohnung. Ich will nur mal sehen, ob sie etwas gemerkt hat. Wenn der Geldbeutel noch in der Küchentischschublade liegt, dann hat sie nichts gemerkt.
Aber ich nehme nichts. Nein, ich habe mich wirklich geändert, ich nehme nichts. Heute nicht – überhaupt nicht mehr.
Der Geldbeutel liegt in der Schublade.

Ich mach' ihn doch auf. Nur um zu sehen, ob sie etwas gemerkt hat. Ob noch Geld drin ist. Aber ich nehme nichts.
Ich mach' ihn nur auf. Es ist viel Geld drin. Lauter Kleingeld. Auf einen Blick sieht man gar nicht, wieviel. Jetzt weiß ich, das sie nichts gemerkt hat. Jetzt kann ich sofort die Schublade zumachen und in mein Zimmer gehen und aufschreiben – was eigentlich?
Sie hat nichts gemerkt. Und bei diesem vielen Kleingeld wird sie wieder nicht merken, wenn etwas fehlt. Drei Fünfziger sind da. Einen kann ich ohne weiteres nehmen.
Aber ich nehme nichts. Ich mach' das nicht mehr. Ich hab' hinterher soviel Angst, dass sie doch etwas merkt. Sie kann gar nichts merken. Ob zwei Fünfziger oder drei – vermutlich macht ihr das gar nichts aus. Es ist doch Geld genug da. Aber es gehört mir nicht.
Natürlich gehört es mir auch. Es gehört uns allen.

Ich darf es nicht nehmen.
Wer kann entscheiden, was ich darf, wenn's keiner sieht?
Das ist schwierig. Ich will nicht.
Aber ich will. Ich will den Fünfziger.
Nein.
Doch.
Nein.
Doch.
Ich kann nicht ewig hier herumstehen. Ich geh' jetzt und mache meine Hausaufgaben fertig. Ich nehm' nur noch rasch den Fünfziger. So. Ich bin ein Dieb. Und jetzt hab' ich wieder Angst. Ach, Unsinn. Wegen einem Fünfziger! Ich wollte es nicht.
Na gut. Da war eben irgendwas in mir.
In mir? Wer bin ich?

Biblischer Bezug: Johannes 13,15: Ich habe euch ein Beispiel gegeben, damit auch ihr so handelt, wie ich an euch gehandelt habe.

Kreativer Zugang: 114, **165**

Inhalt: Ungewöhnlich zu denken, aber plötzlich taucht Jesus als Mensch unter Menschen im Frankfurt der Gegenwart auf. Er hilft, wo er kann. Als er am nächsten Morgen nicht mehr da ist, gibt es vom Querschnittgelähmten über die krebskranke Frau bis zum geistig behinderten Kind viele glückliche Menschen.
Was Gudrun Pausewang meint: Menschen haben an Menschen im Geist Jesu gehandelt.

Aufrichten
Ausländer/in
Behindert
Geist Jesu
Glück
Helfen
Hilflosigkeit
Krankheit
Obdachlose

Er war da

Erzählung von Gudrun Pausewang

Im vergangenen Jahr, an einem Montagmorgen, tauchte Jesus plötzlich in Frankfurt auf. Er trug einer alten Frau die schwere Einkaufstasche heim.
Er half einer Türkin, die nicht Deutsch konnte, am Postschalter.
Er schob einen querschnittgelähmten Mann zwei Stunden lang durch den Palmengarten. Dessen Frau hatte weder Zeit noch Lust gehabt, ihm diesen Wunsch zu erfüllen, obwohl er sich das schon seit Jahren gewünscht hatte.
Er spielte mit einem kleinen Mädchen Ball, das geistig behindert war. Es konnte noch nicht einmal den Ball auffangen.
Er besuchte eine krebskranke Frau im Krankenhaus. Dort lag sie schon ein halbes Jahr, und noch nie hatte sie Besuch bekommen.
Er nahm im Hallenschwimmbad einen ängstlichen Jungen, den die anderen auslachten, an der Hand und sprang mit ihm vom Dreimeterbrett.
Die ganze Nacht schlief er neben einem besoffenen Landstreicher auf einer Parkbank. Er kuschelte sich eng an ihn, damit der Alte nicht fror.

Am nächsten Morgen war Jesus wieder verschwunden. Nicht einmal die Reporter der Bildzeitung hatten gemerkt, dass er dagewesen war. Aber die alte Frau, die Türkin, der Querschnittgelähmte, der Junge, die Kranke und der Landstreicher erzählten allen, denen sie begegneten: »Gestern war ein schöner Tag. Ich bin einem so guten Menschen begegnet.«
Nur das geistig behinderte Kind sagte nichts. Es konnte ja nicht sprechen. Aber es lachte, warf den Ball in die Höhe und fing ihn wieder auf.

Biblischer Bezug: Prediger 3,1: Alles, was auf der Erde geschieht, hat seine von Gott bestimmte Zeit.

Kreativer Zugang: 101, 117, 181, 182, 183, 184, 214, 215

Inhalt: Vom Maibaum bis zu den Sternsingern: eine Meditation über kirchliche (christliche) und volkstümliche Feste und Symbole, die den Ablauf des Jahres bestimmen.

Symbole des Jahres

Erzählung von Gunnar Urbach

Wann fängt eigentlich ein Jahr an? »Das ist doch ganz klar«, sagst du, »ein Jahr beginnt mit den ersten Böllern in der Silvesternacht!« Das ist das Kalenderjahr. Das stimmt.

Aber es gibt noch andere Jahresanfänge: zum Beispiel dein Lebensjahr, das mit deinem Geburtstag beginnt, das Schuljahr und das Kirchenjahr, das mit dem Ersten Advent beginnt. Alle diese Jahre haben 365 Tage. Und in einem Jahr kann ganz schön viel passieren.

Schau dir einmal ein Kalenderjahr in Bildern an: Es beginnt mit den *Böllern* in der Silvesternacht. Dann kommen die *Sternsinger* am Dreikönigstag, dem 6. Januar. Wenige Wochen später feierst du *Fasching*.

Und dann beginnt die *Fastenzeit* mit »Sieben Wochen ohne ...« Viele Erwachsene verzichten auf Alkohol, Zigaretten oder Stress. Vielleicht nimmst du dir einmal vor, auf Computerspiele zu verzichten. Am Ende der Fastenzeit steht der dunkle Karfreitag, an dem selbst im Radio ruhigere Musik gespielt wird.

Mit den *Ostereiern* beginnt dann eine fröhliche Zeit. *Muttertag* und *Vatertagsausflug* an Himmelfahrt gehören dazu, ebenso wie der *Maibaum*, die frischen *Birkenzweige* zu Pfingsten. Und vielleicht gibt es in eurem Ort sogar einen Pfingstochsen am Spieß.

Doch dann wird es noch einmal ernst und aufregend: Die *Zeugnisse* stehen vor der Tür. Und vielleicht kannst du danach *Sonne und Strand* in den Sommerferien erleben, bis die Schule wieder beginnt. Erinnerst du dich noch an deine *Schultüte?*

Zum Michaelistag werden in vielen Kirchen *Lichter* angezündet. Und wenige Tage später wird die *Erntekrone* in einer schönen Feier aufgehängt. Dann beginnt eine Bastelzeit: *Kürbislicht* und *Laterne* brauchst du für stimmungsvolle Umzüge zum Reformations- und Martinstag.

Dann wird es wieder stiller. Am Volkstrauertag denken viele Erwachsene an Krieg und wünschen sich Frieden. Vielleicht schmückt eine *Friedenstaube* auch dein Zimmer. Am Buß- und Bettag blieben viele Menschen einfach im *Bett.* Jetzt ist es ein normaler Schul- und Arbeitstag geworden. Und am Ewigkeitssonntag darauf geht ihr vielleicht auch auf den Friedhof, um an den Gräbern einen *Blumenstrauß* oder *Kranz* niederzulegen zum Zeichen, dass die Toten nicht vergessen worden sind.

Und jetzt geht's wieder bergauf: Mit dem Anzünden des ersten *Adventslichtes* beginnt die geheimnisvolle Adventszeit mit *Lebkuchen*, dem gefüllten *Stiefel* am Nikolaustag und endlich dem *Weihnachtsbaum* am Heiligen Abend. Und wenn du deine Geschenke ausgepackt hast, dann freust du dich sicher schon wieder auf Sylvester und die *Böller*.

Und plötzlich stellst du fest, dass schon wieder ein Jahr vergangen ist. 365 Tage voller Erlebnisse und Überraschungen, manchmal auch mit Krankheit und Enttäuschungen.

Was ich dir wünsche?!: Ein neues Jahr mit viel Heiterkeit, Sonnenschein und fröhlichen Festen!

Biblischer Bezug: Offenbarung 21,4: Er wird alle ihre Tränen abwischen. Es wird keinen Tod mehr geben und keine Traurigkeit, keine Klage und Quälerei mehr. Was einmal war, ist für immer vorbei.

Kreativer Zugang: 144, 145, **169, 170, 171**

Inhalt: Als der arme Schuhputzerjunge Rufino von dem feinen Señor Sandoval auf die Gerechtigkeit im Himmel vertröstet wird und Rufino dies keck als Umkehrung aller Verhältnisse interpretiert, wird er von dem heuchlerischen Señor zornentbrannt zurechtgewiesen.

Armut

Ausweglosigkeit

Heuchelei

Hoffnung

Verzicht

Wünsche

Unverschämter Rotzbengel

Erzählung von Gudrun Pausewang

Rufino ist zwölf Jahre alt. Er hat schwarzes, glattes Haar und schwarze Augen. Seine Haut ist nicht blass, sondern kaffeebraun. Außerdem ist sie schmutzig, denn er hat daheim kein Duschbad. Er hat überhaupt kein Zuhause. Seinen Vater kennt er nicht, seine Mutter ist tot. Niemand hat ihn in eine Schule geschickt, denn zur Schule gehen kostet Geld.

Aber Rufino ist nicht dumm. Er hat trotzdem ein bisschen lesen gelernt, und er kann seinen Namen schreiben. Darauf ist er stolz. Noch stolzer ist er auf seinen Schuhputzkasten mit allem, was dazugehört. Er ist ein tüchtiger Schuhputzer. Er hat einen festen Platz vor der Kirche San José, und er hat eine feste Kundschaft, die immer wiederkommt. Schuhputzer, das ist fast ein Beruf. Mit dem Schuhputzen verdient er genug Geld, um fast immer satt zu werden.

Aber Rufino ist barfuß. Immer fängt er an zu sparen für ein Paar Schuhe, aber immer wieder hat er Pech: Einmal musste er in ein Krankenhaus hinken, weil er in eine Scherbe getreten war. Für den Verband hat ihm der Arzt alles Geld abverlangt, was er bei sich hatte – genug für einen Schuh. Ein anderes Mal haben ihm zwei ältere Jungen sein Erspartes mit Gewalt weggenommen. Und als er dann wieder so viel beisammen hatte, dass es beinahe genug für ein Paar Schuhe gewesen wäre, musste er erst einmal eine neue Fußstütze kaufen, weil die alte nach vier Jahren Schuhputzerei fast zusammenbrach. Außerdem hat er einem kleinen Mädchen, das immer in seiner Nähe vor der Kirche bettelt, auf dem Flohmarkt eine alte Decke gekauft, weil es in den kalten Nächten so fror. Es bewacht seine Schuhputzsachen, wenn er mal hinüber auf den Markt laufen will, um sich ein Brötchen oder eine Banane zu kaufen. Da kann er es doch nicht frieren lassen.

Aus all diesen Gründen ist er also noch immer barfuß, obwohl er sich den ganzen Tag mit Schuhen beschäftigt. Er beugt sich über schwarze und braune Schuhe, rindslederne und schweinslederne Schuhe, Schlupfschuhe und Schnürschuhe, billige und teure Schuhe von Größe neununddreißig bis sechsundvierzig, und er spart nicht an Creme und Spucke und bürstet und poliert, dass ihm der Schweiß ausbricht. Er gibt sein Bestes. »In den Schuhen, die du geputzt hast, kann man sich spiegeln«, hat der Pfarrer gesagt. Der Herr Pfarrer persönlich.

Sein vornehmster Kunde – außer dem Pfarrer – ist der Rechtsanwalt Sandoval. Der hat oft in der Pfarrei zu tun, denn er ist ein guter Freund des Pfarrers und hat in der Kirche mitzureden. »Brav, brav«, sagt Señor Sandoval jedesmal zu Rufino, wenn er zahlt. »Bist ein tüchtiger Junge, ein strebsamer Junge. Das sieht Gott gern. Nur weiter so!«

Aber seit dem vergangenen Mittwoch lässt sich Señor Sandoval seine Schuhe von einem anderen Schuhputzer polieren. Das kam so: Als er an diesem Mittwochmorgen zahlte, sagte er auch wieder: »Brav, brav, nur weiter so.« Und er fügte hinzu: »Du wirst es noch zu etwas bringen.«

Darauf nickte Rufino heftig und sagte: »Ja, Señor, ich will es zu einem Paar Schuhe bringen. Das ist mein größter Wunsch. Die will ich mir zusammensparen – ein Paar schöne Schuhe, wie Sie sie haben.«

»Die sind teuer, mein Junge«, antwortete Señor Sandoval lachend.

»Ich weiß«, sagte Rufino. »Ich spar' schon lange dafür, aber immer kommt mir etwas dazwischen. Ich werde mich noch lange plagen müssen, bis ich mir so was Feines leisten kann.«

»Im Himmel, dereinst, wirst du Schuhe vom Feinsten tragen«, sagte Señor Sandoval. »Darauf kannst du dich jetzt schon freuen. Im Himmel herrscht Gerechtigkeit.«

»Gerechtigkeit?«, fragte Rufino nachdenklich. »Dann werden *Sie* mir dort also meine schönen teuren Schuhe putzen?«

»Unverschämter Rotzbengel!«, rief da Señor Sandoval erbost. »Was erlaubst du dir?« Er warf ihm ein paar Münzen hin und ging davon, hinein ins Pfarrhaus. Seitdem hat er sich seine Schuhe von Rufino nicht mehr putzen lassen.

Jetzt wird Rufino noch länger brauchen, bis er das Geld für ein Paar Schuhe zusammen hat. Keine von den allerfeinsten. Nur ein Paar billige, die sich nur mit Mühe blankputzen lassen.

Alter
Boten
Familie
Gottvertrauen
Lebensfreude
Unglaube
Zukunft

Biblischer Bezug: 1. Mose 17,15-16: Gott spricht zu Abraham: Ich will deine Frau Sara segnen und dir durch sie einen Sohn schenken. Sie wird die Mutter ganzer Völker werden.

Kreativer Zugang: 120, 152, 169

Inhalt: Erzählt wird, wie Sara, Abrahams alte Frau, vom zweifelnden Lachen (ich kann doch gar nicht mehr gebären) zum befreiten, offenen Lachen findet.

Nichts zu lachen – oder doch?

Erzählung von Dietrich Steinwede

Menschen können lachen. Tiere nicht.
Lachst du gern?
Es ist schön, wenn Menschen lachen.
Einer hat einen Spaß gemacht oder einen Witz erzählt.
Da gibt es ein großes Lachen:
Heiterkeit breitet sich aus, Fröhlichkeit. Oder ein Kind lacht dich an, ein Kind, das erst wenige Wochen alt ist, sein erstes Lächeln, wie wunderbar. Lachen können, o das ist schön, das löst, das befreit, das macht glücklich.
Doch es gibt auch ein böses Lachen, wenn jemand ausgelacht wird oder verhöhnt oder verspottet. Jesus wurde so ausgelacht.
Doch schöner ist das fröhliche Lachen, das herzhafte Lachen, das Lachen aus voller Seele. Das steckt an, wenn jemand sich ausschütten will vor Lachen. Da muss man ja mitlachen.

Da ist Sara, eine alte Frau.
Sie lebt im Zelt. Sie ist eine Nomadenfrau. Abraham ist ihr Mann. Auch er ist sehr alt. Sie ziehen mit ihren Herden, mit den Schafen und Ziegen von Weide zu Weide, durch Wüste und Gebirge, von Wasserloch zu Wasserloch. Sie sind immer unterwegs.
Sara hat nichts zu lachen. Warum? Sara wartet. Schon endlos lange.
Endlos lange sind sie umhergezogen. Und immer warteten Sara und Abraham auf ein Kind. Gott hatte es ihnen versprochen. Gott hatte zu Abraham gesagt: »Zu einem großen Volk will ich euch machen. Ihr sollt Kinder und Kindeskinder haben. Segnen will ich euch mit Kindern.«
Aber Sara bekommt kein Kind. Sie warten und warten. Sie warten schon so lange. Darüber sind sie alt geworden.
Sara schämt sich sehr. Eine Frau, die kein Kind hat, gilt nichts vor den anderen Frauen. Sie gilt als unfruchtbar. Sie wird scheel angesehen. Sie hat nichts zu lachen.
Sara ist traurig. Sie zweifelt. Sie glaubt nicht mehr daran, dass sie ein Kind bekommen wird: Wir werden nie ein großes Volk. Wir werden nie gesegnet. Ich bin wie ein Baum ohne Früchte. Ich bin wie eine verdorrte Blume. Sara ist ganz verzweifelt.
Aber dann geschieht es. Es ist in Mamre bei den Steineichen. Gott gibt sich Abraham zu sehen. Es ist Mittag, große Hitze. Abraham sitzt am Eingang des Zeltes. Er schaut auf. Da kommen drei Männer, die Boten Gottes.
Abraham springt auf. Er läuft ihnen entgegen. Er beugt sich zur Erde. Er sagt zu den Männern: »Bleibt! Ich will euch bewirten.« Abraham läuft ins Zelt zu Sara: »Schnell, drei Schüsseln Mehl, vom feinsten. Backe Brot!« Abraham läuft zu den Rindern. Er holt ein junges Tier. Er lässt es schlachten und braten. Abraham bringt Milch und Sahne, Brot und das gebratene Fleisch. Er setzt es den Männern vor. Sie essen. Dann fragen sie: »Wo ist Sara, deine Frau? Er sagt: »Drinnen im Zelt.«
Gott spricht: »Nächstes Jahr komme ich zurück. Dann ist neues Leben da. Dann hat Sara, deine Frau, einen Sohn.«
Sara aber hat gehorcht. Hinter dem Eingang des Zeltes. Sara lacht in sich hinein. Sie ist voller Zweifel: »Ich, einen Sohn? Dass ich nicht lache. Jetzt bin ich wirklich zu alt.«
Gott aber spricht zu Abraham: »Warum lacht Sara? Warum sagt sie: »Ich bin zu alt. Ich kann nicht mehr gebären«? Warum sagt sie das? Gibt es etwas, das Gott nicht kann? Nächstes Jahr um diese Zeit hat Sara einen Sohn.«
Als Sara das hört, da erschrickt sie. Sie kommt aus dem Zelt heraus. Sie sagt: »Ich habe nicht gelacht.« Ganz verwirrt ist Sara. Sollten die Männer recht haben? Hat Gott da gesprochen?
Sara ist ganz verwirrt. Deshalb sagte sie die Unwahrheit.
Die drei Männer aber stehen auf und gehen: Nächstes Jahr um diese Zeit.
Vor Verzweiflung hat Sara gelacht.
Sie glaubt nicht an ein Kind.
Aber Gott vergisst Sara nicht.
Sie wird schwanger. Ihr Bauch wird rund. Trotz ihres Alters. Die jungen Frauen wundern sich.
Und dann ist es soweit: Sara bekommt Wehen. Sie kommt nieder. Sie bringt ihr Kind zur Welt, einen Sohn.
Da lacht Sara. Sie lacht von ganzem Herzen. Ganz tief lacht sie. Von innen heraus.
Isaak heißt der Sohn. Das bedeutet: ›Gott lacht‹. Ja, Gott der Herr, er kann lachen.
Und er lächelt, der Neugeborene. Er lacht seine Mutter an. Und Sara sagt: »Danke, Gott. Du hast mich gesegnet. Du hast dafür gesorgt, dass ich wieder lachen kann. Du bist zurückgekommen. Wir werden ein großes Volk.

Wunderbar bist du, Gott. Du bist von großer Güte. Danke für den Sohn.«
Und Sara lacht und lacht und lacht.
Ihr kommen Tränen der Freude. Sie wiegt Isaak auf ihren Armen. Sie lacht vor Glück. Und die das sehen, die lachen mit.
Sie nehmen teil an Saras Freude: Das hätten wir nicht gedacht. Sara hat wirklich etwas zu lachen.
Und Isaak wächst und gedeiht.
Und Abraham feiert ein großes Fest. Alle sind froh. Alle singen und lachen ..

Mut 35

Biblischer Bezug: Matthäus 18,3: Jesus sagt: Ich versichere euch, wenn ihr euch nicht ändert und den Kindern gleich werdet, dann könnt ihr in Gottes neue Welt überhaupt nicht hineinkommen.

Kreativer Zugang: 112, 113, 156

Inhalt: Appell an die Zivilcourage der Kinder: Es gilt eine eigene Meinung zu gewinnen und daran festzuhalten – auch gegen den Widerstand von Erwachsenen.

Ablehnung
Anderssein
Eltern
Freundschaft
Kinder
Verlässlichkeit
Vorurteil
Zivilcourage

Fitnessstudio für Mut

Erzählung von Barbara John

Es ist schon viele Jahre her, da passierte in der amerikanischen Stadt Philadelphia folgendes: Der achtjährige Gregory kam ins Haus, weil ihn seine Mutter gerufen hatte. Kaum war er im Wohnzimmer, stellte sie sich vor Gregory auf und sagte: »Ich habe dir doch schon so oft gesagt, du sollst nicht mit schwarzen Kindern spielen.« Dann drehte sie sich um und ging in die Küche. Gregory war erschrocken über ihren Tonfall. Er lief hinter ihr her und sagte: »Mama, ich spiele ja gar nicht mit schwarzen Kindern, ich spiele nur mit Eric.« Die Mutter drehte sich um und sah ihn erstaunt an. Sie sagte nichts mehr.
Eigentlich hätte sie jetzt mit dem Geschimpfe fortfahren können, denn Eric war nicht weiß wie Gregory; Eric war schwarz.

Ahnt Ihr, was in Gregory vorging? Er hatte seiner Mutter nicht widersprochen, weil er den Vorwurf gar nicht verstehen wollte. Natürlich wusste Gregory, dass sein Freund Eric dunkelhäutig war. Aber das störte ihn überhaupt nicht! Gregory verhielt sich wie ein echter Freund: Er bekannte sich zu Eric, unabhängig davon, ob die Mutter seinen schwarzen Freund ablehnte oder nicht. Das ist gar nicht so leicht, wie es aussieht.
Zwar hat Gregory seiner Mutter nicht direkt widersprochen; aber er hat sich doch über ihre törichte Ablehnung von Menschen mit anderen Hautfarben hinweggesetzt. Ganz selbstverständlich.
Zum Glück gibt es nicht nur Erwachsene wie Gregorys Mutter, für die es wichtig ist, welche Hautfarbe ein Mensch hat. Ich glaube, das kommt auch daher, weil die Erwachsenen inzwischen von Euch Kindern gelernt haben. Von Kindern wie Gregory, von Dir sicher auch. Für Euch Kinder ist es nämlich ganz und gar unwichtig, woher Euer Freund kommt, welche Hautfarbe er hat und aus welchem Land er stammt. Das ist so gleichgültig wie seine Augenfarbe oder sein Körpergewicht. Ihr wisst, dass das nur Äußerlichkeiten sind. Was zählt, ist, dass Ihr Euch aufeinander verlassen könnt, auch dann, wenn es ab und zu mal Streit gibt.

Und jetzt frage ich Euch: Wenn Ihr Kinder Euch gegenseitig so selbstverständlich anerkennt, warum können das dann die Erwachsenen nicht auch?
Ich verrate Euch jetzt ein Geheimnis über das Erwachsensein: Die meisten Erwachsenen sind äußerlich groß und stark. Viele halten es aber trotzdem nicht aus, wenn sie allein mit ihrer Meinung stehen. Darum reden sie oft nach, was andere sagen, so wie Gregorys Mutter.
Ob Euch das wohl auch passiert, wenn Ihr erwachsen werdet? Das weiß keiner, nur Ihr selbst!
Aber Ihr könnt jeden Tag üben, damit es nicht dahin kommt. Wo? Im Fitnessstudio für Mut. Ist das nicht teuer? Aber nein, die besten Dinge kann man sowieso nicht kaufen.

Das Fitnessstudio für Mut ist überall: in der Schulklasse, auf dem Spielplatz, auf der Straße, in der U-Bahn und und und. Das heißt dann: widersprechen, wenn dumme Bemerkungen fallen, jemanden schützen, der angegriffen wird, oder einfach wortlos zu ihm halten – wie Gregory. Oft genügt es, sich in die Lage des anderen zu versetzen.

Diebstahl

Ehrlichkeit

Gruppenzwang

Selbstüberwindung

Biblischer Bezug: Römer 12,21: Laß dich vom Bösen nicht besiegen, sondern überwinde es durch das Gute!

Kreativer Zugang: 164, **175,** 211

Inhalt: Sich selbst besiegen ist der schönste Sieg. Ralf gelingt es, für eine gestohlene Tafel Schokolade nachträglich zu bezahlen.

Bitterschokolade

Erzählung von Heribert Haberhausen

Du musst es tun«, drängelt Peter. Ralfs Hände stecken unentschlossen in den Hosentaschen. »Wenn du zu uns gehören willst, musst du es tun«, bestätigt auch Bernd.
Ralf schaut auf seine Schuhspitzen. »Ich habe noch nie etwas gestohlen«, murmelt er.
»Einmal ist immer das erste Mal. Und Mutprobe ist Mutprobe.«
»Du brauchst keine Angst zu haben«, ermutigt ihn Bernd. »Es ist ganz einfach. Wir lenken den alten Grandel ab, und du lässt die Schokolade in der Innentasche deiner Jacke verschwinden. So einfach ist das!«
Ralf lehnt an der Mauer. »Einem alten Mann eine Tafel Schokolade zu stehlen, das ist doch keine Mutprobe.«
»Willst du nun zu uns gehören oder nicht?«
»Bist du feige?«, fragt Peter herausfordernd.
»Ich bin nicht feige«, erwidert Ralf und steuert ›Grandels Kleines Lädchen‹ an.
Ein helles Glöckchen bimmelt, als die drei Jungen das Geschäft betreten. Der alte Grandel schielt über seine Brille und begrüßt die Jungen mit einem Kopfnicken.

Peter und Bernd schlendern lässig durch die schmalen Gänge, Ralf folgt ihnen vorsichtig. Peter zieht ein Schulheft aus dem Regal. Ralf bückt sich schnell. Die Schokolade ist in seiner Jacke verschwunden. An der Kasse bezahlt Peter das Schreibheft. Herr Grandel schenkt den dreien ein Kaugummi. Das macht er immer, wenn Kinder zu ihm kommen. Das Glöckchen bimmelt beim Hinausgehen.
»Gut gemacht!« lobt Peter.
»Vollmilchschokolade mit Nüssen hat er erwischt«, freut sich Bernd, der die Beute gerecht verteilt.
Ralf kaut die Schokolade, sie schmeckt bitter.
»Jetzt gehörst du zu uns«, bestätigt Bernd und reicht Ralf die Hand nach Indianerart, Arm und Handfläche gleichzeitig.
»Ich muss heim«, murmelt Ralf und rennt davon. Zu Hause brütet er stundenlang über seinem Rechenheft.

Am nächsten Morgen klopft Ralfs Herz, als er an Grandels kleinem Lädchen vorbeikommt. Nach der Schule bleibt er einige Minuten davor stehen. Dann tritt er ein.
Das Glöckchen bimmelt wie eh und je, und Herr Grandel schielt wie immer über seine Brille. Ralf legt ein Geldstück auf den Kassentisch.
»Was möchtest du, Ralf?« fragt Herr Grandel.
»Ich«, stottert Ralf, »ich möchte eine Tafel Schokolade bezahlen.«
»Du musst dir erst eine nehmen«, erklärt freundlich Herr Grandel.
»Ich habe sie mir schon genommen, gestern.«
Herr Grandel schaut Ralf an.
»Es war eine Mutprobe«, erklärt Ralf.
Herr Grandel öffnet die Kasse und legt das Geldstück hinein. Er reicht Ralf wie immer ein Kaugummi. Dann nickt er anerkennend: »Die Mutprobe hast du heute bestanden.«

Biblischer Bezug: Matthäus 5,7: Freuen dürfen sich alle, die barmherzig sind, denn Gott wird auch mit ihnen barmherzig sein.

Kreativer Zugang: **177**

Inhalt: Elisabeth, die ungarische Königstochter, verzichtet auf alles, nur um den Armen, den Hungernden, den Kranken, den Elenden dienen zu können.

Armut
Demut
Elisabeth von Thüringen
Erbarmen
Fröhlichkeit
Gebet
Glaube
Gott
Helfen
Hunger
Jesus
Krankheit
Lebensfreude
Leiden
Liebe
Mitmensch
Tod
Verzicht
Vorbild

Elisabeth – Mutter der Armen

Erzählung von Dietrich Steinwede

In Nordungarn liegt eine Burg.
Ein Königskind wird hier geboren: Elisabeth. Der Vater ist Andreas, König von Ungarn. Die Mutter ist eine deutsche Prinzessin.
Es sind 800 Jahre her.
Es ist die Zeit der Könige, Fürsten, der Ritter und Kriegsleute.
Wir zählen das Jahr 1211.
Vier Jahre ist Elisabeth alt.
Da verspricht man sie nach Thüringen.
Der Landgraf Hermann hat um sie geworben.
Er will sie als Frau für seinen Sohn Heinrich.
Das Königskind reist nach Thüringen, mit großem Geleit, mit einem reichen Brautschatz.
Elisabeth kommt auf die Wartburg. Sie hört im Saal die Lieder der Sänger. Sie sieht im Hof das Kampfspiel der Ritter. Sie schaut weit ins Land von dieser Burg, sieht die unendlichen Wälder und die Felder und Wiesen der Bauern.
Der Grund und Boden aber gehört dem Burgherrn.
Die Bauern müssen ihm viel von ihrer Ernte abliefern.
So bleiben sie arm, obwohl sie sich von früh bis spät abrackern.
Elisabeth sucht ihren Platz in der neuen Familie. Doch Heinrich, das Kind, stirbt bald.
Elisabeth spielt mit Ludwig, seinem Bruder, und mit Guda und Isentrud, ihren Gefährtinnen.
Sie werden später ihre Dienerinnen sein.
Elisabeth ist ein fröhliches Kind.
Aber sie ist auch wild. Sie reitet und tanzt. Auf der Wartburg werden viele Feste gefeiert.
Elisabeth nimmt an allem teil.
Sie tobt mit Ludwig. Sie hat ihn gern. Sie sagen »Bruder« und »Schwester« zueinander.
Elisabeth ist hübsch, eine Ungarin mit dunklen Augen, voller Temperament.
Die Landgräfin Sophie ist ihr eine strenge Mutter.
Immer wieder sagt sie: »Du bist ein Königskind!
Was du tust, das ziemt sich nicht!«
Elisabeth wächst heran.
Manches ist seltsam bei ihr:
An einem hohen Festtag – es ist in der Kirche von Eisenach, dem Ort bei der Wartburg – legt sie plötzlich ihren Schmuck ab, die Ringe, die Halskette, das kostbare Diadem.
Die Landgräfin fragt: »Warum tust du das?«
Elisabeth sagt: »Ich stehe hier vor Gott.
Ich stehe hier vor dem Gekreuzigten.
Jesus wurde mit Dornen gekrönt.
Kann ich da meine Krone tragen?«
Auch anderes ist ungewöhnlich bei Elisabeth:
Zu ihren Dienerinnen sagt sie:
»Ihr sollt mich nicht ›Herrin‹ nennen.
Sagt ›du‹ zu mir.«
Oft isst sie mit den Dienerinnen.
Manchmal zieht sie sich an wie eine Dienerin.
Bei Hofe ist man erstaunt.
Elisabeth wächst heran.
Sie liebt ihren Bruder Ludwig von Herzen.
Man fragt Ludwig:
»Was denkst du von Elisabeth?«
Er antwortet: »Ich habe nichts Lieberes auf Erden.«
Ludwig und Elisabeth heiraten.
Sie ist erst 13, er ist 20 Jahre alt.
Nach dem Tode seines Vaters ist er jetzt Landgraf.
Ludwig ist ein guter, ein gerechter, ein großzügiger Fürst.
Elisabeths Liebe ist tief und stürmisch.
Sie mag nicht von Ludwig getrennt sein.
Bei Tisch sitzt sie neben ihm – das ist ganz unüblich in jener Zeit.
Auf seinen Reisen begleitet sie ihn zu Pferd.
Elisabeth ist von tiefer Frömmigkeit erfüllt.
Sie will im Glauben vollkommen werden.
Nachts steht sie immer wieder auf, um zu beten.
Als sie 15 ist, bekommt sie ihr erstes Kind.
Elisabeth sitzt nicht, wie die Hofdamen sonst, hinter Webstuhl und Stickrahmen, nein, sie will für ihre Nächsten dasein, für die Armen.
Täglich geht sie von der Wartburg hinunter nach Eisenach.
Zu den Kranken, den Bedürftigen, den Leidenden.
Liebevoll spricht sie mit ihnen.
Sie hilft. Sie tröstet.
Sie wischt die Gesichter der Kranken ab, behandelt ihre Geschwüre.
Wer in Not ist, kann zu ihr kommen, zu seiner Fürstin, zu der Königstochter, die eine Dienende ist. Elisabeth verkauft von ihren Juwelen, um helfen zu können.
900 Arme erhalten Speise, Tag für Tag.
Elisabeth verteilt die Mahlzeiten mit eigener Hand, mit fröhlichem Herzen.

Am Fuß der Burg gibt es ein großes Gebäude.
Dort bringt Elisabeth viele Kranke unter, Alte und Schwache.
Täglich macht sie Besuche.
Es stinkt in den Räumen.
Und der Weg ist beschwerlich.
Immer den Berg hinunter und hinauf.
Elisabeth hält alles aus.
Sie spinnt Wolle mit den Dienerinnen – für die Armen.
Sie hilft den Frauen bei der Niederkunft.
Und wenn es eine Taufe gibt. Elisabeth wird Patin.
Am Gründonnerstag wäscht sie den Armen die Füße – wie Jesus es tat bei den Jüngern.
Man nennt sie »Mutter der Armen«. Elisabeth wird 18 Jahre alt.
Es ist das Jahr der Hungersnot 1225.
Ludwig ist in Italien bei Kaiser Friedrich II., seinem Vetter.
Elisabeth lässt die Vorratsräume der Burg öffnen. Gegen den Willen der Verwalter.
Alle Vorräte werden unter den Hungernden verteilt.
Die ganze Jahresernte.
Ludwig kehrt zurück. Er ist einverstanden mit dem, was Elisabeth tat.
Elisabeth verkauft ihre kostbaren Kleider.
Sie braucht das Geld für die Armen.
Sie gibt alles hin. Sie ist maßlos in ihrer Liebe.
Eine Legende erzählt, sie habe einen Aussätzigen in ihr Ehebett gelegt, um ihn zu pflegen.
Ihre Schwiegermutter sei zu Tode erschrocken.
Ihr Mann sei gekommen.
Er habe die Bettdecke aufgehoben. Da habe er dort nicht den Kranken gesehen, sondern das Kreuz Christi.
Elisabeth hat einen Beichtvater.
Es ist Konrad von Marburg, der Dominikaner.
Sie hat ihn sich selbst gewählt.
Er geht streng, ja hart mit ihr um.
Sie aber lässt sich nicht abbringen von ihrer Liebe.
Wie Jesus will sie leben.
Wie Jesus, von dem Markus erzählt: »Er heilte viele Menschen von den verschiedensten Krankheiten und trieb viele böse Geister aus.«
Elisabeth ist 20 Jahre alt.
Da nimmt Ludwig das Kreuz.
Er verpflichtet sich, mit einem Heer Kaiser Friedrichs ins Heilige Land zu ziehen, um die christlichen Glaubensstätten in Jerusalem gegen die Muslime zu verteidigen.
Ludwig hat den Kreuzzug heimlich gelobt.
Elisabeth weiß nichts davon.
Ludwig will sie schonen.
Bis sie sein Geheimnis eines Tages entdeckt.
Da ist sie starr vor Angst.
Ludwig tröstet sie.
Dann muss er aufbrechen. Wird er zurückkehren?
Elisabeth begleitet ihn zu Pferd.
Mehrere Tagesreisen weit.
Dann reitet sie weinend zurück.
Sie peinigt sich in den Nächten.
Sie geht gekleidet wie eine Witwe.
Ludwig kehrt nicht zurück.
In Süditalien beim Kreuzzugsheer ereilt ihn das tödliche Fieber.
Glühend ist die Sommerhitze.
Es gibt keine Hilfe. Ludwig stirbt. Elisabeth erhält die Nachricht.
Sie schreit auf. Sie rennt durch den Saal. Sie rennt mit dem Kopf gegen die Wand:
»Tot ist er – dann ist die Welt tot und alles, was süß ist an ihr.«
Dann liegt sie in ihrer Kammer und will nichts essen und trinken.
Nach einiger Zeit gräbt man Ludwig in Süditalien wieder aus.
Man bringt ihn nach Deutschland. In Bamberg öffnet man den Sarg.
Elisabeth ist gekommen.
Sie zittert am ganzen Leib.
Dann wird sie ruhig.
Sie kehrt zur Wartburg zurück.
Hier regiert jetzt Heinrich Raspe, Ludwigs Bruder.
Elisabeth hat nur einen Gedanken: Ich will von jetzt ab noch ärmer sein, Dienerin der Allerärmsten.
Sie will nicht mehr leben wie die Herren, nicht mehr »von Raub und Plünderung der Armen«, wie sie sagt.
An einem Winterabend verlässt sie die Wartburg.
Sie nächtigt in einem Stall bei Eisenach.
Zu Mitternacht betet sie in der Kirche der Franziskaner.
Sie ist fröhlich.
Ihre drei Kinder lässt sie nachkommen.
Aber sie trennt sich von ihnen.
Konrad von Marburg verlangt es. Man bringt die Kinder in Klöster. Dort werden sie gut erzogen.
Elisabeth kommt nach Marburg.
Sie will eine Bettlerin sein.
Ihre Verwandten erklären sie für verrückt.
Konrad von Marburg, der Dominikaner, selbst ein Bettelmönch, sagt zu ihr:
»Ihr seid eine deutsche Fürstin. Was ihr tut, das ziemt sich nicht.«
Elisabeth sagt: »Ich werde tun, was ich tun muss.
Ihr könnt mich nicht daran hindern.«
Marburg gehört Elisabeth.
Ludwig hat es ihr einst geschenkt zur Hochzeit.
Aber die Stadt will nichts von ihr wissen.
In einem Dorf findet sie Unterkunft, nicht weit von Marburg, in einer verfallenen Bauernhütte.
Dann bekommt sie Geld von Heinrich Raspe, ihrem Schwager. Es ist ihr Witwengut.
Konrad von Marburg hat es in langen Verhandlungen für sie erkämpft.
Im Lahntal bei Marburg kauft Elisabeth einen Bauernhof. Sie baut ein Krankenhaus. Sie holt die ärmsten, schwächsten, gebrechlichsten Menschen in ihr Krankenhaus, solche, die sonst niemand mehr pflegen will.
Sie dient ihnen. Sie leitet das Krankenhaus.
Es ist das erstemal, dass eine Frau so etwas tut.
Elisabeth reinigt die Wunden der Kranken.
Sie bettet die Hilflosen. Sie füttert sie.
Sie scheuert auch die Fußböden.
Sie pflegt die Kinder mit Hautkrankheiten.

Sie badet auch die Aussätzigen.
Sie sagt: »Ich bade den Heiland.«
Elisabeth kennt keinen Ekel.
Sie wohnt in einem kleinen Holzhaus.
Sie isst aus einer Schüssel mit denen, die ihr helfen.
Immer ist sie fröhlich.
Elisabeth ist einem Orden beigetreten, dem dritten Orden des Franz von Assisi.
Sie liebt Franz von Assisi, der vor einigen Jahren starb.
Auch er hat ganz für die Armen gelebt.
Elisabeth trägt das graue Gewand des dritten Ordens.
Sie hat das Gelübde abgelegt. An einem Karfreitag, in einer Kirche, vor Konrad von Marburg.
Dass sie auf alles verzichten will, auf Eltern und Kinder, auf alle Herrlichkeit der Welt, auf jeden einzelnen Wunsch.
Dass sie frei sein will nur für das eine, für den Dienst an den Armen.
Und so ist es: Elisabeth schenkt und hilft.
Immer wieder. Und sie betet.
Immer wieder. Und sie lacht und scherzt.
Immer wieder sagt sie: »Wir müssen die Kranken fröhlich machen.«
Eines Tages hat sie keine Kraft mehr.
Sie liegt sterbenskrank.
Sie sieht ihren Tod:
»Herr, so willst du bei mir sein.
Und ich will bei dir sein.
Und niemals will ich von dir getrennt sein.«
Elisabeth stirbt am 17. November 1231.
Sie ist 24 Jahre alt.
Vier Jahre später: Pfingsten 1235. Der Papst, es ist Gregor IX., spricht Elisabeth heilig.
In Marburg beginnen sie den Bau einer großen Kirche.
Es ist die Elisabethkirche.
Dort wird Elisabeth bestattet.
Sie überführen den Leichnam aus der Kapelle des Krankenhauses. Kaiser Friedrich II. folgt dem Sarg, barfuß, in einem Mönchsgewand.
Die Elisabethkirche steht noch heute.
Man kann Elisabeths Grab dort besuchen.
Viele Menschen in aller Welt halten die Erinnerung an Elisabeth fest.
Viele handeln und arbeiten wie sie. Krankenhäuser in aller Welt sind nach Elisabeth benannt.
Viele Mädchen tragen ihren Namen.
Für Jesus hat sie gelebt und für die Geringsten unter den Menschen.
Für Elisabeth gilt, was Jesus sagte: »Was ihr für einen meiner geringsten Brüder getan habt, das habt ihr mir getan.«
Elisabeth hat denen zu essen gegeben, die hungrig waren, sie hat denen zu trinken gegeben, die durstig waren.
Sie hat die Fremden bei sich aufgenommen.
Wer nackt war, bekam Kleider von ihr.
Wer krank war, für den hat sie gesorgt.
Und war einer im Gefängnis, sie hat ihn besucht.
Elisabeth hat gelebt, wie Gott es will.
Sie ist ganz bei Gott.

Nächstenliebe 38

Biblischer Bezug: 2. Johannes 6: Das ist das Gebot Gottes, daß ihr in der Liebe lebt.

Kreativer Zugang: **176**

Inhalt: Für die schwarze Monique ist Lambarene als zentraler Ort mitmenschlicher Liebe die Hauptstadt der Welt. Sie *muss* von Albert Schweitzer erzählen.

Afrika
Albert Schweitzer
Ausländer/in
Barmherzigkeit
Fremd
Leben
Liebe
Jesus (der Christus)
Krankenhaus

Fast Vergessenes aus Lambarene

Erzählung von Hans Hoffmann

Monique ist Gastschülerin an einer Schule in Strassbourg. Sie kommt aus Gabun, einem Land in Westafrika. Ein paar Mädchen und Jungen führen Monique in der Stadt herum. Sie sagen stolz, Strassbourg sei die Hauptstadt Europas. »Das ist noch gar nichts«, sagt Monique mit einem verschmitzten Lächeln, »ich komme nämlich direkt aus der Hauptstadt der Welt.«
»Und wie heißt die bitte?« fragt ein Junge.
»Lambarène«, antwortet Monique. »Nie gehört«, sagen die Mädchen und Jungen wie im Chor.
»Liegt in Gabun«, erklärt Monique. »Und ist die Hauptstadt der Welt«, sagt ein Mädchen belustigt.
»Sagen wir mal so«, sagt Monique, immer noch lächelnd, »es sollte die Hauptstadt der Welt sein. Dann ginge es der Welt besser.«

38 Nächstenliebe

Mission

Nachfolge

Schöpfung

Vorbild

»Wieso?«, fragt ein Junge.
»Weil Albert Schweitzer mehr als 50 Jahre im Urwald von Lambarène gearbeitet hat.«
»Schweitzer? Nie gehört«, sagen ein Mädchen und ein Junge.
»Ihr solltet euch schämen«, sagt Monique. »Schließlich kam Albert Schweitzer hier aus dem Elsass, genauer: aus Kaysersberg, wo er am 14. Januar 1875 geboren wurde.«

Erzähl uns ein bisschen von diesem, wie heißt er noch, Schweitzer.«
Monique erzählt: »Er hätte hier in Europa ein tolles Leben haben können. Er war nämlich so etwas wie ein Wunderknabe, und er war rasch berühmt, als Prediger, als Orgelspieler, als Arzt und Autor vielbeachteter Bücher. Aber das gefiel ihm bald nicht mehr.«
»Und warum nicht?«, fragt ein Mädchen.
»Er sagte sich«, fährt Monique fort, »es gibt Wichtigeres zu tun. Dabei fiel sein Blick auf Afrika. Dort waren weiße Kaufleute, Jäger und Diamantensucher dabei, Land und Leute auszuplündern und so stinkreich zu werden. Schweitzer sagte, das sei Barbarei. Für jeden weißen Plünderer müsse ein guter Weißer nach Afrika gehen, um den Afrikanern Gutes zu tun, so wie es Jesus Christus gewollt hat. Er fügte noch hinzu, er habe eine so schöne Kindheit gehabt, dass er davon den Notleidenden ein bisschen zurückgeben wolle.

Und so richtete er im Urwald ein einfaches Krankenhaus ein. Es machte ihm nichts aus, in einer einfachen Hütte zu wohnen. Wenn er den Leuten die Frohbotschaft Christi verkündete, redete er nicht auf sie ein, vielmehr unterbrach er häufig seine Predigt und fragte die Gemeinde, ob sie sich zu seinen Worten äußern möchten.
Es freute ihn, wenn die ganze Familie bei einem Kranken blieb, bis er wieder aufstehen konnte. Er hatte gerne Hühner, Affen und Katzen um sich, und es machte ihm nichts aus, wenn ihm beim Orgelspiel ein Äffchen über die Tasten lief. Er duldete nicht, dass man einem Tier etwas zuleide tat, und er wollte nicht, dass Bäume abgeschlagen wurden. Er ließ sie mit den Wurzeln ausgraben und anderswo neu einpflanzen.
»Wir müssen alles, was lebendig ist, schonen und lieben«, sagte er öfters, »die Menschen, die Tiere, die Pflanzen, das Wasser und die Luft. Wenn eines davon leidet, leiden wir alle.«
Die Mädchen und Jungen schwiegen. Monique sagte lächelnd: »Schade, dass Lambarène nicht die Hauptstadt der Welt ist. Findet ihr nicht auch?«

39 Neid

Aggression

Eifersucht

Hass

Streit

Verleumdung

Wut

Biblischer Bezug: 1. Petrus 2,1: Hört auf, andere zu beneiden oder schlecht über sie zu reden.

Kreativer Zugang: **178, 179**

Inhalt: Meditative Erwägungen: Neid ist unter Menschen eine sehr starke Macht. Alttestamentliches Beispiel: Sauls Neid auf David.

Beneidet

Erzählung von Dietrich Steinwede

Neid, das kennst du.
Das fängt schon bei Tisch an:
Dein Bruder hat etwas mehr auf den Teller bekommen.
Schon bist du neidisch.

Bettina ist neidisch auf ihre Freundin, nur weil die eine schönere Puppe hat.
Philipp ist nicht wieder zum Klassensprecher gewählt worden.
Jetzt ist er neidisch auf den Neuen.
Anne ist neidisch auf Franziska.
Denn Franziska ist viel schöner als sie.
Anne ist ein Mauerblümchen.
Johann ist neidisch auf Michael.
Der ist so viel klüger.
Alles fällt ihm leicht in der Schule.
Immer hat er gute Noten
und niemals Ärger mit den Lehrern.
Rolf ist neidisch auf Peter.
Der kann sich alles leisten:
Immer neue und schöne Anziehsachen.
Bücher und Spielzeug, soviel er will.

Immer Kinokarten.
Und jetzt auch noch das nagelneue Fahrrad mit Zwölfgangschaltung.
Peters Eltern haben genug Geld, ein großes Haus in einem Garten mit Swimming-Pool, zwei Autos und immer die schönsten Urlaubsreisen.
Rolfs Vater ist arbeitslos.
Rolf ist sehr neidisch auf Peter.

Neid bei Kindern.
Neid bei Erwachsenen.
Der Neid ist stark in der Welt.
Der eine ist neidisch auf das größere Auto des Nachbarn.
Der andere ist neidisch, weil sein Bekannter einen so tollen Beruf hat, eine so gute, einträgliche Arbeit.
Der eine wird beneidet um sein Geld.
Die andere wird beneidet um ihr gutes Aussehen.
Immer nur Neid, Neid, Neid ...
Eins ist sicher:
Wer neidisch ist, wird leicht streitsüchtig. Er fängt an, schlecht über andere zu reden, sie zu verdächtigen,
sie zu verleumden,
sie zu beleidigen.
Und schon ist der Streit da.
Auch unter den Christen hat es Neid gegeben, Streit, Selbstsucht, Beleidigungen, Unbeherrschtheit, Bosheit, fortwährenden Zank und immer wieder Neid.
Darüber ist geschrieben.
Im Neuen Testament.
Der Neid kann einen Menschen bitter machen.
Er kann ihn böse werden lassen.
Er kann ihn zerfressen.
Darüber ist geschrieben.
Im alten Testament.
In der Geschichte von David und Saul:
David ist an Sauls Hof gekommen.
Er spielt die Harfe vor dem König. Das ist gut für Saul.
Das beruhigt ihn, wenn er schlechte Gedanken hat.
Der König hat Gefallen an David.
Er macht ihn zu seinem Waffenträger.
David hat eine glückliche Hand in allem, was der König ihm aufträgt.
Da gibt ihm der König sogar den Oberbefehl über seine Truppe.
Und David zieht in den Krieg.
David gewinnt den Sieg.
Er kommt zurück.
Und da kommen ihm alle Frauen Israels entgegen.
Sie tanzen einen Reigen. Sie singen:
»Saul hat 1.000 erschlagen.
David aber hat 10.000 erschlagen!«
Plötzlich ist David der Liebling aller.
Als Saul das hört, da wird er blass vor Neid.
Und von dem Augenblick an beginnt er sich vor David zu fürchten.
Er merkt: Gott hat mich verlassen.
Gott ist jetzt mit David.
Saul spürt es: mein Stern ist im Sinken.
Davids Stern steigt auf.
Aber Saul will das nicht wahrhaben.
Und als David wieder vor ihm spielt,
da packt Saul die Wut.
Der Neid ist zum Hass geworden.
Saul zückt den Speer gegen David.
Er will ihn durchbohren.
Aber David weicht aus.
Und der Speer fährt in die Wand.
Von dem Augenblick an aber weiß David:
Ich kann hier nicht mehr bleiben.
Und David flieht von Sauls Königshof.
Fliehen müssen vor dem, der bald wahnsinnig ist vor Neid, das hätte David nicht gedacht.
Saul aber lässt David suchen.
Überall.
Er will ihn töten.
Um jeden Preis.
So groß ist sein Hass.
So hat ihn der Neid zerfressen.

Und wir?
Wir können auch noch etwas anderes lesen
in der Bibel:
»Lasst ab von diesen bösen Dingen. Lasst ab davon, schlecht über andere zu reden.
Lasst ab davon, schlecht über andere zu denken.
Hütet euch vor dem Neid.
Begehrt auf dagegen.
Lasst euch nicht unterkriegen davon.
Neid ist der Anfang von allem Bösen.«

Armut
Diakonie
Dienst
Eine Welt
Gebet
Glaubwürdigkeit
Helfen
Hunger
Krankheit
Nächstenliebe
Not
Südamerika

Biblischer Bezug:	Lukas 19,10: Der Menschensohn ist gekommen, um die Verlorenen zu suchen und zu retten.
Kreativer Zugang:	106, 118, 120, 156, 159, **180,** 207
Inhalt:	Die Erzählung zeigt wahrhaft oikoumenisches Handeln in einem völkerübergreifenden Dienst am armen Nächsten in der Welt. Diakonie geht vor Mission. Das wird deutlich.

Wann reitest du wieder, Mutter Gertrudis?

Erzählung von Gudrun Pausewang

Peter und seine Eltern lebten in Südamerika. Peters Vater war Lehrer an einer deutschen Schule.
Peter war acht Jahre, als ihn seine Eltern für eine Woche bei Mutter Gertrudis auf der Missionsstation im Indianerland ließen. Sie mussten auf eine Tagung fahren und konnten ihn nicht mitnehmen. Er war schon öfter mit ihnen bei Mutter Gertrudis gewesen, aber noch nie allein.
»Du bist ja jetzt schon so groß«, hatte der Vater beim Abschied gesagt, »und es ist ja auch nur eine Woche.«
Aber am Abend, als Mutter Gertrudis ihm Gute Nacht gesagt hatte und er allein in einem so fremden und großen Bett lag, war ihm doch sehr elend zu Mute. Er konnte sich hier ja nur mit Mutter Gertrudis unterhalten, denn sie war die einzige Deutsche auf der Missionsstation. Die beiden anderen Nonnen waren Südamerikanerinnen.
Deshalb erschrak er auch, als Mutter Gertrudis am nächsten Morgen verkündete, dass sie den ganzen Tag unterwegs sein werde.
»Und ich?«, fragte er ängstlich.
»Du kommst natürlich mit«, sagte sie heiter.
Er fiel ihr vor Freude um den Hals, so heftig, dass ihr Häubchen verrutschte.
»Du weißt nicht, was dich erwartet«, sagte Mutter Gertrudis lachend. »Heute Abend wirst du halb tot ins Bett fallen. Zieh deine Gummistiefel an.«
Nach dem Frühstück zog sich Mutter Gertrudis eine Reithose unter ihren weiten Rock und schlüpfte in lederne Stiefel. Claudina, die andere Nonne, führte das Pferd vor das Haus und sattelte es. Lidvina, die dritte Nonne, packte den Proviantsack und band ihn an der einen Seite des Sattels fest. An die andere Seite hängte sie eine große lederne Tasche mit Medikamenten und Verbandszeug. Quer über den Rücken des Pferdes schnallte sie die eingerollten Regenmäntel von Mutter Gertrudis und Peter. Dann schwang sich Mutter Gertrudis in den Sattel.
»Und ich?«, fragte Peter. Mutter Gertrudis zeigte hinter sich.
Schwester Claudina flocht ihre beiden Hände ineinander und winkte Peter mit den Augen. Der verstand. Er trat auf Claudinas Hände, stützte sich auf ihre Schulter und schwang sich dann hinter Mutter Gertrudis auf das Pferd.
»Halte dich nur an mir fest«, sagte Mutter Gertrudis. Sie gab den beiden Nonnen, die zu Hause blieben, noch ein paar Anweisungen und dann schnalzte sie mit der Zunge. Der Pferd gehorchte und trabte zum Hoftor hinaus über den Hügelhang hinunter zum Meer.
Peter schaute sich noch einmal um: Da lag die kleine Holzkirche auf der Spitze des Hügels, daneben die hölzerne Schule für die Indianerkinder, die von den beiden Nonnen Claudina und Lidvina unterrichtet wurden, und unter den Bäumen das Haupthaus, in dem die Nonnen wohnten und ein Krankenzimmer eingerichtet hatten. Die hohe Gartenhecke verdeckte den Stall für die Ziegen, die Schweine und das Pferd. Aber dann verschwand alles hinter der Rundung des Hügels.
Nun ging es steil hinab, und Peter musste sich an Mutter Gertrudis festklammern, wenn er nicht fallen wollte. Am Fuß des Hanges lag der breite Strand. Dahinter wogte das Meer graugrün. Die Brandung warf sich schäumend gegen das Land.
Sie begegneten ein paar Indianerkindern, die den Hügel hinaufkeuchten. Sie gingen zur Schule. Sie liefen alle miteinander barfuß und hatten geflickte und ausgefranste Kleider an.
»Denen geht es nicht so gut wie dir«, sagte Mutter Gertrudis. »Die meisten von ihnen laufen auch im Winter barfuß.«
»Im Winter?«, fragte Peter erstaunt. »Gibt's hier einen Winter?«
»Gewiss«, antwortete Mutter Gertrudis. »Schnee fällt zwar so gut wie nie, aber es regnet von morgens bis abends und manchmal liegt Reif auf den Wiesen. Durch den Reif laufen die Kinder zur Schule.«
Als sie am Fuß des Hügels angekommen waren, sagte sie: »Wir müssen uns beeilen. Ich habe heute mehr als zwanzig Kranke zu besuchen. Halte dich jetzt fest.«
Und schon begann das Pferd zu galoppieren. Peter stieß vor Schreck einen Schrei aus. Fast verlor er das Gleichgewicht, denn der Pferderücken ging auf und ab. Aber schon nach einer Weile hatte er sich an den Galopp gewöhnt. Er machte ihm sogar Spaß. Sie galoppierten über Muscheln und braungrünen Tang.
»Von dem Tang nehmen wir uns auf dem Rückweg mit«, rief Mutter Gertrudis über die Schulter. »Davon kochen wir Gemüse. Schmeckt scheußlich, ist aber gesund.«

Sie galoppierten am Strand entlang bis zu einer Landzunge, auf der vier Holzhütten standen. Eine ganze Hundemeute kläffte ihnen entgegen, aber ein Mann in einem wollenen Poncho pfiff sie zurück und half der Nonne beim Absteigen.

»Hüpf runter«, sagte Mutter Gertrudis zu Peter. »Hier kannst du nicht mit hereinkommen, denn du könntest dich an dem kranken Kind anstecken. Warte auf mich. Es wird nicht lange dauern.«

Sie löste ihre Medikamententasche vom Sattel. Der Mann band das Pferd an einen Pfahl vor der Hütte, dann verschwand er mit Mutter Gertrudis in der Tür. Von drinnen hörte Peter ein klägliches Kinderweinen. Aus den Nachbarhütten näherte sich eine Schar kleiner schmutziger Kinder. Sie starrten Peter an. Er konnte nicht mit ihnen sprechen. Er kannte ja ihre Sprache nicht.

Auch drei Frauen kamen aus den anderen Hütten und schienen auf Mutter Gertrudis zu warten. Die eine von ihnen hatte einen sehr dicken Bauch. Peter sah, dass sie ein Kind erwartete. Die Frauen trugen ihr schwarzes Haar in hoch gebundenen Zöpfen und hatten Röcke an, die bis zu den Knöcheln reichten. Auch sie gingen barfuß. Sie nickten Peter zu und lächelten. Vor den Hütten lagen Boote. Daneben waren Netze aufgespannt. Peter begriff, dass die Indianer, die hier lebten, Fischer waren.

Dann erschien Mutter Gertrudis in der Tür. Sie hatte die Ärmel hoch gekrempelt und trug die Tasche in der Hand. Die drei Frauen liefen auf sie zu und redeten alle gleichzeitig auf sie ein. Sie antwortete ihnen in ihrer Sprache und schritt zwischen ihnen auf die nächste Hütte zu. Peter sah ihr erstaunt nach. Hatte sie ihn vergessen?

Aber da drehte sie sich auch schon um und rief: »Dorthin kannst du mitkommen. Es schadet nichts, wenn du dir das mal ansiehst.«

Er trat ein. Auch die drei Frauen kamen mit. Anfangs konnte Peter fast gar nichts sehen. Die Hütte bestand nur aus einem Raum und hatte ein einziges kleines Fensterloch ohne Scheiben. Es roch nach Rauch. Ein Hund beschnüffelte ihn, ein Ziegenlamm meckerte kläglich neben ihm. Allmählich gewöhnten sich seine Augen an das Halbdunkel. Er sah, dass auf einem Lager in der Ecke eine Frau lag. Sie musste sehr alt sein. Ihr Gesicht war runzlig, ihre Augen lagen tief in den Höhlen. Sie hatte weißes Haar und weiße Brauen, und als sie den Mund öffnete, sah Peter nur noch einen einzigen Zahn darin.

Mutter Gertrudis fühlte ihren Puls, maß ihren Blutdruck und gab ihr eine Spritze. Peter schaute sich verstohlen um. Hier gab es keinen Fernseher, keine Waschmaschine, keinen Elektroherd, ja fast keine Möbel. Die Wände waren aus Brettern zusammengefügt. Ein paar Jakken hingen an Nägeln. Nicht einmal eine Uhr konnte Peter entdecken und der Fußboden war aus glatt gestampftem Lehm.

Wenn ich das meinen Freunden in Deutschland erzähle, dachte Peter, werden sie mir's nicht glauben.

Mutter Gertrudis kramte in ihrer Tasche und reichte der Frau, die das Kind erwartete, ein Fläschchen mit Medizin. Dann tätschelte sie der Alten auf dem Lager die Hand, sagte etwas zu ihr und klappte ihre Tasche zu. Die Frauen und Kinder begleiteten Mutter Gertrudis und Peter zurück zur Hütte, vor der das Pferd festgebunden war. Der Mann kam mit einem Schemel gelaufen, stellte ihn neben das Pferd, half der Nonne auf den Schemel und von da auf das Pferd. Dann hob er Peter hinter sie auf den Sattel. Und schon ritten sie im Galopp in ein enges Tal hinein, das bald morastig wurde. Jetzt war es aus mit dem Galopp. Das Pferd hatte Mühe voranzukommen.

»Was hatte das Kind?«, fragte Peter.

»Eitrige Angina«, sagte Mutter Gertrudis.

»Und die alte Frau?«

»Sie wird bald sterben. Sie ist schon über achtzig Jahre. Ihr kann niemand mehr helfen.«

Unter den Pferdehufen spritzte der Schlamm hoch. Der weiße Rock von Mutter Gertrudis wurde über und über beschmutzt und auch Peters Hosen bekamen Schlammspritzer ab. Dann bogen sie in ein Seitental ein, wo sie vor einer einsamen Hütte hielten. Hier galt es die eiternde Wunde eines Mannes zu säubern. Ein Stück talaufwärts versorgte Mutter Gertrudis eine junge Frau, die vor zwei Tagen ein Kind bekommen hatte. Die Frau strich Peter über den Kopf und sagte etwas.

»Sie bewundert dein helles Haar«, sagte Mutter Gertrudis.

»Ich habe immer schwarzes Haar haben wollen«, sagte Peter.

Danach ritten sie zurück in das morastige Haupttal, besuchten dort zwei Kinder, die an Bandwürmern litten, und einen alten Mann mit einer geschwollenen Backe. Zu Peters maßlosem Erstaunen konnte Mutter Gertrudis sogar Zähne ziehen.

Sie zogen immer höher in die Berge hinauf. Vor zwei am Hang liegenden Hütten, wo eine ganze Schar von Kindern das Pferd umringte, griff Mutter Gertrudis nicht in die Medikamententasche, sondern in den Proviantbeutel und schenkte jedem Kind ein Brötchen und deren Müttern je ein Säckchen voll Mehl.

»Warum haben die denn alle so dicke Bäuche?«, fragte Peter.

»Das sind Hungerbäuche«, antwortete Mutter Gertrudis traurig. »Hier oben gedeiht der Mais nicht gut. Und diese Kinder wohnen zu weit von der Missionsstation entfernt, als dass sie zu uns in die Schule kommen und da auch ein Mittagessen erhalten können.«

Als sie weiterritten und an einen Fluss kamen, fragte Peter erstaunt: »Müssen wir hier drüber? Wo ist denn eine Brücke?«

»Warte nur ab«, sagte Mutter Gertrudis.

Und ehe Peter sich's versah, trabte das Pferd auch schon in den Fluss hinein. Mutter Gertrudis hielt die Zügel locker, damit sich das Pferd ganz allein den besten Weg durch die Furt suchen konnte. An der tiefsten Stelle schaute nur noch sein Rücken aus dem Wasser. Peter zog seine Beine hoch und kauerte wie ein Hase auf dem Pferderücken.

Als sie am anderen Ufer ankamen, troff Wasser aus Mutter Gertrudis' Rock.

»Wirst du jetzt nicht krank?«, fragte Peter besorgt.

»I wo«, rief Mutter Gertrudis und lachte. »Da müsste ich oft krank werden.«

40 Oikoumene

Sie stieg ab, wand den Rock aus und setzte sich auf einen sonnengewärmten Stein.
»Jetzt gibt es was zu essen«, sagte sie. »Hast du Hunger?«
Und ob er Hunger hatte! Er konnte es kaum erwarten, bis sie das Tischgebet gesprochen und das Kreuz geschlagen hatte.
»Na, und du?«, fragte sie, als sie den Kopf wieder hob.
»Wir beten nie beim Essen«, sagte er.
»Solange du bei mir bist«, sagte sie ernst, »möchte ich, dass du dich für das Essen bedankst. Weil es nämlich, wie du siehst, nicht selbstverständlich ist, dass man immer genug zu essen hat.«
»Danke, lieber Gott, für das Essen«, sagte Peter.
Dann aßen sie.
An diesem Tag besuchte Mutter Gertrudis noch ein paar Kinder mit Masern, half bei einer Geburt, von der sie unterwegs erfuhr, säuberte und verband mehrere Wunden, teilte Medizin gegen Bandwürmer und Durchfall aus, ebenso Salbe gegen Hautausschläge, sah nach mehreren bettlägerigen Alten und schiente einen gebrochenen Arm. Sie durchquerten noch zwei schäumende Wildbäche, mühten sich steile Hänge hinauf und hinunter und ritten geduckt durch Waldpfade, wo ihnen die Zweige um den Kopf schlugen.
Am Spätnachmittag begann es zu regnen. Sie mussten ihre Regenmäntel abschnallen und aufrollen. Mit dem Regen wurde es empfindlich kalt. Sie ritten in einem großen Bogen durch das Indianerland.
»Wie viele Kranke sind es noch?«, fragte Peter müde.
»Nur noch drei«, antwortete Mutter Gertrudis.
Als sie wieder am Strand ankamen, stieg Mutter Gertrudis, ein wenig steif, vom Pferd und stopfte einen Sack, den sie mitgebracht hatte, voll Tang. Während das Pferd sich den Hügel zur Missionsstation hinaufquälte, begann es schon dunkel zu werden. Peter lehnte sich gegen Mutter Gertrudis' Rücken und schlief ein. Sogar im Schlaf klammerte er sich fest an sie. Er erwachte erst wieder, als Schwester Lidvina ihn vor der Tür des Haupthauses aus dem Sattel hob.
»An euch ist ja kein trockener Faden mehr«, rief Schwester Claudina. Eine halbe Stunde später saßen sie in trockenen Kleidern vor einem Teller mit Bratkartoffeln und Speck und einem Becher dampfender Milch. Mutter Gertrudis sagte: »Na, Peter, jetzt hast du wohl genug von solchen Ritten, wie?«
»Nein«, antwortete Peter schlaftrunken. »Wann reitest du wieder, Mutter Gertrudis?«
»Übermorgen.«
»Ich reite mit«, sagte Peter und nieste.

41 Ostern

Angst
Auferstehung
Brot
Erkennen
Gott
Herz
Leben
Jesus
Sehen
Singen
Tod
Trauer
Weg

Biblischer Bezug: Lukas 24,26: Der versprochene Retter mußte erst alles erleiden, um zu seiner Herrlichkeit zu gelangen.

Kreativer Zugang: 165, **181**

Inhalt: Erzählt wird das Zentrum der Emmausgeschichte: Es gibt ein neues Sehen, das Sehen mit dem Herzen. Es gibt einen neuen Weg, den Weg der Freude.

Heiß ums Herz

Erzählung von Dietrich Steinwede

Oh, als ich plötzlich ganz überraschend die Inlineskates bekam, die ich mir so lange so sehr gewünscht hatte, da wurde mir heiß ums Herz, da bin ich meiner Lieblingstante aber um den Hals gefallen«, erzählt Anja: »Ja, das war ein Glückstag für mich. Das war wie Weihnachten und Ostern zusammen.«
Die drei Kinder Anja, Ralph und Silke spielen ein neues Würfelspiel. Wer auf das Feld »Heiß ums Herz« kommt, muss etwas dazu erzählen.
»Heiß ums Herz«, sagt Silkes Mutter, die beim Bügeln alles mitgehört hat, »heiß ums Herz ist mir in meinem Leben immer geworden, wenn ganz plötzlich etwas Wunderschönes passierte, dass ich dachte, oh, als ob die Welt auf einmal ganz neu ist.«
Als ob eine Flamme über sie hinwegging; so heiß war den Jüngern in Emmaus geworden, so heiß ums Herz, als sie ihn erkannten, ihren Jesus, als sie merkten, er ist ja bei uns, auch wenn wir ihn nicht sehen mit unseren Augen. Immer wird er bei uns sein. Und mit dem Herzen, da können wir ihn sehen.
Angeschaut haben sie sich mit heißen Augen und mit heißem Herzen. Sie hätten singen können, so froh waren sie.
Losgelaufen sind sie, schnell, schnell zurück nach Jerusalem. Es den andern sagen, das wollten sie. Sie müssen es wissen. Unbedingt, jetzt, sofort: Gott hat uns Jesus zu sehen gegeben.
Er ist ganz lebendig bei uns. Er ist mit uns auf dem

Wege. Niemals wird er uns verlassen. Sterben, ja, das musste er.
Aber jetzt ist die Zeit des Lebens. Der Tod gilt nicht mehr. Das Leben gilt. Und das wird nie wieder aufhören, das mit dem Leben. Und sie sind gerannt, gelaufen, mit heißem Herzen, singend.
»Wir waren ja so traurig, so verzweifelt, so sehr im Dunkel, als wir nach Emmaus gingen. Wir haben wirklich gedacht: Es ist alles aus. Es hat keinen Zweck mehr. So haben sie erzählt: »Wie gelähmt waren wir.
Aber dann auf dem Wege, da horchten wir auf, als er uns das alles aus den Schriften erklärte. Da wurde uns schon warm ums Herz, und wir fingen an zu begreifen: Er ist ja bei uns.
Gott gibt ihn uns zu sehen. Wir können ihn erkennen. Mit dem Herzen. Ja!« riefen sie: »Da begann unser Herz zu brennen!
Und dann im Haus. Wie er das Brot durchbrach und darüber betete und es uns austeilte. Da wussten wir – und es war eine heiße Flamme –: Er ist es. Er lebt.
Da war die Trauer wie weggeblasen. Alle Angst, Furcht, Sorge und Schmerz – wie weggeblasen. Als ob die Welt ganz neu war auf einmal.
Und wir wussten: Es ist schön, das Neue, ganz himmlisch. Und es hat Kraft. Und es wird dauern. Nie wird es zu Ende sein.«

Ostern 42

Biblischer Bezug: Offenbarung 21,5: Siehe, ich mache alles neu!

Kreativer Zugang: 105, 110, 142, 143, 152

Inhalt: Nach dem Tod der Großmutter ist der Großvater tief in Trauer und Einsamkeit versunken. Doch das Spielen, Singen und Lachen der Enkelkinder, gemeinsames Spazierengehen und die Arbeit im Garten vermögen ihn zu neuem Leben zu erwecken.

Alt und Jung
Ferien
Großeltern
Kinder
Lebensfreude
Lernen
Mitgefühl
Schmerz
Tod
Trauer
Trost

Die Knospe

Erzählung von Susanne von Schroeter

8, 9, 10, 11. Martin zählte die Fähnchen auf der Karte. Das erste steckte da, wo Martin wohnte. Die nächsten waren entlang der Autobahn aufgereiht. Eigentlich waren es Stecknadeln, Aber an die roten, runden Köpfchen hatte Martin Papierstreifen geklebt, blaue, gelbe und rote. Wie richtige kleine Fahnen sahen sie aus und jetzt markierten sie den Reiseweg auf der Landkarte, die Autobahn entlang, um den See herum und noch ein Stückchen weiter bis zu den Bergen. Jeden Tag schaut Martin sich die Karte an. Er freute sich auf die Reise. Ein Ruderboot würden sie mieten am See. Damit konnte man weit hinausrudern und fischen. Er hatte schon das Netz eingepackt, ein grünes Netz mit einem langen Stock. Damit konnte man Kaulquappen fangen und kleine Fische. Jeden Tag fiel Martin etwas anderes ein, was er noch mitnehmen konnte: die gelben Gummistiefel, den roten Plastikeimer für die Fische, den Rucksack für die Bergtour, das Fernglas. Er las auch die bunten Prospekte, die der Vater in einem Reisebüro besorgt hatte. Sogar ein eigenes Reiseprogramm machte er noch: 1. Tag Boot mieten, 2. Tag Wanderung. Daneben malte er noch ein paar Bilder.

Jeden Tag strich er auf dem Kalender einen Tag durch, noch 14 Tage, noch 13, und jedes Mal freute er sich, weil man richtig sehen konnte, wie die Reise immer näher rückte. Dann kam der Anruf von Großvater. Vater und Mutter hatten auf einmal ganz besorgte Gesichter, so wie damals, als Tina ins Krankenhaus musste und die Ärzte ihr den Blinddarm herausoperierten. Sie flüsterten auch oft miteinander, so wie sie es sonst nie taten, und einmal, als Martin ins Zimmer kam, hörten sie auf zu sprechen. Sie telefonierten noch ein paar Mal mit Großvater, dann merkte Martin, warum sie so waren. Es war wegen Großmutter. Sie war ganz plötzlich sehr krank geworden. Jetzt war sie im Krankenhaus, und alle machten sich große Sorgen. Am nächsten Tag fuhr Mutter hin, um sie zu besuchen. Als sie wiederkam, hatte sie ein ganz trauriges Gesicht. Es ging Großmutter sehr schlecht.
Die Mutter fuhr noch ein zweites Mal hin, und dann sagte der Vater die Reise ab, die sie geplant hatten. Martin hörte, wie er mit dem Hotel am See telefonierte, dass sie die Zimmer nicht mehr brauchten, wegen eines schweren Krankheitsfalls.
Erst sagte Martin gar nichts. Er stand nur da und starrte den Vater wortlos an. Dann heulte er los. Er rannte in sein Zimmer, warf sich aufs Bett und brüllte vor Wut und Enttäuschung ins Kissen. Die Mutter kam herein und versuchte, ihm zu erklären, dass man die Reise verschieben musste, wegen der Großmutter, weil sie wirklich sehr krank war. Aber Martin ließ sich nicht trösten.

Er gab dem Rucksack, der fertig gepackt neben dem Bett lag, einen Tritt, dass er durchs ganze Zimmer flog. Das grüne Netz schmiss er unter den Schrank. Dann riss er auch noch die Fähnchen aus der Landkarte und warf sie in den Papierkorb.

Als Tina dann noch sagte: »Wir können die Reise ja nächstes Jahr machen«, da schmiss er mit einem Bauklotz nach ihr.

Großmutter starb acht Tage später. Sie waren alle sehr traurig. Auch Martin. »Eigentlich könnten wir jetzt doch an den See fahren«, sagte er einmal zur Mutter. »Jetzt brauchst du doch nicht mehr zur Großmutter ins Krankenhaus«.

Aber sie fuhren trotzdem nicht an den See.

Jetzt, wo Großvater ganz allein zu Hause war, in dem großen Haus mit dem Garten auf dem Land, da konnte man ihn doch nicht in den Ferien allein lassen, so kurz nach Großmutters Tod, meinten die Eltern.

Tina freute sich sogar darauf, den Großvater zu besuchen. Sie freute sich auch auf den großen Garten und auf Großvaters graue Katze.

Aber Martin freute sich nicht. Auch dann nicht, als er hörte, dass sie den Dackel mitnehmen würden, der in Großvaters Katze ganz vernarrt war.

Mürrisch saß Martin in Großvaters Wohnzimmer und löste Kreuzworträtsel in einer alten Zeitung. Alles war viel ruhiger als sonst. Früher hatte man Großmutters Stimme gehört, wenn sie die Katze rief oder mit Großvater redete, der nicht gut hörte. Deshalb hatte sie immer sehr laut geredet.

Großmutters Blumen am Fenster blühten nicht mehr wie früher. Sie ließen die Köpfe hängen. Ein paar waren vertrocknet, weil niemand ihnen Wasser gegeben hatte. Großvater saß meistens im Sessel am Fenster und schaute in den Garten hinaus. Er sagte nichts. Vielleicht hörte er es gar nicht, wenn Martin und Tina mit ihm redeten.

Nachher fasste Martin sich ein Herz. »Spiel mit uns, Großpapa!«, sagte er. Der Großvater antwortete nicht.

»Spiel mit uns«, rief Tina. Aber sie bekam keine Antwort. Der Großvater schien sie nicht zu hören. Vielleicht, weil er so weit weg war mit seinen Gedanken. »Er braucht eine schriftliche Einladung«, sagte Tina. Sie ging zum Schreibtisch, nahm ein Blatt Papier und Buntstifte und fing an zu malen. Martin sah neugierig zu.

»Einladung«, schrieb Tina in roten Buchstaben. »Wir spielen jetzt, ›Stadt, Land, Fluss‹ oder ›Mensch ärgere dich nicht‹ oder ›Mau Mau‹ oder sonst was. Wenn du mitspielst, kannst du dir ein Spiel aussuchen.« Sie malte noch ein paar Blumen unter die Einladung und schrieb darunter: »Herzliche Grüße, deine dich liebende Tina«. Dann schob sie dem Großvater das Blatt hin.

»Das findet er bestimmt doof«, sagte Martin.

Aber Großvater fand es gar nicht doof. Er betrachtete die Einladung zuerst erstaunt und dann fing er auf einmal an zu lachen, ein bisschen nur, aber er lachte doch. »Stadt-Land-Fluss«, sagte er. Das hatte er früher immer schon gern mit ihnen gespielt. Es machte ihnen allen dreien Spaß, besonders dann, wenn einem eine berühmte Persönlichkeit einfallen musste. Da schrieb Großvater immer die komischsten Namen hin und behauptete, es wären berühmte Sänger oder Eiskunstläufer. Er lachte und freute sich, wenn sie sich bemühten, ihm nachzuweisen, dass er schwindelte.

Dann spielten sie noch ›Mau Mau‹. Großvater versuchte zweimal zu mogeln, aber sie erwischten ihn jedesmal. Sie hatten viel zu lachen.

Nachher gingen sie mit ihm spazieren durch die Wiesen. Es war ganz warm in dem windgeschützten Heckenweg. Ein paar Kirschbäume blühten schon. Der Hund jagte vergnügt durch die Hecken und bellte hinter einer Amsel her. Die Frühjahrssonne schien so stark, dass die Bäume Schatten warfen auf den staubigen Weg.

Auf dem Nachhauseweg sangen sie alle Frühlingslieder, die sie kannten. Der Großvater sang mit. Meistens sang er schrecklich falsch, weil er ja selber nicht so gut hörte, was er sang. Wenn die beiden lachen mussten, fragte er jedesmal erstaunt: »Habe ich falsch gesungen?« Es machte ihm gar nichts aus, wenn sie lachten. Zu Hause im Garten sah er sich die Sträucher an und die Blumenbeete. »Ich muss Unkraut jäten«, sagte er.

Er fing auch gleich damit an. Martin und Tina halfen ihm, das Unkraut zwischen den Steinplatten im Gartenweg zu zupfen.

Nachher pflückte Tina noch einen großen Strauß von den Forsythien für die Bodenvase. Großmutter hatte in der Osterzeit immer Forsythien im Wohnzimmer gehabt, mit rotlackierten Eiern daran. Tina fand die kleinen Holzeier in einer Schublade. Der Osterstrauß war wunderbar, das fand Großvater auch. Dann gossen sie noch die Blumen auf der Fensterbank. Nur zwei Töpfe mussten sie wegwerfen, weil die Blumen darin nicht mehr zu retten waren. Die andern würden sich bestimmt wieder erholen. Da entdeckte Martin, dass an Großmutters Lieblingsblume, an der Clivie, eine Knospe war, an einem dünnen Stengel, zwischen den festen grünen Blättern. Sie war noch klein und fest geschlossen, aber an einer Seite sah man schon, dass es eine dunkelrote Blüte war.

Biblischer Bezug: Jesaja 46,4: Gott spricht: Ich habe euch getragen von der Geburt bis ins hohe Alter. Ich will euch auch künftig tragen. Ich bleibe derselbe.

Kreativer Zugang: 105, 110, 200

Inhalt: Soviele Ostereier haben Eltern und Kinder in der Art von früher gefärbt, dass sie sie unmöglich allein aufessen können. So bekommen die alten Hebstreits oben davon ab. Die freuen sich sehr – doch das Körbchen mit den Eiern steht nach drei Monaten immer noch da.

Alt und Jung
Erinnerung
Familie
Freude
Fürsorge
Helfen
Kinder
Miteinander
Nachbarn
Teilen

Freude über den Tag hinaus

Erzählung von Rolf Krenzer

Mutti erinnerte sich noch sehr gut an die Tage vor Ostern.
Vati hatte die Idee gehabt, und Johanna und Timo hatten sie begeistert aufgegriffen. Seine Großeltern hatten früher die Ostereier nicht mit den Eierfarben aus den bunten Päckchen im Supermarkt bemalt. Auch die schmierigen Eierfärbestäbchen hatten sie nie verwendet. Sie klebten beim Bemalen bereits an den Fingern und machten später die Ostereier selbst auch noch so klebrig, dass man sich jedesmal, wenn man ein Osterei geschält und gegessen hatte, die Hände waschen musste. Statt dessen hatte Oma alle Zwiebelschalen in der Zeit vor Ostern gesammelt und sie in einem großen Topf mit Wasser so lange gekocht, bis ein dunkler Sud entstanden war. Das roch recht geheimnisvoll, besonders dann, wenn sie in diesen Sud noch ein paar Esslöffel Essig kippte.
Dann aber durfte Vati helfen, wenn die rohen Eier in den Zwiebelsud hineingelegt wurden. Man musste sehr vorsichtig sein, dass sie dabei nicht platzten. Platzten sie aber trotz aller Vorsicht doch, so war das nicht weiter schlimm. Diese Eier durften nämlich, wenn sie nach dem Kochen etwas abgekühlt waren, geschält und gleich probiert werden. Vati mochte die geplatzten Eier besonders gern, weil auf dem geschälten Ei dort, wo die Schale geplatzt war, deutliche braune Striche und Zeichen von der Zwiebeleierfarbe zu sehen waren. Außerdem schmeckten sie ein bisschen mehr nach Essig als die anderen. Aber vorher mussten alle gefärbten Eier, wenn sie noch heiß waren, mit einer Speckschwarte rundherum abgerieben werden. Der Geruch von Zwiebelschalen, Essig und Speck machte erst das Besondere dieser Ostereier aus. Vati meinte jedenfalls, dass er nie im Leben wieder so köstliche Ostereier wie damals bei seinen Großeltern gehabt habe. Noch heute erinnert er sich an diesen Geruch, der für ihn einfach dazu gehörte.

Auch Mutti war mit Vatis Idee einverstanden und kaufte auf seinen Wunsch mehr Eier vom Eiermann, als sie eigentlich vorgehabt hatte.
Und dann wurde das Eierfärben wirklich zu einem Fest, wie es Johanna und Timo vorher noch nie erlebt hatten. Vati war eingefallen, dass man um die rohen Eier noch ein paar Petersilienblätter mit Bindfaden befestigen konnte. Holte man sie dann aus dem Zwiebelsud und entfernte sie von den Eiern, so waren sie deutlich zu erkennen. Sie waren noch weiß, während das übrige Ei in marmorierter brauner Farbe glänzte.
Aber Mutti hatte auch für eine Überraschung gesorgt. Sie hatte nämlich gelesen, dass man Ostereier auch mit Sandelholz, Rotholz und Walnussschalen färben konnte und hatte sich alles aus der Apotheke besorgt.
Zufrieden legten sie nach dem gelungenen Färben die Eier in zwei große Schüsseln, weil eine nicht wie sonst zu Ostern ausreichte.
Da fragte Vati: »Was machen wir nun mit den vielen Ostereiern?«
Johanna meinte: »Die können wir nie und nimmer alle allein aufessen.« Sie blickte kurz zu ihrem Bruder hinüber »Selbst Timo nicht!«
»Hm!« meinte Mutti. »Ein paar sollen doch Armin und Barbara wie jedes Jahr bekommen!«
Armin und Barbara waren Muttis und Vatis Patenkinder.
»Vielleicht ein paar mehr als sonst!« fügte sie hinzu.
»Sie sind dieses Jahr nun auch besonders schön!« Sie holte zwei Osterkörbchen, die sie beim letzten Einkauf bereits besorgt hatte, und legte die Eier hinein.
»Es sind aber immer noch zu viel!« sagte Vati. »Dabei haben wir auch schon einige beim Färben gegessen!«
»Du wolltest ja so viele!« sagte Mutti spitz und schälte sich noch ein Ei.
»Wir schaffen es schon!« versprach Timo und glaubte selbst nicht so recht daran.
»Wie ist das eigentlich mit Hebstreits?« fragte Johanna plötzlich. Hebstreits waren die beiden alten Leute, die in der Wohnung über ihnen wohnten. Sie waren schon alt und hatten auch keine Kinder, die sich um sie kümmerten. Im letzten Jahr waren beide einmal krank gewesen. Seitdem verließen sie ihre Wohnung kaum noch, weil sie Schwierigkeiten mit dem Treppensteigen hatten. Seitdem wurde ihnen auch das Essen auf Rädern gebracht, und manchmal kam ein Krankentaxi, um sie für einen Arztbesuch abzuholen. Mutti hatte angeordnet, dass Timo und seine Schwester immer, wenn sie zum Einkaufen geschickt wurde, oben bei Hebstreits fragten, ob sie ihnen etwas mitbringen konnten.
»Oma und Opa in Kiel sind auch auf ihre Nachbarn angewiesen, wenn sie Hilfe brauchen!« sagte Mutti, wenn die Kinder einmal über das ständige Nachfragen und

43 Ostern

Mitbringen nörgelten. »Ohne die Brandenburgers aus dem dritten Stock ginge es ihnen so schlecht, dass sie vielleicht doch in das Altenheim müssten! Sie besorgen ihnen einfach alles, was sie brauchen!«

Sie hatten sich auch angewöhnt, wenn morgens einmal frische Brötchen geholt wurden, immer für Hebstreits welche mitzubringen. Obwohl der Bäckerladen gleich gegenüber war, konnten die alten Leute selbst nicht dorthin kommen. »Und frische Brötchen schmecken halt doch viel besser als die aufgebackenen!« sagte Frau Hebstreit immer, wenn Timo oder Johanna dann bei ihnen an der Wohnungstür klingelten.

Wenn die Eltern einen Großeinkauf in dem Einkaufscenter am Stadtrand machten, dann hatten sie auch immer eine kleine Liste von Hebstreits dabei. »Hebstreits bekommen bestimmt von niemandem Ostereier!« sagte Johanna.

So kam es, dass alle vier am Ostersonntag bei Hebstreits klingelten und ein Körbchen mit Ostereiern überreichten. Zwölf Eier waren es, sechs für jeden. Sie hatten niemals damit gerechnet, welche Freude sie damit auslösten. Herr Hebstreit bat sie alle herein, Frau Hebstreit kochte sogleich Kaffee und schnitt den Rührkuchen an, den die Eltern ihr letztes Wochenende vom Supermarkt besorgt hatten. Und dann erzählten sie, während sie ein Osterei nach dem andern aus dem Körbchen nahmen und wieder zurücklegten, dass es genau solche Eier waren, wie sie sie damals mit ihren Eltern einmal gefärbt hatten, damals, als sie selbst noch Kinder waren.

Der April war bereits fast herum, als Frau Hebstreit mit dem Krankenwagen abgeholt wurde. Mutter ging gleich darauf zu Herrn Hebstreit nach oben. Er war allein in der Wohnung zurückgeblieben. »Wir helfen Ihnen gern, bis Ihre Frau wieder da ist!« sagte sie, doch Herr Hebstreit winkte lächelnd ab. »Das schaffe ich in den letzten Jahren längst allein!« sagte er. »Ich habe es gelernt, weil es meine Frau die ganze Zeit bereits nicht mehr konnte!« Er schmunzelte: »Sie war eine gute Lehrmeisterin und ließ mir nichts durchgehen!«

Da entdeckte Mutti das Körbchen mit den Ostereiern mitten auf dem Tisch. Sie standen genau noch dort, wo sie Frau Hebstreit damals Ostern hingestellt hatte.

»Sie haben ja kein einziges Ei gegessen«, sagte sie erstaunt.

»Wir dürfen doch keine Eier essen!« antwortete der alte Mann leise. »Das hat uns der Arzt verboten. Aber wir haben sie aufgehoben und uns jeden Tag wieder darüber gefreut!«

Er nahm das Körbchen hoch und stellte es dann wieder zurück auf den Tisch.

»Sehen Sie nur!« sagte er. »Jetzt sind sie schon über drei Monate alt und immer noch so schön und glänzend, wie sie Ostern waren!«

44 Passion

Ausländer/in

Außenseiter/in

Kreuz

Leiden

Schule

Spott

Biblischer Bezug: Galater 2,19: Ich bin mit Christus am Kreuz gestorben. Darum lebe nun nicht mehr ich, sondern Christus lebt in mir.

Kreativer Zugang: 127, **182**

Inhalt: Filippo aus Portugal, ausgeschimpft, rumgeschubst, angespuckt, identifiziert sich mit dem Gekreuzigten. Beim Herstellen eines Kruzifixes legt er seinen eigenen kleinen Körper über den des Mannes am Kreuz.

Das doppelte Kreuz

Erzählung von Willi Fährmann

Es war in einer Grundschule. Da fiel einer Lehrerin etwas auf. Es hing in jeder Klasse ein Kreuz. Aber wie hingen die meisten Kreuze da! Achtlos konnte man sie zwischen Plakaten von Popstars, Bildern von Karneval und Zahlentabellen sehen. Viele sahen sie wohl überhaupt nicht mehr. Eines war sogar durch eine Landkarte von Afrika überdeckt. Der Lehrer hatte gerade keinen passenden Haken gefunden als den, an dem das Kreuz hing. Im Lehrerzimmer berichtete Frau Melchior von ihrer Beobachtung. Manche hörten darüber hinweg. »Was soll's?« sagte Herr Butenköbel. Aber Herr Franzheim wurde hellhörig. Er war für das Fach Kunst zuständig. Am nächsten Morgen sagte er: »Frau Melchior. Sie haben mich gestern auf etwas aufmerksam gemacht.«

»So?« sagte Frau Melchior.

»Ja. Sie haben von den Kreuzen in den Klassenräumen erzählt.«

»Ach so. Na, ich werde in dieser Zeit vor Ostern in meiner Klasse das Kreuz zum Thema machen. Wir werden darüber reden. Vielleicht kommen die Kinder darauf, das Kreuz aufmerksamer zu sehen, oder gar, es zu schmücken.«

Herr Franzheim fragte: »Was halten Sie davon, wenn ich im Kunstunterricht mit ihrer Klasse Kreuze herstellen ließe?«
Manchmal war Frau Melchior in ihrem Beruf glücklich. Das war so ein Augenblick. »Das finde ich sehr gut«, sagte sie.
So kam es, dass die Klasse 3a diesmal nicht Osterschmuck fertigte, sondern Kreuze gestaltete. Und weil Frau Melchior ausführlich mit den Jungen und Mädchen darüber gesprochen hatte, ging es auch ganz gut. Bis auf einmal Paul Richter rief: »Mensch, guckt mal, was der Filippo macht. Der hat nix kapiert.«

Filippo war erst seit kurzem in der Klasse. Er hatte Schwierigkeiten mit der deutschen Sprache. »Filippo kommt aus Portugal«, hatte Frau Melchior erklärt. Meist stand Filippo allein auf dem Schulhof. Überhaupt, er stand oft daneben und schien nicht dazuzugehören. Nur Karin kümmerte sich ein bisschen um ihn. Sie wohnte zwei Häuser neben Filippo. Sie wußte, dass sein Vater arbeitslos war, dass er sich oft betrank und Filippo verprügelte.
»Überhaupt nix hat der Filippo kapiert«, rief Paul Richter nochmal. »Der macht zwei Christusse ans Kreuz. War doch bloß einer.«
Herr Franzheim ging zu Filippo. Tatsächlich, da hatte der Junge über den Körper am Kreuz einen zweiten, kleineren gelegt.
»Warum hast du das so gemacht, Filippo?« fragte Herr Franzheim. In der Klasse lachten einige.
»Nix kapiert«, sagte Paul zum drittenmal. Filippo schwieg einen Augenblick. Dann sagte er:
»Genau wie ich.«
Wieder lachten einige. Aber Herr Franzheim sagte: »Nun hört euch doch mal an, was Filippo dazu sagt. Vielleicht geht euch dann ein Licht auf.«
»Ich meine«, versuchte Filippo zu erklären, »ausgeschimpft, rumgeschubst, angespuckt. Genau wie ich.«

Es wurde sehr still in der Klasse. Filippo war verlegen geworden. »Und Frau Melchior hat gesagt: ›Er ist für uns alle gekreuzigt worden.‹ Für mich auch?«
»Ganz gewiss«, antwortete Herr Franzheim. »Für dich, für mich, für alle Menschen.«
Filippo ist ein paar Wochen später aus der Klasse verschwunden. »Sind weggezogen«, sagte Karin.
Aber Filippos Kreuz wurde aufgehängt und erinnert noch oft an jenen Jungen aus Portugal, der sich selbst wie Jesus ans Kreuz geschlagen sah.

Pfingsten 45

Biblischer Bezug: Römer 8,14: Alle, die sich vom Geist Gottes leiten lassen, die sind Gottes Kinder.

Kreativer Zugang: 111, 112, 152, 159, 207

Inhalt: Kinder üben Gemeinschaft mit einem, der in der Gesellschaft außerhalb steht. Das ist pfingstlicher Geist.

Ablehnung
Armut
Gefängnis
Geist
Gemeinschaft
Helfen
Miteinandersprechen
Verleumdung
Verstehen

Platz für alle

Erzählung von Gina Ruck-Pauquèt

Auf unserer Bank sitzt einer«, sagte Ante. Ausgerechnet hinter dieser Parkbank hatten sie ihre Löcher zum Murmelspielen.
»U«, sagte Susanne. »Ist doch Platz genug für alle.«
»Wisst ihr, wer das ist?«, sagte Mali. »Der, der da sitzt?«
»Der blaue Hein«, sagte Florian.
»Der Knastbruder?«, fragte Ante. »Da geh ich nicht hin!«
»Warum nicht?«, fragte Florian.
»So'n Typ!«, sagte Ante. »Arbeitet nicht und säuft.«
»Wird dich schon nicht fressen«, sagte Florian.
»Wo sollte der auch arbeiten?«, sagte Susanne. »Den will doch keiner.«
»Weil er irgend was gemacht hat«, sagte Mali. »Geklaut oder so.«
»Dafür ist er doch bestraft worden«, sagte Florian. »Das ist längst vorbei.«
Ante fielen die Bonbons ein. Das war schon lange her. Aber er hatte mal im Supermarkt Bonbons geklaut.
»Jeder macht mal was«, sagte er.
»Na ja«, sagte Mali. »Aber wie der rumläuft!«
»Dem ist alles egal«, sagte Florian. »Wenn ihn doch keiner ansieht.«
»Glaubst du, dass er traurig ist?«, fragte Mali.
»Geld hat er nicht«, sagte Susanne.
»Ja, und was macht er dann?« fragte Mali.
Florian zuckte die Achseln.
»Irgendwann wird er vielleicht wieder kriminell werden. Er klaut was, oder so. Und dann stecken sie ihn wieder ins Gefängnis.«
»Ja, aber ...«, sagte Ante.
»Was können wir da schon tun?« fragte Susanne.
Florian steckte die Hand in die Jackentasche. Die Mur-

45 Pfingsten

meln fühlten sich glatt und warm an.
»Kommt«, sagte er. »Wir wollen spielen.«
»Wo?«, fragte Ante.
»Hinter unserer Bank«, sagte Florian. »Hinter der Bank, auf der der blaue Hein sitzt. Vielleicht macht's ihm Spaß, uns zuzusehen.«
»Ja«, sagte Mali. »Vielleicht spielen wir ein bisschen miteinander.«

46 Reformation

Ablass
Angst
Bibel
Erbarmen
Evangelische Kirche
Fegefeuer
Gnade
Hölle
Jesus (der Christus)
Leben
Luther

Biblischer Bezug: Römer 3,23: Alle sind schuldig geworden und haben die Herrlichkeit verscherzt, die Gott ihnen geschenkt hatte. Aber Gott hat mit ihnen Erbarmen und nimmt sie wieder an. Das ist ein reines Geschenk. Durch Jesus Christus hat er uns aus der Gewalt der Sünde befreit.

Kreativer Zugang: **185**

Inhalt: Gottes Gnade ist nicht käuflich. Sie ist freies Geschenk an den, der bereut, der glaubt. Um diese Grundkenntnis reformatorischer Theologie kreist die Erzählung.

Martin Luther

Erzählung von Dietrich Steinwede

Angst haben die Menschen vor 500 Jahren, Angst, dass sie wegen ihrer Sünden am Tag des Jüngsten Gerichtes in die ewige Verdammnis kommen, in den schrecklichen Höllenrachen. Daraus gibt es kein Zurück. Aber vor der Hölle gibt es das Fegefeuer, das Feuer der Reinigung. Und aus dem Fegefeuer kann die Seele nach dem Tode noch zurückkommen und den Weg zum Himmel finden.
Da ziehen Mönche durchs Land. Allen voran der Dominikaner Johannes Tetzel. Der predigt: »Kauft euch Zettel, Ablasszettel! Damit könnt ihr die Strafzeit im Fegefeuer verkürzen. Vom Papst sind diese Ablasszettel! Zahlt nur, zahlt! ›Sobald das Geld im Kasten klingt, die Seele aus dem Feuer springt‹!«
Die Menschen kommen in Scharen und kaufen und kaufen. Tetzel macht ein riesiges Geschäft. All das Geld soll für den Neubau der Peterskirche in Rom sein Der Papst will es so. Und der Papst ist der oberste Hirte in der Christenheit.
Der Mönch und Doktor der Theologie Martin Luther quält sich im Kloster in Wittenberg mit seinen Sünden. Er martert sich Tag und Nacht. Und auf den Knien fleht er zu Gott: »Hilf mir! Strafe mich nicht wegen meiner schrecklichen Sünden.«
Immer wieder liest Martin in der Bibel. Immer wieder sucht er dort Hilfe. Eines Tages kommt er an eine Stelle, die er schon oft gelesen hat.
Und heute ist es wie ein neues Sehen, wie ein Lichtblick von Gott, wie ein Sehen mit den Augen des Glaubens: Gott will mich ja gar nicht bestrafen. Gott will mir vergeben. Wenn ich nur glaube, dass er mir gut ist. Er ist ja ein gnädiger Gott, ein liebender Gott. Alle meine Werke nützen mir gar nichts. Allein der Glaube an Gottes Erbarmen, der ist wichtig.
Das ist wie eine Erlösung für Martin Luther, wie ein tiefes Aufatmen, wie ein ganz neues Leben. Eine Tür zu Gott tut sich für ihn auf.
Da weiß Martin Luther mit einmal:
All das mit den Ablasszetteln ist Unsinn. Man kann Gottes Gnade nicht kaufen. Man kann nur auf Gottes Erbarmen vertrauen. Man kann nur der Bibel vertrauen. Man muss nur glauben, dass hier die Wahrheit zu finden ist.
Und da fasst Martin Luther den Plan, die Bibel aus dem Griechischen und Hebräischen ins Deutsche zu übersetzen. Er will, dass alle Menschen in Deutschland die schöne Wahrheit des Evangeliums selbst lesen können.
Und noch anderes tut Martin Luther. Er schreibt 95 Sätze auf gegen den Ablasshandel. Er schreibt sie in lateinischer Sprache. Denn er will mit anderen Professoren darüber diskutieren.
Aber ganz schnell ist die Sache ins Deutsche übersetzt. Auf einem Plakat werden die 95 Sätze im Nu viele tausendmal gedruckt. Und sie verbreiten sich in zwei Wochen mit Windeseile in ganz Deutschland. Überall reden die Leute davon: »Endlich einer, der etwas tut gegen diesen Betrug mit den Ablasszetteln.«
Und da geschieht es, dass ganz viele Menschen zu denken und zu glauben beginnen wie Martin Luther. Sie wenden sich vom Papst ab und dem Evangelium zu. Sie glauben an das Erbarmen Gottes. Seitdem gibt es die Evangelischen, später die Evangelische Kirche.
Martin Luther hat die alte Kirche reformiert. Man nennt es die Reformation.
Bald gibt es noch andere Kirchen der Reformation, z.B. die reformierten Kirchen in der Schweiz.
Für Martin Luther steht Jesus Christus in der Mitte, der den Menschen die Gnade und die Liebe von Gott gebracht hat.

Biblischer Bezug: 5. Mose 28,11-12: Der Herr wird euch viele Kinder geben … Er wird euch einen Schatz auftun.

Kreativer Zugang: 169, 170

Inhalt: Du selbst bist der größte Schatz, den du finden kannst. Das erfahren Kinder, als ihnen aus der endlich gefundenen Schatztruhe ein Spiegel entgegenblinkt. Das vermitteln sie auch ihren Eltern.

Familie

Kinder

Lebensfreude

Schatz

Erzählung von Ulrich Walter

Wenn viele Kinder mit ihren Eltern in einem Tagungshaus mitten im Wald Urlaub machen, dann gehört eine Schatzsuche unbedingt dazu!
Also brachen die Kinder an einem sonnigen Nachmittag gemeinsam auf. Ihr Weg führte sie tief in einen wunderschönen Laubwald. Zuerst kamen sie an eine Quelle. Frisches Wasser sprudelte zwischen den Steinen hervor, gerade recht, um den Durst zu stillen und die Füße zu kühlen. Doch der Weg führte weiter zu einer Waldhütte. Dort stand ein Korb mit frischem Kuchen bereit. Und als sich die Kinder gestärkt hatten, zogen sie weiter. Am Rande einer Lichtung fanden sie eine geheimnisvolle Höhle.
Und tatsächlich, ganz hinten in der Höhle war ein Schatz versteckt, eine große Truhe mit einem schweren Deckel. Daneben stand ein großer Leuchter, auf dem eine Kerze flackerte. An der Höhlenwand war eine rätselhafte Schrift zu lesen: »Dieser Schatz birgt ein Geheimnis. Er ist nur sichtbar, wenn jedes Kind einzeln die Truhe aufmacht und hineinschaut. Und niemand darf das Geheimnis verraten!«
Es dauerte eine ganze Weile, bis die 20 Kinder nacheinander in der Höhle waren und in die Kiste geschaut hatten. Jedes Kind, das herauskam, guckte erst ganz erstaunt. Dann schaute es sich um und lachte geheimnisvoll.
Als schließlich alle Kinder in die Truhe geschaut hatten, konnte ein Junge seinen Mund nicht länger halten und sagte: »Na, ihr Schätzchen!«
Warum da alle loslachten? Ich darf es euch verraten.

In der Kiste lag ein großer Spiegel, und wenn die Kinder hineinschauten, sahen sie im Schein der Kerze in ihr eigenes Gesicht.
Einige waren ein wenig enttäuscht, doch dann fanden sie die Idee ganz spannend. »Meine Mama sagt manchmal auch zu mir: ›Du bist mein Schatz!‹«
Als sie zu den Eltern zurückkamen, da wollten sie natürlich gleich von ihrem Schatz erzählen. Aber die Eltern waren im Gespräch vertieft und fühlten sich von den Kindern gestört.
»Ich hab' im Moment keine Zeit für dich, mein Schatz!«, sagte die Mutter, als sie ihre Tochter wegschickte. Das fanden die Kinder unmöglich und beschlossen, heimlich eine Schatzsuche für ihre Eltern vorzubereiten.
Am nächsten Morgen mussten die Eltern ausgelegten Spuren folgen. Über Stock und Stein führte der Weg, bis sie zu der Quelle kamen. Da hing ein großes Plakat am Baum. »Liebe Eltern, vielleicht sind hier irgendwo kostbare Perlen versteckt. Trinkt von dem frischen Wasser, und überlegt, ob ihr weitersuchen wollt.«
Frisches Wasser trinken, das tat auch den Eltern gut, und eine Mutter fand dabei einen Beutel unter einem Stein. Darin waren Glasmurmeln, für jede Mutter und jeden Vater genau eine.

Nun waren die Eltern neugierig geworden, denn die Spuren führten weiter. In der Waldhütte fanden sie eine kleine Geldkassette, angefüllt mit einem Haufen Spielgeld, das die Kinder im Haus gefunden hatten. Unter der Kassette klebte ein Zettel… »Ist das der Schatz, den ihr sucht?« – »Nein, da gibt es bestimmt noch Besseres«, dachten die Eltern. Immer neugieriger folgten sie den Pfeilen bis auf eine Lichtung. »Und jetzt?«, fragte ein Vater. »Wo ist nun unser Schatz?«
Da kamen mit großem Gejohle 20 Kinder aus der Höhle, sprangen ihren Eltern in die Arme und riefen: »Hier sind wir!«
Spät am Abend, als alle Kinder im Bett waren, da haben die Eltern noch lange darüber nachgedacht. Gott hatte ihnen die Kinder geschenkt. Diesen Schatz wollten sie um nichts in der Welt hergeben.

Alternatives Leben

Anerkennung

Baum

Bewahren

Erfolg

Liebe

Natur

Fantasie

Tiere

Toleranz

Vorurteil

Weisheit

Zukunft

Biblischer Bezug: Psalm 8,7: Herr, du hast den Menschen zum Herrn gemacht über alle deine Geschöpfe. Alles hast du ihm unterstellt.

Kreativer Zugang: 143, **187, 188, 189,** 203

Inhalt: Der Großonkel Sepp lebt naturverbunden-alternativ. Er pflanzt Bäume für die Menschen. Er spricht mit den Bäumen. Sie sind ihm wie Kinder. Das vermittelt dem Großneffen Visionen für die eigene Zukunft.

Ich werd' mal so wie Onkel Sepp

Erzählung von Gudrun Pausewang

In der Schule bin ich schlecht, das muss ich zugeben. Mich interessiert eben nicht, wovon die Lehrer sprechen. Schnittmenge und Substantiv und H_2O und netto und brutto und Prozente und Achtelnoten und das ganze Zeug, unter dem man sich nichts vorstellen kann. Ich stelle mir gern was vor. Ich langweile mich nie, auch nicht in der Schule, weil ich mir immer was vorstelle. Aber in der Schule werde ich oft dabei gestört. Die Lehrer sind so aufdringlich. Sie können sich nicht daran gewöhnen, dass ich das, womit sie uns bedrängen, nicht für so wichtig halte wie sie. Immer wieder reden sie auf mich ein: Dass ich das alles unbedingt brauche für mein späteres Leben, für den Beruf und so. Ohne gute Leistungen kein gutes Zeugnis, ohne gutes Zeugnis keine Lehrstelle, ohne Lehrstelle keinen Arbeitsplatz, ohne Arbeitsplatz kein Geld, kein Ansehen, keinen Lebenssinn. Na, das Übliche.

Aber die Lehrer sind nur in diesem Lernkram so aufdringlich. Vielleicht würde ich mir noch Mühe geben, sie zu verstehen, wenn sie mir mal übers Haar streichen oder mir die Hand auf die Schulter legen würden. Oder wenn sie Michi statt Michael zu mir sagen würden. Wenn sie so zu mir wären, wie Onkel Sepp zu seinen Bäumen ist.

Ich brauche das alles nicht, was ich in der Schule lernen soll. Ich hab auch keine guten Noten nötig. Ich weiß doch schon längst ganz genau, was ich machen werde, wenn ich groß bin. Das ist es ja, was ich mir in der Schule immer vorstelle, und ich stelle mir's gern vor, weil's so schön ist: Ich werde mein Leben lang Bäume pflanzen.

Ich hab doch den Onkel Sepp in Bellenbach, der ist mein Großonkel. Bei dem bin ich immer in den Schulferien. Der freut sich auf mich und ich freu mich auf ihn. Wenn mich da einer hindern wollte, in den Ferien hinzufahren, dem würde ich an die Kehle springen! Aber meine Eltern haben gar nichts dagegen, dass ich zu ihm fahre. Da haben sie ihre Ruhe. Ich strapaziere sie nämlich zu sehr und ich enttäusche sie immer wieder. Das kriege ich bei jeder Gelegenheit zu hören.

Der Onkel Sepp, der hält viel von mir und mag mich. Darin ist er so ziemlich der Einzige. Und ich bin auch wohl der Einzige, der viel von ihm hält und ihn mag. In Bellenbach sagen sie, er hätte eine Meise und er sei nicht ganz bei Trost und er leiste nichts und hätte seinen Hof verlottern lassen. Faul und verrückt. Jedenfalls nicht so wie die anderen Leute.

Ich kenne ihn besser als die Bellenbacher. Er ist weder ein Faulpelz noch ein Idiot. Er will sich nur nicht so abrackern und stressen lassen. Er sagt, dazu sei das Leben viel zu schade. Und er sagt, es gäbe viel wichtigere Dinge als den Arbeitslohn und was man sich damit kaufen kann. Und Wichtigeres als das Ansehen. Da ließe er sich nicht hineinreden, egal, was sie von ihm dächten.

Er hat ein Bein ab. Das ist im letzten Krieg passiert. Jetzt hat er ein Holzbein und kriegt eine Rente. Und er hat ein kleines Haus mit einem Stall und einer Scheune im Tal zwischen Bellenbach und Kasparshausen, ganz einsam. Nicht einmal eine Straße geht dort durch, nur ein breiter Feldweg.

Onkel Sepp hat vor vielen Jahren eine Frau und ein Kind gehabt. Einmal wollte ihn die Frau mit dem Kind besuchen, als er wegen dem Bein im Lazarett lag. Aber auf der Fahrt dorthin ist ihr Zug von einer Bombe zerfetzt worden, gerade als er in einem Bahnhof hielt. Seitdem hat der Onkel Sepp nicht mehr geheiratet.

Es ist ziemlich unordentlich bei ihm, das muss man zugeben. Sein Bett macht er so gut wie nie und er trinkt immer nur aus der gelben Tasse. Die schwenkt er jedesmal nur unter dem Wasserhahn aus und fertig. Seine Kleider riechen auch nicht gerade nach einem guten Waschmittel. Doch, doch, manchmal macht er große Wäsche, an sonnigen, windigen Tagen. Dann wäscht er gleich einen ganzen Haufen Wäsche auf einmal, auch alles, was er anhat, außer der Unterhose. Sogar manchmal auch die, im Hochsommer. Dann läuft er ganz nackt herum, bis die Wäsche wieder trocken ist. Das macht ihm gar nichts aus.

In seinem Haus sei noch alles so wie vor vierzig Jahren, sagt er. Richtig gemütlich, mit einem Fußboden aus Holzbrettern und einem Kochherd mit einem langen Rohr quer durch die Küche. Auf dem Dachboden hat er eine Wanne stehen, weil's bei Regen durchtropft. Er traut sich nicht mehr aufs Dach. Ihm wird schwindlig. Weil er doch schon über siebzig ist. »Das kannst du dir später selber reparieren«, sagt er.

Ja, das hab ich fest vor. Und neu verputzen will ich das Haus auch, denn der Mörtel bröckelt schon.

Im Stall standen früher mal fünf Kühe. Jetzt hat er nur

noch zwei Ziegen. Aber was für Ziegen! Malchen und Kathrinchen. Sie sind gut genährt und haben ein glattes Fell und sie genießen es, wenn er sie unterm Kinn kitzelt. »Meine Frauen«, nennt er sie.
Außer den Ziegen hat er nur noch Bienen. Drei Bienenstöcke hinterm Haus. Den ganzen Frühling und Sommer über schwärmen Onkel Sepps Bienen zwischen den Schmetterlingen und Libellen um die Hekken und über die Auwiesen. Er sagt, schon seit vielen Jahren sei er von keiner Biene gestochen worden. »Wie einer zu ihnen ist, so sind sie zu einem«, meint er.
Das ganze Tal von Bellenbach bis fast nach Kasparshausen gehört ihm. Über zwei Kilometer Auwiesen rechts und links vom Bach bis an die Feldränder. Die Felder, die noch dazugehören, hat er schon vor langer Zeit verkauft oder verpachtet. Aber die Auwiesen hat er nicht hergegeben. Die hätte auch niemand haben wollen. Denn für die Leute aus Bellenbach oder Kasparshausen taugen sie nichts. Sie sind feucht und stehen in jedem Frühjahr ein paar Tage unter Wasser. Schilf und Binsen wuchern darauf und auch Wollgras gibt's da. An den Bachufern wachsen Erlen und Weiden. Auf beiden Talseiten geht ein leichter Hang hinauf. Am Wiesenrand, dort, wo die Felder anfangen, ziehen sich dichte Hecken entlang. Da kommt niemand so leicht durch, denn da wächst Stachliges: Himbeeren, Brombeeren, Weißdorn, Heckenrosen. Und viele Birken und Fichten und Eichen und Eschen stehen dazwischen. Ja, und die Haselsträucher nicht zu vergessen. Die Hekken sind voller Vogelnester und Igel und Wildkaninchen und in den Auwiesen wimmelt es nur so von Fröschen und Kröten und Wildenten. Manchmal stehen Störche oder Reiher im Schilf. Und Ringelnattern gibt es auch.
Onkel Sepp schießt weder Wildkaninchen noch Wildenten. Er hat kein Gewehr. Er sagt, er hätte im Krieg für sein Lebtag genug schießen müssen. Und er erlaubt auch niemand anderem, auf seinem Anwesen zu jagen oder Tiere zu fangen. Nur solche Leute lässt er drauf, die Tiere beobachten wollen. Vor ein paar Jahren hat er seine Ziegenlämmer noch geschlachtet, aber das macht er jetzt auch nicht mehr. »Ich bring's nicht mehr übers Herz«, sagt er. »Wie könnte ich danach das Kathrinchen unterm Kinn kraulen?« Er verschenkt sie: an ziegenliebe Familien oder an das Kinderheim in Breckendorf, das auch eine kleine Landwirtschaft hat. »Wenn sie alt sind – gut, dann müssen sie sterben«, sagt er. »Aber sie sollen wenigstens ein Ziegenleben lang gelebt haben.«
Er hat nicht nur Bäume in seinen Hecken und Wiesen. Hinter dem Haus hat er auch einen Obstgarten: drei Pflaumenbäume, drei Kirschbäume, vier Birnbäume und fünf Apfelbäume. Im Herbst helfe ich ihm immer ernten. Das ist das reinste Fest. Ich klettere in den Ästen herum und pflücke, und er nimmt mir vorsichtig ab, was ich ihm reiche.
Sie tragen nicht immer gleich viel, Onkel Sepps Obstbäume. Aber die Ernte ist jedesmal so groß, dass Onkel Sepp noch eine Menge Obst verkaufen kann. Viele Leute kaufen Obst bei ihm. Es ist wirklich wunderschönes Obst. Ich weiß auch, warum er das schönste Obst in der ganzen Umgebung hat: Er geht nämlich den ganzen Sommer lang immer wieder von Baum zu Baum, tätschelt jeden Stamm und sagt: »Brav, brav, mein Lieber«, und wenn dem alten Boskop fast die Äste brechen, so überladen, wie er meistens ist, stützt ihn der Onkel Sepp ab und murmelt dabei: »Ja, ja, bist ein Guter. Übernimm dich nur nicht, alter Freund.«
Seine Lieblinge aber sind die jungen Obstbäume, die er selber aus Schösslingen gezogen und gepfropft hat. Ganze Reihen hat er davon. Er macht nie Reklame. Aber nicht nur von Bellenbach und Kasparshausen kommen Leute, die junge Obstbäume haben wollen. Sie kommen zu ihm, weil sie hoffen, später mal genauso gutes Obst ernten zu können, vor allem aber, weil er kein Geld für die Bäume verlangt. Er stellt nur eine Bedingung: Er selber will sie pflanzen. Und so holen sie ihn samt den jungen Bäumen ab und fahren ihn zu ihren Gärten. Aber es ist schon oft vorgekommen, dass er ein Bäumchen wieder heimbrachte, ohne es zu pflanzen. Denn er pflanzt seine Bäume nur dorthin, wo sie Platz und Licht und die Erde haben, die ihnen bekommt. Darin lässt er sich nicht beschwatzen.
Manchmal gab's deshalb schon richtigen Krach, zum Beispiel mit dem Besitzer des Supermarktes in Kasparshausen. Der wollte einen Apfelbaum zwischen Wohnhaus und Garage geklemmt haben, noch dazu in purem Bauschutt. Aber er konnte dem Onkel Sepp nichts anhaben, weil der ja kein Geld für den Baum genommen hatte. Nur hat er ihn aus Wut nicht heimgefahren. Der Onkel Sepp hat mit dem Baum zu Fuß heimwandern müssen, mit dem Holzbein. Aber mit dem kann er fast so gut laufen wie mit seinem echten.
»Du bist schon ein verrückter Kerl«, hat einmal der Postbote zu ihm gesagt: »Was könntest du für ein Geld machen mit deiner Obstbaumzucht, wo du schon eine so gute Hand für Bäume hast!«
»Würdest du deine Kinder verkaufen? Für Geld?«, antwortete ihm der Onkel Sepp.
»Das ist doch was ganz anderes«, sagte der Postbote.
»Was dir deine Kinder sind, das sind mir meine Bäume«, meinte der Onkel Sepp.
Da schüttelte der Postbote nur noch den Kopf. Aber ich verstand ihn, den Onkel Sepp. Und je älter ich werde, um so klarer wird mir, dass er der einzige normale Mensch ist unter lauter Verrückten. Ich finde es zum Beispiel gar nicht verrückt, dass er sich über die frischgepfropften Bäumchen beugt, mit den Fingerspitzen über die Pfropfwunden streicht und leise sagt: »Die Natur macht's schon, mein Kleiner. Du musst nur den Willen dazutun.«
Ich finde es auch nicht verrückt, wenn er im zeitigen Frühjahr mit dem Spaten an seinen Hecken und Bachufern entlanggeht und Schösslinge ausgräbt – ganz behutsam, um die Wurzeln so wenig wie möglich zu verletzen. Dann ist er tagelang unterwegs in der ganzen Umgebung und pflanzt Bäume. Er pflanzt sie in kahle Hänge neben den Straßen, auf Feldraine, sogar an Wegränder mitten in den Dörfern. Er pflanzt sie überall hin, wo einmal Bäume waren oder wo sie schön aussähen oder wo man dankbar wäre für ihren Schatten. Er pflanzt Erlen an Bachufern und Birken an Spazierwege, Ei-

chen an den Rand des langweiligen Fichtenwalds und Kiefern in die sandige Böschung, in die das letzte Unwetter tiefe Furchen gezogen hat.
Im Spätherbst macht er das Ganze noch einmal. Zweimal im Jahr. In den Herbstferien und in den Osterferien, wenn sie früh liegen, helfe ich ihm dabei. Ich trage ihm die Schösslinge und darf auch schon pflanzen. Es hat lange gedauert, bis er mir das Pflanzen erlaubt hat. Ich war ihm anfangs zu grob mit den Wurzeln umgegangen.
»Behandle den Baum so, als sei er du«, hat er mal zu mir gesagt.
Er fragt nicht danach, wem das Land gehört, in das er seine Bäume pflanzt. Meistens gehört es irgendwelchen Bauern, aber manchmal auch dem Staat oder der Gemeinde oder einer Immobiliengesellschaft. Über die Hälfte seiner Bäume werden wieder herausgerissen, abgeschnitten, zertrampelt, verschüttet. Aber fast die Hälfte bleibt stehen und wächst an. Denn vielen Leuten ist es egal, was auf ihren Wiesen, ihren Wegrändern, ihren Rainen wächst, und es gibt auch Leute, die sich über Onkel Sepps Bäumchen freuen. Bäume pflanzen, das kostet ja Zeit und Geld. Wenn's einen Verrückten gibt, der's gratis für einen macht – na bitte schön!
»Schau«, sagt der Onkel manchmal zu mir, »ich bin der Vater von dieser Hecke und dort die drei Birken stammen auch von mir.«

Schon fast zwanzig Jahre lang pflanzt der Onkel Sepp Bäume und seine Bäume pflanzen sich wieder fort. Jetzt wachsen schon überall in der Umgebung von Bellenbach und Kasparshausen mehr Bäume und Sträucher als rund um die anderen Dörfer, die weiter weg liegen. Richtig freundlich sieht's da jetzt aus.
»Lieblich«, hat ein Tourist unsere Landschaft genannt. Das hat der Postbote dem Onkel Sepp erzählt.
Früher hat der Onkel Sepp oft Scherereien mit den Bellenbachern und Kasparshausenern gekriegt, wenn er seine Bäume pflanzte. Manchmal wurden sogar die Hunde auf ihn gehetzt. Aber nie hat ihn ein Hund gebissen. Er redet nämlich mit ihnen. Dann lassen sie sich von ihm sogar streicheln. Wenigstens die meisten.
Seit Bellenbach aber den Preis im Wettbewerb *»Unser Dorf soll schöner werden!«* bekommen hat, sehen die Leute Onkel Sepps Bäume auf einmal anders. Weil doch das Dorf jetzt so richtig im Grünen liegt. Der neue Bürgermeister hat den Onkel Sepp in einer Sitzung des Ortsverschönerungsvereins gelobt und hat gesagt, einen guten Teil des Preises hätte das Dorf ihm zu verdanken. Und man solle ihn nur ja auch weiterhin seine Bäume pflanzen lassen, ja man solle ihm das nachmachen!
Ich glaube nicht, dass ihm das viele Bellenbacher und Kasparshausener nachmachen werden. Es ist ihnen zu mühsam. Und wenn sie's auch täten, so wär's wohl nur dafür, dass sie mehr Sommerfrischler ins Dorf kriegen. Sommerfrischler bringen Geld. Wenn sie's aber nur wegen des Geldes tun, dann werden wohl nicht viele von ihren Bäumchen anwachsen. Denn die spüren das, sagt der Onkel Sepp.
Mir ist es egal, ob Touristen nach Bellenbach und Kasparshausen kommen. Bei mir wachsen sie jedenfalls an, die Schösslinge. Zwischen den beiden Dörfern, wo die Landstraße oben am Berg die große Doppelkurve macht, wuchert schon eine richtige kleine Hecke von mir. Die hab ich gepflanzt, als ich neun Jahre alt war. Jetzt bin ich dreizehn.
Noch fünf Jahre, dann kann ich machen, was ich will. Dann zieh ich zum Onkel Sepp und lass mich, wenn's sein muss, von der ganzen Welt für faul und verrückt erklären. Ich werde weiterpflanzen, wenn der Onkel Sepp nicht mehr kann. Ich werde weit über die Gemarkung von Bellenbach und Kasparshausen hinauswandern, in die vielen Dörfer, die nie einen Onkel Sepp gehabt haben, und werde auch dort die Landschaft »lieblich« machen. Vielleicht werden bis dahin auch die Kasparshausener und die Bellenbacher soweit sein, dass sie Bäumchen pflanzen, ohne über die Mühe und die verlorene Zeit zu knurren. Vielleicht hat sich bis dahin die ganze Welt geändert, so dass sie dem Onkel Sepp ein Denkmal setzt, ein hohes aus Marmor mit Stufen und Sockel. Auf dem steht dann vielleicht:

DEM
GROSSEN
ONKEL SEPP,
DER AUCH MIT DER STUMMEN KREATUR
ZÄRTLICH UMGING,
IN DANKBARKEIT
UND ZÄRTLICHKEIT!

oder noch geschwollener, wie solche Denkmal-Texte eben sind.

Biblischer Bezug: Matthäus 6,26: Seht euch die Vögel an. Sie säen nicht, sie ernten nicht, sie sammeln keine Vorräte – aber euer Vater im Himmel sorgt für sie.

Kreativer Zugang: 143, 160, **187**

Inhalt: In vollkommener Nähe und Liebe lebt die uralte Tante Ada zu den Vögeln, denen sie täglich ihr Futter streut.

Alter
Erinnerung
Geschenk
Kinder
Kreatur
Liebe
Nahesein
Warten

Tante Ada und ihre Vögel

Erzählung von Gianni Rodari

Als die alte Tante Ada sehr alt geworden war, ging sie ins Altersheim, in ein kleines Zimmerchen mit drei Betten, wo schon zwei andere Frauen wohnten, die genau so alt wie sie waren. – Die alte Tante Ada wählte sich gleich einen Lehnstuhl am Fenster aus, setzte sich und bröselte einen trockenen Zwieback auf das Fenstersims.

»Gut so, dann bekommen wir Ameisen«, brummten die anderen zwei alten Mütterchen.

Aber aus dem Garten, der das Altersheim umgab, kam ein Vogel hergeflogen, pickte die Krümel mit dem besten Appetit auf und flog wieder davon.

»Na also«, murrten die zwei Alten, »was habt Ihr nun davon? Hat alles aufgepickt, und damit ist er weggeflogen. Genau wie unsere Kinder, die in die weite Welt hinausgeeilt sind, wer weiß wohin, und die an uns, die wir sie doch aufgezogen haben, überhaupt nicht mehr denken.«

Die alte Tante Ada erwiderte nichts darauf, aber jeden Morgen zerkrümelte sie einen Zwieback auf dem Fenstersims, und der Vogel kam und pickte alles auf, immer zur gleichen Zeit, pünktlich wie ein Mittagsgast, und wehe, wenn sein Zwieback einmal nicht bereit war! Man muss gesehen haben, wie nervös er dann wurde.

Nach einigen Wochen brachte der Vogel seine Jungen mit, denn er hatte sich ein Nest gebaut und vier Junge bekommen, die jetzt auch voller Eifer den Zwieback der alten Tante Ada aufpickten. Jeden Morgen kamen sie, und wenn sie nichts fanden, schlugen sie empört Lärm.

»Da sind die Vögel wieder«, sagten die zwei anderen Alten ein bisschen neidisch zu der alten Tante Ada. Dann eilte die, das heißt »eilen« konnte man das nicht gut nennen, sie trippelte vielmehr mit winzigen Schrittchen zu ihrer Kommode hin, zog einen Zwieback zwischen der Bonbontüte und der mit Kaffee hervor, während sie murmelte »Geduld, Geduld, ich komme schon ...«

»Ach«, sagten die anderen zwei, »wenn es genügen würde, einen Zwieback auf dem Fenstersims zu zerkrümeln, um unsere Kinder wieder heimzulocken! – Und Eure Kinder, Tante Ada, wo sind die?«

Das wusste die alte Tante Ada nicht mehr genau. Vielleicht in Österreich, vielleicht in Australien; aber sie ließ sich nicht aus der Ruhe bringen, sondern zerkrümelte ihren Zwieback für die Vögel und sagte zu ihnen:

»Esst, esst auf! Sonst habt ihr nicht genügend Kraft zum Fliegen nachher.«

Und wenn sie ihren Zwieback aufgepickt hatten, sagte sie: »Fort, fliegt weg! Auf was wartet ihr noch? Flügel sind zum Fliegen da.«

Die zwei anderen Alten schüttelten den Kopf und dachten, die alte Tante Ada sei ein wenig verrückt. Obwohl sie arm und alt war, fand sie noch etwas zum Herschenken und erwartete dafür gar keinen Dank.

Dann starb die alte Tante Ada, und ihre Kinder erfuhren erst später davon, so dass es sich für sie nicht mehr lohnte, zu ihrem Begräbnis herzureisen. Aber die kleinen Vögel kamen den ganzen Winter hindurch auf das Fensterbrett geflattert und schimpften laut, weil die alte Tante Ada ihnen ihren Zwieback nicht hinausgelegt hatte.

Afrika

Albert Schweitzer

Bewahren

Eine Welt

Leben

Töten

Vorbild

Biblischer Bezug: Römer 8,21-22: Die Kreatur sehnt sich mit uns und ängstigt sich. Aber sie wird frei werden zu einer herrlichen Freiheit.

Kreativer Zugang: 176

Inhalt: Du sollst nicht töten, auch nicht das kleinste Tier. Das erfährt ein Junge aus dem Elsass in Albert Schweitzers Lambarene von einer alten schwarzen Frau.

Hier wird nicht geschossen

Erzählung von Hans Hoffmann

Schon die Fahrt den Fluss hinauf war eine Wucht. Was sag' ich Fluss?! Der Ogowe ist ein dickarmiges Netz von Strömen, ein paar davon so breit wie der Rhein. Dazwischen kleine Seen. Der Steuermann des Motorschiffs muss höllisch aufpassen. Plötzlich ist da ein gewaltiger Wurzelklumpen vor dir, verfilzt, von blühenden Lianen überzogen. Um den muss man herum. Am Ufer gleiten Bäume aller Art vorbei: Palmen, dazwischen hochragende Bäume, die wie Fichten aussehen, dann wieder weite Flächen, auf denen mannshohe Stauden mit großen, fächerartigen Blättern stehen. Und dann erst die Tiere! Auf einem abgestorbenen Baum sitzt ein Reiher, über dem Wasser schweben kleine blaue und weiße Vögel. Wenn man genauer hinschaut, sieht man Schwänze von den Ästen herunterhängen. Das müssen Affen sein! Ja, es sind Affen. Jetzt sind sie wirklich in Afrika – das richtige Jagdgebiet für einen Jungen aus dem Elsass, nicht weit vom Rhein.

Und so ist es eine Selbstverständlichkeit, dass er gleich nach der Ankunft in Lambarene seine Schleuder aus dem Rucksack holt. Schließlich sind Hotels überall gleich langweilig, nur was für Eltern, nicht für Kinder.
Hugo will gerade auf einen Webervogel zielen, als ihm jemand von hinten die Schleuder aus der Hand zieht. »Nicht doch, cherí«, sagt eine dunkle Stimme. Hugo dreht sich um. Vor ihm steht eine alte schwarze Frau, klein, breit , mit hohen Backenknochen und schräggestellten Augen. Sie zieht Hugo an den Fluss, setzt sich und sagt zu ihm: »Setz dich zu mir.«

Sie nimmt die Schleuder und sagt: »Er wäre sehr traurig gewesen, wenn er dich mit dem Ding gesehen hätte. Er hat mir mal erzählt, als er sieben oder acht Jahre alt gewesen sei, habe ihn ein Freund zum Vogelschießen überredet. Doch dann läuteten die Kirchenglocken, und er erinnerte sich an das Gebot: Du sollst nicht töten! Da scheuchte er die Vögel weg und war glücklich, dass sie alle weiterleben durften.
Und einmal, als er Fuhrmann spielen durfte, hat er ein altes, müdes Pferd mit der Peitsche angetrieben. Als er dann vom Wagen stieg, sah er, wie die Flanken des Pferdes arbeiteten, und als er ihm in die müden Augen schaute, sagte er zu sich: Nie mehr will ich ein Tier quälen oder töten.«

»Von wem redest du?« fragt Hugo. Die Frau schaut ihn verwundert an und sagt: »Das weißt du nicht? Seid ihr denn nicht hierher gekommen, um zu sehen, wo er gelebt hat und wo er begraben liegt?« »Papa weiß das sicher«, stottert Hugo, »und Mama vielleicht auch ...« »Ich rede die ganze Zeit von Schweitzer, Dr. Albert Schweitzer, aus Günsbach im Elsass. Er hat mehr als 50 Jahre hier bei uns im Urwald gelebt. War das ein Mensch!! Komm mit!«

Sie führt ihn durch eine Hütte. Ein einfaches Bett mit Moskitonetz, ein paar medizinische Geräte. »Hier hat er die Kranken behandelt, und er hatte nichts dagegen, dass die ganze Familie bei den Kranken blieb, bis sie wieder gesund waren«, erzählt die Frau. »Und überall waren hier Tiere: Hühner, Affen, Katzen. Er hatte sie gern um sich, und wenn er Klavier spielte, dann lief ihm manchmal ein Tier über die Tasten, aber das störte ihn überhaupt nicht.« Sie gehen hinaus. Die Frau zeigt auf den Platz, der von einigen Ölpalmen gesäumt ist. »Hier hat er uns gepredigt«, sagt die Frau. »Immer waren Tiere mit dabei. Und glaub' nicht, dass er auf uns eingeredet hat, wenn er uns die Frohbotschaft Christi erklärte. Immer wieder unterbrach er seine Predigt und fragte uns, ob wir etwas gegen seine Worte einzuwenden hätten. Wir antworteten im Chor, das, was er uns verkündigte, sei gut und richtig. Denn er hat nicht nur von Liebe geredet, er hat sie auch gezeigt, anders als die weißen Jäger, Kaufleute und Jäger, die nichts im Kopf hatten, als uns auszuplündern, und uns ›primitive Nigger‹ schimpften. Er dagegen war uns wie ein Bruder. Er hat gesagt: ›Für jeden Weißen, der die Afrikaner ausplündert, muss ein Weißer nach Afrika gehen, um den Afrikanern Gutes zu tun‹.«

Vor seinem Grab sagt sie: »Dabei hätte er drüben in Europa ein feines Leben haben können.
Schließlich war er ein berühmter Gottesgelehrter, Arzt und Orgelspieler, und er hat viele Bücher geschrieben. Er hat mir einmal gesagt: Rosi, ich habe eine so glückliche Kindheit gehabt, dass ich undankbar gewesen wäre, wenn ich nicht nach Afrika gegangen wäre, um Notleidenden zu helfen und sie ein bisschen frohzumachen.«
Rosie geht zu dem Platz rechts neben dem neuen Hotel hinüber und setzt sich auf einen umgehauenen Oliven-

baum. Am Abend sitzt sie immer noch da. Hugo geht zu ihr und fragt: »Wartest du auf jemanden?«
»Nein«, antwortet Rosie. »Ich passe auf, dass man die paar Ölpalmen hier nicht auch noch umhaut. Der Besitzer des Hotels will hier einen Kinderspielplatz anlegen, und da stören ihn die Bäume.«
»Wieso?« fragt Hugo.

Ich weiß nicht«, erwidert Rosie und fährt fort: »Er, Dr. Schweitzer, hätte das nicht zugelassen. Weißt du, als wir mehr Platz brauchten für die Krankenstation, hat er die Palmenbäume mit den Wurzeln ausgraben und woanders einpflanzen lassen. Und nachdem er 1915 seine große Entdeckung gemacht hatte, wollte er nicht einmal mehr, dass wir einen Grashalm umknickten.«
»Welche Entdeckung?« will Hugo wissen.
»Auf einer Fahrt flussaufwärts hat er sie gemacht«, berichtet Rosie, »und was er entdeckt hat, ist dies: Der Mensch muss nicht nur den Mitmenschen achten und lieben, sondern alles, was mit ihm lebt: Tiere, Pflanzen, das Wasser, die Luft. Wenn eines davon Schaden leidet, leiden alle. Deshalb habe ich dir die Schleuder fortgenommen, und deshalb passe ich hier auf, damit sie die paar Palmen nicht auch noch umhauen.«

Segen 51

Biblischer Bezug: Sirach 39,22: Sein Segen fließt daher wie ein Strom. Wie eine Flut tränkt er den trockenen Boden.

Kreativer Zugang: 134, 187

Inhalt: Zur Verwunderung von Freunden und Freundin pflanzt Mali in die hinterste Ecke des Hofes einen Baum. Hoffnung auf Wachstum in karger Erde ist Hoffnung auf Segen.

Baum

Entschlossenheit

Hoffnung

Wachsen

Wasser

Zuversicht

Einen Baum pflanzen

Erzählung von Gina Ruck-Pauquèt

Mali machte in der hintersten Ecke vom Hof rum. Da, wo nur Dreck war. Ante saß auf einem Grasbüschel und schaute zu.
Florian und Susanne gingen auch hin.
»Was machst'n da?«, fragte Florian.
»Ich pflanze einen Baum«, sagte Mali.
»Der ist aber klein«, sagte Susanne.
Mali schwieg. Sie grub ein Loch. Sie warf die Erde auf einen Haufen und suchte die Steine heraus. Einmal war ein Regenwurm dazwischen. Den legte sie extra.
»Wo haste den Baum denn her?«, fragte Florian.
Mali schob alle Steine zusammen.
»Der war im Park auf dem Komposthaufen«, sagte der Ante.
Florian und Susanne setzten sich neben ihn. Das Loch war jetzt so groß wie eine Faust, und die Erde war gelblich und trocken. Mali grub weiter. Sie stieß auf ein verrostetes Blechstück und brauchte ihre ganze Kraft, um es herauszuholen. Tiefer unten war die Erde dunkler.
Mali nahm das Bäumchen und senkte es in das Loch. Die anderen schauten zu. Keiner sagte was. Mali hielt das Bäumchen mit der linken Hand fest. Mit der rechten Hand krümelte sie von der dunklen Erde rings um seine Wurzeln in das Loch hinein. Dann ließ sie das Bäumchen los und drückte die Erde an.
Sie ging einen Schritt zurück und betrachtete die Sache. Ante biss an seinen Fingernägeln herum. Das Bäumchen stand gerade. Mali schaufelte mit dem Rest der Erde das Loch zu. Dann trat sie die Erde fest. Zum Schluss bohrte sie mit dem Finger einen kleinen Gang und schob den Regenwurm hinein.
Dann holte sie in einer Blechdose Wasser aus der Tonne. Sie begoss die Wurzeln des Bäumchens, zog die Nase hoch und wischte sich die Hände an der Hose ab.
»Der ist aber klein«, sagte Susanne wieder.
Mali blickte alle der Reihe nach an.
»Ihr werdet schon sehen«, sagte sie.

Baum
Kinder
Malen
Schule

Biblischer Bezug: 2. Mose 4,11: Wer macht den Menschen sehend oder blind? Ich bin es, der Herr.

Kreativer Zugang: 158, **192**

Inhalt: Jeder sieht anders. Das erfahren die Kinder der Klasse, als sie alle dieselbe Pappel malen.

Ein Experiment

Erzählung von Hans Hoffmann

Ein paar Tage vor der Klassenfahrt sagt Frau Höld zu den Kindern: »Wisst ihr, was wir auch noch mitnehmen könnten? Zeichenblöcke und Wachsmalstifte.« Die Kinder finden das prima, denn erstens malen sie gern, und zweitens wissen sie, dass Malen das Lieblingshobby von Frau Höld ist. Also packen sie Zeichenblock und Wachsmalstifte mit ein. An einem schönen Sommertag sind die Kinder mit Frau Höld im Schwimmbad gewesen. Am Abend sitzen sie vor der Jugendherberge herum. Frau Höld sagt: »Wir haben den ganzen Tag herumgetollt. Wie wäre es, wenn wir jetzt ein bisschen in den langsamen Gang schalten würden?« Die Kinder wissen, das bedeutet Malen, und Malen bedeutet, dass sie noch nicht in die Betten müssen. Bald hat jeder Zeichenblock und Wachsmalstifte bereit. Aber was sollen sie malen?

Frau Höld zeigt auf einen Einschnitt in der Nähe der Jugendherberge, der wie ein riesiges V ist. Mitten in dieses V ragt eine hohe, schlanke Pyramidenpappel hinein. Frau Höld sagt: »Die wollen wir malen!« Jacqueline meint, sie würde lieber Mickymäuse malen, und Frank hätte gern ein Phantasie-Auto gemalt. Frau Höld sagt: »Das könnt ihr hinterher noch malen. Zuerst malen wir mal alle die Pappel da vorne. Mal sehen, wer sie am besten malt.« Frank seufzt: »Da kriegen wir 24-mal dieselbe Pappel. Wenn das nicht witzlos ist!« Frau Höld sagt: »Fangt einfach mal an.«

Sie schauen und malen. Dann und wann sieht ein Kind dem andern über die Schulter und lacht. Als alle fertig sind, sammelt Frau Höld die Zeichenblätter ein und legt sie in drei Reihen auf die Wiese. Die Kinder staunen. Sie haben erwartet, dass ein Bild dem andern gleicht, schließlich haben sie sich ja alle dieselbe Pappel genau angeschaut und sie dann gemalt. Aber kein Bild ist wie das andere.
Franks Pyramide sieht wie eine riesige Fackel aus, die gelb-rot zum Himmel lodert.
Nicoles Pyramide ist ein zarter, langer Stich mit ein paar winzigen Punkten an der Seite. Das sollen wohl die Blättchen sein.
Als Frau Höld auf Idzenitas Pappel zeigt, ruft Johann: »Die sieht ja genau aus wie der Turm einer Moschee!« Idzemita ist ein Waisenkind aus Sarajevo und Muslimin.

Johanns Pappel ragt wie eine Rakete in den Himmel.
Kathrin hat einen Baum so rund und dick wie eine Kugel gemalt, und Denise war eine Pappel zu wenig. Sie hat gleich zwei, schön nebeneinander, gemalt.
Die Kinder schweigen eine Weile, dann sagt Frank, der mit seinem Mund immer zuerst da ist: »Sieht ganz so aus, als ob wir blind sind.«

Biblischer Bezug: Epheser 5,19: Ermuntert einander mit Liedern, wie Gott sie euch eingibt. Singt und tanzt dem Herrn von ganzem Herzen.

Kreativer Zugang: 131, 132, **193, 194**

Inhalt: Kinder freuen sich an der Regenpfütze wie am Regenbogen. Sie müssen singen und tanzen.

Fröhlichkeit
Kinder
Lebensfreude
Lieder
Regenbogen
Spielen
Staunen
Stille
Tanzen
Zeichen

Vom Singen und Tanzen

Erzählung von Rolf Krenzer

Einmal hat ein Kind einen ganzen Vormittag lang gewartet, bis es endlich zu regnen aufgehört hat. Es wollte nicht mehr in der Wohnung bleiben. Nein, es wollte draußen mit seinen Freundinnen und Freunden spielen. »Jetzt spiele ich aber!« hat das Kind gerufen und wollte gleich hinauslaufen.
»Halt!« hat seine Mutter gerufen. »Warte noch! Es regnet immer noch ein bisschen. Erst wenn die Sonne hinter den Wolken hervorkommt, dann wird es nicht mehr regnen.«
Da hat das Kind am Fenster gestanden und gewartet und gewartet und gewartet, bis endlich die Sonne hervorkam.
»Jetzt darf ich aber hinausgehen!« hat da das Kind gesagt.
Da musste es vorher noch die Regenjacke und die Gummistiefel anziehen. Draußen waren jetzt nämlich überall große Pfützen. Und die Bäume und Sträucher, die Büsche und das Gras, alles war noch vom Regen nass.
»Ich gehe zum Spielplatz«, hat das Kind gesagt und ist losgelaufen.
Als es zum Spielplatz kam, waren seine Freunde nicht da.
Da ist das Kind gleich zurückgelaufen und hat bei seinen Freunden und Freundinnen an der Haustür geklingelt.
»Es ist doch noch so nass!« haben die Mütter gesagt. »Das Gras und die Büsche!«

Wir gehen doch zum Spielplatz!« haben die Kinder gesagt und da durften alle loslaufen. Vorher mussten alle noch ihre Gummistiefel und die Regenjacken anziehen. Und der dicke Willi musste sogar noch einen Schirm mitnehmen.
Als sie dann zum Spielplatz kamen, war dort eine riesengroße Pfütze. »Juchhu!« haben die Kinder da gerufen und sind mit ihren Gummistiefeln mitten hinein in die Pfütze gelaufen. Das war schön!
Sie sind immer wieder mitten durch die Pfütze gesprungen und haben viel Spaß gehabt, als sie dazu noch den Regenschirm aufgeklappt haben.
Sie waren so froh und ausgelassen, dass sie beim Springen und Herumplantschen noch laut gesungen haben:
»Durch die Pfützen flitzen,
dass die Pfützen spritzen,
ist das Schönste, was es gibt!«
Sie sind mitten durch die Pfütze gesprungen. Dann haben sie sich an den Händen angefasst und sind in einer langen Kette durch die Pfütze gelaufen. Wie ihnen das so viel Spaß gemacht hat, haben sie sich an den Händen angefasst und sind in der Pfütze herumgetanzt.
Dann haben die Kinder auf einmal den großen Regenbogen am Himmel gesehen. Er reichte über den ganzen Spielplatz und noch viel, viel weiter. Bis hin zu den Bergen und zum Wald.
Es hat noch ein ganz bisschen geregnet, doch die Kinder haben es nicht bemerkt. Aber die Sonne war auch da und hat hell und warm vom Himmel heruntergeschienen.
Und dann hat das Kind entdeckt, dass sich ein Stückchen Regenbogen in der Pfütze spiegelt.
Da sind die Kinder ganz still geworden und haben immer wieder hinauf zum Himmel und dem Regenbogen geblickt. Dann haben sie über den Regenbogen in der Pfütze gestaunt.
Dann aber haben sie sich an den Händen gefasst und sind nach Hause gelaufen.
»Seht nur, den wunderschönen Regenbogen!« haben sie gerufen. Sie haben ein Regenbogenlied gesungen und einen Regenbogentanz getanzt.

Ihre Eltern sind herausgekommen und haben sich auch über den Regenbogen gefreut. Und Rebekkas Mutter hat erzählt, dass der Regenbogen ein Zeichen Gottes ist. Rebekkas Mutter ist Pastorin. »Gott ist immer bei uns!« hat sie gesagt. »Und der Regenbogen ist das Zeichen dafür, wie lieb Gott uns hat! Deshalb dürfen wir uns immer wieder neu freuen und singen und tanzen und lachen!«
Da haben sich die Kinder wieder angefasst und haben noch einmal ihr Regenbogenlied gesungen. Und die Großen haben gelacht und mitgesungen. Aber nicht so laut wie die Kinder.
Und keiner hat über die schmutzbespritzten Jacken und Gummistiefel geschimpft. Als der Regenbogen nicht mehr zu sehen war, haben sie alle im Sonnenschein zusammengestanden.
Sie haben laut miteinander gesprochen und viel zu erzählen gehabt. Die Kinder haben immer weiter gesungen und getanzt. So froh waren sie an diesem Tag.

Bibel
Erinnerung
Hoffnung
Menschenwürde
Mut
Sklaverei
Spiritual
Traurigkeit

Biblischer Bezug: Jakobus 5,13: Hat einer von euch Schweres zu ertragen? Dann soll er beten! Ist jemand guten Mutes? Dann singe er Psalmen!

Kreativer Zugang: 144, 145, 216

Inhalt: Wie aus der Traurigkeit und Wut, aber auch aus der Bibelverbundenheit der Sklaven die Spirituals entstanden.

Trost im Singen

Erzählung von Dietrich Steinwede

Ich möchte euch heute von den schwarzen Menschen erzählen, die man in ihrer afrikanischen Heimat einfing, in Ketten legte, auf Schiffen über den Ozean verfrachtete und in Amerika, in den USA, auf dem Markt als Sklaven verkaufte. Das war brutal. Das war menschenunwürdig. Aber viele weiße Menschen haben es getan. Über viele, viele Jahrzehnte, ja Jahrhunderte hinweg. Aus Profitgier, aus Geldgier. Denn ein schwarzer Sklave oder eine schwarze Sklavin brachte viel Geld auf dem Sklavenmarkt. Sie waren menschenverachtend, diese Sklavenhändler, diese Sklavenverkäufer.

Was geschah mit den afrikanischen Sklaven in den USA? Viele von ihnen wurden von reichen Plantagenbesitzern gekauft. Und die beuteten sie aus. Sie ließen ihre Sklaven von frühmorgens – tagsüber in glühender Hitze – bis spät in die Nacht auf ihren Baumwollplantagen arbeiten. So, dass sie kaum atmen konnten. Härteste Arbeit und wenig zu essen. Und wer nicht spurte, der wurde von Aufsehern vorangeprügelt.

Die Sklaven hatten ihre Freiheit als Menschen verloren. Sie waren Eigentum ihrer Herren. Sie waren ihren Sklavenhaltern auf Gedeih und Verderb ausgeliefert. Sie waren nicht mehr als ein Stück Vieh. Die Herren konnten mit ihnen machen, was sie wollten. Sie konnten ihre Sklaven auch totschlagen – und kein Hahn krähte danach. Manche Herren ließen ihre Sklaven nachts anbinden, damit sie nicht wegliefen. Gelang einem dennoch die Flucht, so wurde er meist bald wieder eingefangen. Und dann regierte die Peitsche. Immer wieder harte Schläge über den nackten Rükken, bis das Blut in Strömen herunterlief.

Unendliches Leid mussten die Sklaven erdulden. Glaubst du, dass manche sich lieber den Tod wünschten? Doch etwas gab es, daran konnten sie sich festhalten. Es schenkte ihnen Trost und Mut zum Überleben. Was das war?: Ihre Lieder!

Sie sangen sie auf Englisch. Denn diese Sprache hatten sie von ihren Peinigern erlernt. Sie sangen sie bei ihrer Arbeit auf den Feldern. Die Herren dachten: Lasst sie nur singen, dann arbeiten sie gut. Sie sangen sie auch in der Kirche. Denn ihre Herren, diese Sklavenschinder, hielten sich für gute Christen. Und deshalb sollten auch ihre Sklaven Christen sein und in die Kirche gehen. Und dort sangen sie – sie waren gute Christen geworden –, sangen, sangen aus vollem Herzen.

Woher sie ihre Lieder (die Texte zu ihren Liedern) nahmen? Du wirst es nicht glauben: Aus der Bibel! Denn viele Schwarze hatten auch gelernt, die Bibel der Weißen zu lesen. Und was sie in der Bibel fanden, das machte sie froh. Sie fanden Gedichte, Psalmen, z.B. Psalm 137:

An den Wasserflüssen Babels saßen wir und weinten sehr. Und das Wasser trägt die Tränen näher zum gelobten Land.

Ach wir sehnen und wir wünschen uns nach Haus, in unser Land, nach Jerusalem, der schönen, nach der Stadt, in der Gott wohnt.

Doch der Tempel ist zerbrochen, und die Stadt ist ganz zerstört. Gottes Volk lebt in der Fremde, ist gefangen in der Fron.

Bitter ist das Brot in Babel. Und der Spott der Wächter schmerzt. Wir sind Knechte. Wir sind Sklaven: Komm, o Herr, und mach uns frei! (nach Psalm 137,1-6)

Die Gefangenschaft der israelitischen Menschen damals in Babylon und die Gefangenschaft der afrikanischen Sklaven in den USA – es war ein und dasselbe. Genauso bitter war das Brot vor tausenden von Jahren in Babylon, wie das harte trockene Brot der Knechtschaft, das sie in Amerika zu essen bekamen. Israel, das gelobte Land, und Afrika, das Land ihrer Heimatsehnsucht – es war ein und dasselbe. Ihr Wünschen war wie das Wünschen damals. Ihr Weinen war wie das Weinen damals. Sie lebten in der Fremde, in der Fron, wie das Volk Israel damals.

Und sie fanden eine Melodie zu diesem Psalm, die schwarzen Sklaven in Amerika. Und die Melodie hatte etwas zu tun mit den Melodien ihrer afrikanischen Heimat, voller Rhythmus, voller Beschwingtheit und doch zugleich ganz traurig, voller Wehmut. Und sie sangen diese Melodie auf den Feldern und in ihrem Gottesdienst. Und es geschah, dass die Schwarzen in Amerika immer neue Lieder in der Bibel fanden und immer neue Melodien dazu sangen. ›Spirituals‹ heißen diese Lieder. Das hat etwas mit ›spirit‹ zu tun, dem englischen Wort für ›Geist‹. Es sind ›geistliche‹ Lieder, diese Spirituals, geboren aus der Not, dem Schmerz, der Trauer, der Sehnsucht, geboren aus einer nie versiegenden Hoffnung.

Überall bekannt wurden diese Lieder. Und dann geschah es, dass auch weiße Menschen sie zu singen begannen, erst in Amerika und dann auch in Europa, hier bei uns. Denn auch bei uns ist mancher in innerer Unfreiheit, bedrückt und zerschlagen. Und dann kann es sein, dass ein Spiritual ihn tröstet, solch ein Sklavenlied voller Hoffnung auf jenes himmlische Jerusalem: »Komm, o Herr, und mach uns frei!«

Biblischer Bezug: Markus 4,39: Und es wurde eine große Stille.

Kreativer Zugang: 160, 190, **194**

Inhalt: Immer wieder innezuhalten, stille zu werden, ist wichtig. Nicht nur der Mensch tut das, auch Gott.

Gebet

Gedenken

Gott

Hilfe

Meditation

Mensch

Segen

Verweilen

Stille

Ohiyesa, ein Dakota-Indianer

Alles, was sich bewegt, hält von Zeit zu Zeit hier und dort inne.
Der Vogel fliegt umher und hält an einem Ort inne, um sein Nest zu bauen,
und an einem anderen Ort, um sich auszuruhen.
Ein Mann, der einherschreitet, hält inne, wann er will.
So hat auch der Schöpfer innegehalten. Ein Ort, wo er seine Wanderung unterbrach, ist die Sonne, die leuchtende, schöne.
Auch beim Mond, bei den Sternen und bei den Winden ist er gewesen.
Wo Bäume wachsen und Tiere leben, hat er verweilt.
Und der Indianer gedenkt dieser Plätze und sendet seine Gebete dorthin,
um den Ort zu erreichen, wo der Schöpfer innegehalten hat,
um von dort Hilfe und Segnung zu erlangen.

Biblischer Bezug: Markus 8,11: Die Pharisäer fingen ein Streitgespräch mit ihm an.

Kreativer Zugang: **196,** 201

Inhalt: Es gibt schlimme Streitereien, aber die ernsthafte Auseinandersetzung ist auch ein gutes Streiten.

Auseinandersetzung

Diskussion

Kinder

Lernen

Regeln

Versöhnen

Was man alles miteinander tun kann

Erzählung von Lene Mayer-Skumanz

Der Religionslehrer fragt die Kinder: »Was kann man alles miteinander tun?«
»Spielen«, sagt Susi.
»Probieren wir's?« fragt der Lehrer.
Sie spielen »Blinde Kuh«. Der Lehrer darf auch einmal die »Blinde Kuh« sein.
»Das war lustig«, sagt Kathi.
»Wir können sehr gut miteinander spielen«, sagt der Lehrer. »Was könnte man noch miteinander tun?«
»Essen«, sagt Max.
»Probieren wir's?« fragt der Lehrer. Er nimmt einen großen Apfel aus seiner Tasche. Er teilt den Apfel in viele kleine Spalten. Jedes Kind bekommt eine Apfelspalte zu essen.
»Mmm, das war gut«, sagt Rudi.
»Was können wir noch miteinander tun?« fragt der Lehrer.
»Streiten«, sagt Katharina.
»Probieren wir's?« fragt der Lehrer.
»Echt?« fragt Max.
»Nach den Spielregeln«, sagt der Lehrer. »Jeder soll sagen dürfen, was er meint, und jeder muss angehört werden. Nachher versöhnen wir uns.«
Sie streiten miteinander und mit dem Lehrer, und jeder sagt jedem, was ihn schon lange geärgert hat. Nachher versöhnen sie sich.
»Das war fein, einmal in Ruhe miteinander streiten zu dürfen«, sagt Susi. »Ohne dass sofort einer schreit: Werdet ihr nicht auf der Stelle brave Kinder sein?!«
»Streiten ist fein, wenn nachher keiner eine beleidigte Leberwurst ist«, brummt Rudi. »Bei uns zu Hause sind sie nach dem Streiten immer beleidigt.«
»Streiten kann man lernen«, sagt der Lehrer. »Wenn man sich dabei an die Spielregeln hält, kann man sehr gut miteinander streiten.«

Augustinus
Bekenntnis
Christentum
Frieden
Glaube
Licht
Neues Leben
Wasser

Biblischer Bezug: Epheser 4,5: Es gibt für euch nur *einen* Herrn, nur *einen* Glauben und nur *eine* Taufe.

Kreativer Zugang: **197, 198, 199**

Inhalt: Beschreibung eines frühchristlichen Taufgottesdienstes in Mailand. Bischof Ambrosius tauft Augustinus.

Taufe – neu geboren werden

Erzählung von Dietrich Steinwede

Taufen, das hieß ursprünglich:
Tief im Wasser untergetaucht sein;
und dann wieder herauskommen
– durch Christus.
Taufen das hieß: Neu werden, neu geboren werden
– durch Christus.
Taufe, das war wie eine zweite Geburt.
So haben die ersten Christen immer getauft.
Sie haben extra Kirchen dafür gebaut, meistens rund.
So wichtig war ihnen die Taufe. Sie nannten ihre Tauf-Kirchen Baptisterien. Das kommt von griechisch baptizein = taufen.
Und in der Mitte der Kirche war immer das riesige Taufbecken.
Augustinus, später Bischof von Afrika und ein großer Lehrer der Christenheit, Augustinus hat seine eigene Taufe ganz genau beschrieben.
Das war in Mailand.
Und Bischof Ambrosius hat ihn getauft.
Und Reste der Taufkirche sind erhalten.
Unter dem Mailänder Dom.
In der Osternacht wurde getauft.
Es war der Sonnabend vor Ostern, der 24. April im Jahr 387. Augustinus hatte Unterricht im Christentum erhalten.
Auf einem Landgut bei Mailand.
Er war ein erwachsener Taufbewerber.
Er hatte sich bereiterklärt, der christlichen Lehre in allem zu folgen.
Sein Name war in eine Taufliste eingetragen. Und er hatte ein Bekenntnis abgelegt, laut und vor allem Volk, ein Bekenntnis zu Christus.
Er war zum Bischof nach Mailand gekommen.
Der hatte ihm die Füße gewaschen, ihm und den anderen Taufbewerbern.

Und so verläuft die Taufe: Der Bischof zeichnet ihre Stirn. Er salbt ihr Haupt mit Öl.
Geöffnet sind ihre Augen und licht,
wie einst die Augen des Blinden.
Sie schauen in eine neue Welt.
Sie schauen die Herrlichkeit Gottes.
Und Diakone treten heran mit Leinengewändern, weiß wie Schnee. Die Neugetauften erhalten ihr Kleid,
die Farbe der Reinheit, der Freude.
Und dann beginnt Bischof Ambrosius zu sprechen:
»Mose hat das Volk geführt, ihr wisst es, aus Ägypten, des Tages durch die Wolkensäule, des Nachts durch eine Säule aus Licht.
Alle sind unter der Wolke gewesen, alle durch's Meer gegangen.
Alle sind von Gott getauft in Wolke, Wasser und Meer.«
Er wendet sich an die Taufbewerber. »Ihr kommt in ein neues Leben.
Sterben werdet ihr mit Christus.
Ihr werdet auferstehen.
Dann kommt das Licht. Es strahle auf.
Wohlan, ihr Brüder Christi.«
In der Basilika nimmt die Liturgie der Osternacht ihren Fortgang.
Die Taufbewerber aber ziehen hinüber zur Taufkirche.
Durch die weitgeöffneten Bronzetüren, die Pforten Gottes, kommen sie herein.
Auch hier erstrahlt alles im Licht der kostbaren Öllampen.
Hinter Säulen und geschlossenen Vorhängen liegt das große Becken.
Aus bronzenen Tiermäulern strömt kristallhelles lebendiges Wasser. Wie ein sprudelnder Quell schäumt es auf. Die Fische im Mosaik werden lebendig.
Über das Becken hin zeichnet der Bischof das Kreuz.
Er bittet um Gottes Geist: »Lass dich herab auf dieses Wasser. Heilige es mit göttlicher Kraft!«
Die Täuflinge lösen die Gürtel.
Sie legen ihre weißen Kleider ab.
Die Haare gelöst, in tiefer Demut, so steigen sie hinab, mehrere Stufen ins Wasser der Taufe.
Sie stehen nackt in den Fluten.
Uralte Fragen klingen auf.
»Glaubst du an den Vater?«
»Ich glaube.«
»Ich taufe dich im Namen des Vaters. –
Glaubst du an den Sohn?«
»Ich glaube.«
»Ich taufe dich im Namen des Sohnes. –
Glaubst du an Gott, den Geist?«
»Ich glaube.«
»Ich taufe dich im Namen des Geistes!«
Wie bei Augustinus, so bei den anderen: Im Wasser stehend, werden sie übergossen. Dreimal.
Die Fluten gehen hinweg über sie.
Sie werden reingewaschen von allem Bösen.

Dann kommen sie wieder heraus aus den Wassern, Kinder Gottes, im Licht Neugeborene.
Augustinus aber hat Frieden gefunden: »Du Herr, wirst leuchten lassen mein Licht. Du wirst mein Dunkel erhellen.«
Taufe: Im Wasser sein. Ganz tief. Ganz unten.
Aber: Christus ist im Wasser, Gott ist im Wasser.
Es ist Gotteswasser.
Taufe: Mit Christus begraben sein.
In der Tiefe.
Aber dann mit Christus hervorkommen.
Zu neuem Leben.

Teilen 58

Biblischer Bezug: Psalm 37,21: Der Gerechte ist barmherzig und kann geben.

Kreativer Zugang: 139, **200**

Inhalt: Die Schwierigkeit, der radikalen Forderung Jesu, alles, aber auch alles herzugeben, nachzukommen.

Armut
Demut
Geld
Gottes neue Welt
Hergeben
Jesus
Nächstenliebe
Reichtum

Alles hergeben

Erzählung von Dietrich Steinwede

Was hindert den reichen jungen Mann, der zu Jesus gekommen ist, was hindert ihn, das zu tun, was Jesus ihm sagt?:
»Verkaufe alles, was du hast und gib das Geld den Armen, dann bist du reich bei Gott!«
Was würde mich hindern?
Ich als Erwachsener, ich habe es gut.
Ich habe alles, was ich brauche, Kleidung, genug zu essen, eine schöne Wohnung, Bücher, CDs, einen Fernseher, Bilder an den Wänden, Geld auf dem Sparkassenbuch, ein Auto, ein schönes, weiches Bett.
Ja, ich gebe ab von dem, was ich habe:
Jedem Bettler, den ich sehe, gebe ich etwas.
Und ganz oft überweise ich Geld für »Brot für die Welt«.
Für Bethel. Für das Deutsche Rote Kreuz.
Für die »Welthungerhilfe«. Für UNICEF.
Für das Deutsche Aussätzigenhilfswerk.
Und für viele andere, die Gutes tun an den Armen in der Welt.
Ich gebe ab.
Auch sonntags in der Kirche bei der Kollekte.
Aber wenn ich alles verkaufen sollte, was ich habe, nichts mehr behalten, keine Wohnung, kein Bett, keine Bücher, keinen Fernseher, kein Auto, nein, das würde ich nicht tun.
Ich will doch leben. Ich muss doch leben.
Es ist schön, dass es mir gut geht.
Ich bin Gott dankbar dafür.
Nein, Jesus würde wirklich zuviel verlangen von mir.
Nein, Jesus verlangt wirklich zuviel von dem reichen jungen Mann.
Der hat doch gesagt:
Ich halte Gottes Gebote.
Von meiner Jugendzeit an.
Niemanden nehme ich etwas weg.
Jemanden umzubringen, ich käme nicht auf die Idee.
Ich zerstöre keine Ehe.
Ich sage immer die Wahrheit.
Ich ehre Vater und Mutter.
Und meinen Mitmenschen, den armen, ich helfe ihnen.
Ich unterstütze sie.
Das tue ich alles.
Ist das nicht genug?
»Nein«, sagt Jesus: »Verkaufe alles, was du hast.
Dann bist du in Gottes neuer Welt!«
Er kann es nicht, der reiche junge Mann.
Traurig geht er fort.
Könntest du das, alles hergeben, alles verkaufen, dein Spielzeug, deine Anziehsachen, dein Bett?
Wahrscheinlich nicht.
Mit Sicherheit nicht!
Ich kann ihn verstehen, den reichen jungen Mann:
Alles hergeben? – Nein!
Jesus verlangt zuviel.
Aber vielleicht ist alles ganz anders.
Vielleicht meint Jesus das ganz anders, das mit dem »alles verkaufen«?
Er erfüllt die Gebote Gottes, der junge Reiche, ja.
Aber vielleicht liebt er das Geld zu sehr.
Vielleicht will er sicher sein für sein Alter, so wie wir mit unseren vielen Versicherungen.
Vielleicht denkt er mehr an das Geld als an Gott.
Vielleicht meint Jesus das nur als Beispiel:
»Alles verkaufen«.

58 Teilen

Vielleicht meint Jesus:
Du sollst alles hergeben von dir selbst.
Für Gott.
Ja, ich bin mir sicher:
Jesus will ihn aufrütteln, den Reichen, dass er ein anderer wird, dass er sich wandelt, radikal, dass er wirklich ein Mensch wird für Gott.
Er soll gar nicht alles verkaufen.
Aber Jesus will, dass er sich Gott ganz hingibt. Dass er Gott wirklich liebhat.
Von ganzem Herzen.
Dass Gott für ihn das Wichtigste wird in seinem Leben.
Und nicht sein Reichtum, sein Geld.
Das will Jesus:
Lass Gott alles sein in deinem Leben.
Denke nicht: Was bin ich doch groß mit meinem Reichtum, mit meinem Besitz.
Mache dich gering vor Gott.
Sei demütig.
Lebe so, dass die Sache mit dem Besitz, die Sache mit dem Geld überhaupt nicht mehr wichtig ist.
Aber Jesus weiß auch:
Das wird es wohl nicht geben, dass ein Reicher überhaupt nicht mehr ans Geld denkt.
Eher kommt ein großes Kamel durch das winzig kleine Tor in Jerusalem, Nadelöhr genannt, als dass ein Reicher, der am Geld hängt, wirklich zu Gott kommt.
Und ich, ich muss mich fragen lassen:
Was ist dir wichtiger, Gott oder deine Bücher, deine CDs, deine Bilder, dein Auto, dein Sparkassenbuch, dein Fernseher, deine schöne Wohnung, dein weiches Bett?
Und du, du musst dich fragen lassen:
Was ist dir wichtiger, Gott oder dein Fahrrad, Gott oder die Disney-Kassette, Gott oder das Fußballspiel, Gott oder dein schönes, weiches, warmes Bett?
Ja, so ist das:
Jesus verlangt viel.
Aber er verlangt nicht alles.

59 Tisch

Außenseiter
Essen
Gerechtigkeit
Gott
Haus
Jesus
Liebe
Umkehr

Biblischer Bezug: Lukas 5,32: Jesus sagt: Ich soll nicht die zur Umkehr einladen, bei denen alles in Ordnung ist, sondern die ausgestoßenen Sünder.

Kreativer Zugang: **201, 202**

Inhalt: Freie Erzählung der Levi-Berufung. Den Ungeliebten, den Gemiedenen, den Verhassten wendet sich der Rabbi aus Nazaret in besonderer Weise zu.

An einem Tisch

Erzählung von Ulrich Walter

Es ist spät am Abend. Levi sitzt allein im Innenhof seines Hauses. Vor ihm steht der große Tisch. Ein paar übrig gebliebene Früchte und etwas Brot, leere Becher und ein Weinkrug zeigen, dass hier ein großes Fest mit vielen Menschen stattgefunden hat.
»Welch' ein Fest!«, Levi gießt sich den letzten Wein in seinen Becher. »Welch' ein Tag!«
Dabei hatte er für Levi denkbar schlecht begonnen. Am Zoll hatte es Streit gegeben. Eine Gruppe von Kaufleuten, die sich zu den Pharisäern zählten, waren mit der Höhe des geforderten Zolls nicht einverstanden. Als Levi auf der Zahlung bestand, schimpften sie: »So ein gottloser Geselle, elender Sünder!« Diese Worte trafen Levi hart. Tief drinnen war er unsicher geworden, ob die Übernahme der Zollstation von den Römern richtig war. Seitdem mieden ihn besonders die angesehenen Bewohner seiner Stadt, sogar seine alten Freunde ließen sich nicht mehr sehen. Er gehörte nicht mehr dazu.
Manchmal hatte er Lust, alles hinzuwerfen. Andererseits hatte er es schnell zu einigem Wohlstand gebracht. So saß er noch in Gedanken, als eine Gruppe von Menschen aus der Stadt hinauszog. Vor einigen Tagen waren sie gekommen.
Sein geschultes Auge hatte ihnen gleich angesehen, dass da nichts zu holen war. Es war ein Rabbi, Jesus, der mit einigen Männern und Frauen durch die Städte und Dörfer zog. Sie besaßen nur das, was sie am Leib trugen, aber die Leute berichteten erstaunliche Dinge von diesem Jesus: »Dieser Rabbi erzählt ganz anders und neu von Gott. Von Gottes Liebe, die keine Grenzen kennt. Alle sollen dazugehören, keiner wird ausgestoßen!«
Offenbar hatte Jesus gespürt, dass Levi ihm nachschau-

te; denn er drehte sich um, kam auf ihn zu und sagte: »Levi, folge mir!«
Und tatsächlich, Levi stand auf, ließ Zollstation Zollstation sein und ging an der Seite von Jesus vor die Stadt. Sie sprachen lange miteinander. Schließlich lud Levi Jesus zu sich in sein Haus. Er eilte heim, um alles vorzubereiten. Auch seine Freunde sollten kommen, sie sollten sich mit ihm freuen. Richtig aufgeregt war er: »Ob Jesus wirklich in mein Haus kommt? Er weiß doch, wer ich bin!«
Levi wartete. Alles war für das Fest bereitet. Endlich kam Jesus mit einigen Männern und Frauen, die ihn immer begleiteten. Im schattigen Innenhof ließen sie sich alle um einen großen Tisch nieder. Nicht ohne Stolz zeigte Levi auf sein Haus. Zur Erfrischung ließ er kühles Wasser und Früchte bringen. Inzwischen waren auch seine Freunde eingetroffen.
Das Essen im Haus des Levi war in vollem Gange. Als die meisten schon satt waren, standen einige Jünger auf und gingen vor das Haus. Draußen stand ein Schriftgelehrter. Vorsichtig winkte er die Jünger heran: »Sollte das wirklich Gottes Wille sein? Alle Menschen, Gerechte und Sünder, vereint an einem Tisch?« Die Jünger sagten: »Komm! Komm mit in den Hof! Sieh selbst!«

Umwelt 60

Biblischer Bezug: Psalm 24,1: Dem Herrn gehört die ganze Erde mit allem, was darauf lebt.

Kreativer Zugang: 176, **203,** 207

Inhalt: Schon im Kindergartenalter verhält Philipp sich ganz im Sinne Albert Schweitzers: Ehrfurcht vor *allem* Leben!

Abfall
Alt und Jung
Bewahren
Engel
Kreatur
Leben
Lernen
Schöpfung
Töten

Philipp will viele Leben retten

Erzählung von Rolf Krenzer

Oma und Opa hatten ihre Mühe mit den vielen Kübeln und Boxen, die sie nun statt des einen Mülleimers, den sie seit vielen Jahren am Gartentor stehen hatten, benutzen sollten.
»Nein, Opa!« sagte Oma heute wieder. »Die Joghurtbecher gehören dort drüben in den Kübel und deine Zeitung hier hinein!«
»Früher habe ich die Zeitungen einfach im Ofen verbrannt!«, brummte Opa vor sich hin. »Das war alles viel bequemer!«
Oma blickte ihn vorwurfsvoll an. »Seitdem wir die Gasheizung haben, können wir halt nichts mehr im Ofen verbrennen!«, sagte sie nur. »Und wer wollte denn unbedingt die moderne Gasheizung haben, du oder ich?«
Opa winkte mit der Hand ab. »Es ging ja darum, dass wir nicht mehr die schweren Kohleneimer in die Wohnung schleppen mussten.«
»Jetzt ist es auf eine andere Art bequemer!« Oma nickte. »Nur im Gasofen brennt nichts mehr außer Gas!«
»Aber im Herbst haben wir immer ein Feuerchen im Garten gemacht!« Opa gab nicht so schnell auf. »Da konnte man dann alles mit verbrennen, was sich im Jahr so angesammelt hatte.« Er ließ traurig die Schulter sinken. »Aber das ist ja auch jetzt alles verboten!« »He!«, rief er dann dem kleinen Philipp zu, der dieses Wochenende bei seinen Großeltern verbringen durfte und seit gestern bei ihnen war. »Habt ihr in eurem Kindergarten denn auch so viele Abfalleimer und lernt ihr schon, wo aller Müll hinein gehört?«
Philipp nickte. »Sie stehen vorn an der Tür! Und bei uns zu Hause stehen sie auch. Nur die Flaschen müssen in den Flaschencontainer!«
»Was heute die Kleinen schon alles wissen!«, sagte die Oma anerkennend. »Da wundert man sich nur!«
»Ich fahre doch immer mit Papa zum Flaschenwegbringen!«, lachte Philipp und fand gar nichts Besonderes dabei.

Später erzählte Philipp so ganz nebenbei von all den Tieren, die von den Menschen ausgerottet worden waren. Auch davon, wie schwer es viele Tiere heute bei uns haben.
»Und das lernt ihr alles im Kindergarten!« Die Großeltern waren sichtlich beeindruckt.
»Wenn ich groß bin, will ich Lebensretter werden!« sagte Philipp schließlich.

»Und wie geht das?«, fragte Opa.
»Alles Leben retten, damit nichts umkommt!« antwortete Philipp, und es klang ganz selbstverständlich. »Frösche und Fliegen, Blumen und Bäume, Elefanten und Pinguine, eben alles!«
»Aha!«, sagte Oma. »Dann kannst du ja früh damit anfangen!«
Philipp nickte. »Das hat die Frau Wiser im Kindergarten auch gesagt! Und die Mutti sagt das auch immer!«
»Was hast du denn schon alles gerettet?«, fragte Opa nach und sah seinen kleinen Enkelsohn zweifelnd an.
»Du hast doch vorhin auch die Wespe gerettet!«, lachte Philipp.
»Ich habe sie aus dem Fenster gejagt, damit sie uns nicht sticht!«
»Aber du hast sie nicht getötet!«
Ja, das stimmte, obwohl Opa eigentlich gar nicht weiter darüber nachgedacht hatte.
»Und du hast die Blumen und das Gemüse gegossen!« Philipp zeigte mit der Hand auf seine Oma.
»Weil es so trocken war!«, lachte sie, »sonst geht ja alles kaputt!«
Philipp nickte ernst. »Das ist Leben retten!«, sagte er.
»Hast du auch heute schon Leben gerettet?«, fragte Opa da.
»Vorhin die Schnecke auf der Straße, die habe ich wieder in den Garten gebracht, damit ihr nichts passiert!« Bevor Philipp weiter erzählen konnte, unterbrach Opa ihn »In welchen Garten?«, fragte er.
»In deinen!« antwortete Philipp und lächelte zufrieden. »Da kann ihr nichts passieren!«
»Wunderbar!«, sagte Opa nur und nickte Oma vielsagend zu. »Hast du noch mehr in unseren Garten gebracht?«
»Soll ich?«, fragte Philipp und blickte Opa mit großen Augen an.
»Was waren das für Gänseblümchen, die du mir gebracht hast?«, fragte Oma Philipp.
»Die hast du doch auch abgerissen. Sie hätten es bestimmt besser auf der Wiese gehabt!«

Da steigen Philipp vor Wut die Tränen in die Augen.
»Gar nicht abgerissen hab' ich sie!«, schrie er. »Sie haben auf der Straße gelegen. Jemand hat sie einfach fortgeworfen. Da solltest du sie wenigstens ins Wasser stellen, damit sie noch ein bisschen leben können!«
»Entschuldige, Philipp!«, sagte Oma und nahm ihren Enkelsohn in den Arm. »Ich hätte mir doch denken können, dass es so und nicht anders war!«
»Aber du kannst doch nicht alles retten!« sagte Opa schließlich und seufzte.
»Frau Wiser hat gesagt: Man muss einfach anfangen!«, antwortete Philipp sehr ernst. »Wenn jeder damit anfängt und immer und immer weitermacht, dann werden es immer mehr.«
»Du hast recht, Philipp!« sagte Opa darauf und nahm ihn an die Hand. »Komm mit, ich will dir etwas zeigen!«
Und so führte der Opa seinen Enkel ganz hinten in den Garten, wo er letzte Woche ein Nest mit jungen Mäusen entdeckt hatte. Eigentlich hatte er sie längst vernichten wollen. Was suchten Mäuse in seinem Garten.
Aber jetzt war er froh, dass sie noch da waren, weil sich der kleine Philipp nicht satt sehen konnte, als sich die Mäuse wirklich sehen ließen.
»Du hast ihnen das Leben gerettet!«, flüsterte Opa, als beide unbeweglich miteinander standen und einfach nur zuguckten.
»Warum?«, fragte Philipp leise.
»Nur so!« antwortete Opa und wusste bereits, dass er diese Mäuse bestimmt nicht töten würde.
Später, als Philipp längst im Bett war und seine Großeltern noch zusammen saßen, sagte der Opa nachdenklich: »Kinder sind wie Engel ohne Flügel! Heute kam es mir so vor, als hätte ich etwas von der besonderen Kraft und Liebe erfahren, die in kleinen Kindern stekken kann. Schade, dass sie wie wir alle älter werden. Und dann vergessen wir so viel von dem, was eigentlich am allerwichtigsten ist!«
Oma sprang auf, weil aus Philipps Schlafzimmer ein lautes Klirren und ein markerschüttender Schrei hinausdrang.

Als sie zurückkam, lächelte sie. »Dein kleiner Engel hatte die Wasserflasche auf dem Nachttisch umgeworfen. Ich musste ihm ein Pflaster auf den Fuß machen, weil er in eine Scherbe getreten ist. Eine andere Bettdecke habe ich auch geholt und ihn auf die Couch gelegt. Er konnte ja nicht mehr in dem nassen Bett schlafen!«
»Das eine hat nichts mit dem anderen zu tun!«, sagte Opa nachdenklich und sehr weise.
Oma lächelte vor sich hin.
Sie kannte ihn nun schon so lange. Eigentlich war er nicht anders als der kleine Philipp, der jetzt auf der Couch eingeschlafen war und einem neuen Tag entgegenträumte.
Morgen musste er wieder richtig frisch sein, um den neuen Tag mit wachen Augen zu erleben.

Biblischer Bezug: 1. Mose 2,15: Und Gott setzte den Menschen in den Garten, daß er ihn bewahre.

Kreativer Zugang: **203, 206**

Inhalt: Kinder helfen mit, dass in einem Restaurant statt der Benutzung von Wegwerfgeschirr für einen Tag wieder Normalgeschirr abgewaschen wird. Das führt zur Auseinandersetzung mit einem wenig ökologiebewußten Klassenkameraden.

Abfall

Konsum

Ökologie

Protest

Abwasch statt Abfall

Erzählung von Ulrich Walter

Seit fünf Stunden stehen sie nun schon vor dem Hamburger-Restaurant. Jens, Annika und noch sechs Kinder im Alter zwischen 10 und 14 Jahren fühlen sich gut. Vor sich halten sie Plakate. »Abwasch statt Abfall!« steht darauf. Und sie haben etwas Tolles auf die Beine gestellt! Einen ganzen Tag lang wird in diesem Restaurant kein Wegwerfgeschirr benutzt. Dafür helfen sie beim Abwasch und sprechen mit den Gästen über ihre Aktion. Und sie hören es immer wieder: Die meisten Gäste finden es viel besser, wenn die leeren Teller und Becher nicht im Müll landen. Gerade stehen Jens und Annika wieder draußen. Lässig hält Jens das Plakat vor den Bauch.

Da biegt Rolf, ein Klassenkamerad, mit seiner Mutter um die Ecke. Er hat seine tolle neue Jacke an. Die Mutter trägt eine Tüte von einem der teuren Kleidungsgeschäfte in der Seitenstraße. »Guck mal, wer da kommt!« Annika verdreht die Augen und läuft schnell zum Hintereingang.
»Mama, ich hole mir mal eben eine Stärkung.« – »Aber beeile dich, ich muss noch zum Friseur!«
Gerade will Rolf durch die Tür in das Restaurant, da fällt sein Blick auf Jens. »Du hier, Jens? Ich dachte, du stehst nicht auf Fast-Food.« Dann schaut er an dem verlegen lächelnden Jens hinunter und liest absichtlich laut und langsam: »Abwasch statt Abfall! Ach, auch ein Öko geworden?«
Jens schluckt. Auf einmal fallen ihm die vielen guten Sätze nicht mehr ein, die er den anderen Gästen gesagt hat. »Aber Rolf«, stottert er los, »das ist doch eine wichtige Sache. Wenn wir nicht aufhören, immer mehr Müll zu produzieren, dann geht die ganze Natur kaputt!«

Immer cool bleiben, Junge. Das bisschen Plastik macht den Kohl auch nicht fett! Für so ein Zeug ist mir die Zeit zu schade. Da geh ich lieber Shopping mit Mama, das bringt mehr!« Rolf streicht sich über seine neue Jacke. »Spiel du ruhig den Unheilspropheten, wenn du das brauchst.« »Geh du nur Shopping, bis du im Müll erstickst! Da hilft dir das viele Geld auch nicht mehr. Wirst schon sehen, es wird noch böse enden ...« Rolf ist schon zur Theke weitergegangen. »Schade«, denkt Jens, »eigentlich mag ich ihn ganz gern.«

Angst

Enttäuschung

Familie

Freude

Geschwister

Selbstvertrauen

Biblischer Bezug: Psalm 51,14: Mache mich wieder froh durch deine Hilfe, Herr, und gib mir einen neuen beständigen Geist.

Kreativer Zugang: 143, **207**

Inhalt: Die elfjährige Dorothea wehrt sich entschieden dagegen, für die beiden kleinen wilden Brüder die Babysitterin zu machen. Sie hat Angst vor der Verantwortung. Endlich entschließt sie sich doch – ihren Eltern zuliebe. Sie merkt: Ich bin ein wenig älter geworden.

Du bist doch jetzt wirklich groß genug!

Erzählung von Rolf Krenzer

In der letzten Zeit haben Dorotheas Eltern sie immer öfter gefragt, ob sie nicht doch einmal abends auf die beiden kleinen Brüder aufpassen könnte. Nur ein, zwei Stunden lang, damit sie einmal zusammen weggehen und irgendwo vielleicht ein Bier trinken können. Sie nehmen auch die Ulla, den verwegenen kleinen Rauhhaardackel, mit. Und Jonathan und Fabian werden sie ganz bestimmt vorher ins Bett bringen und warten, bis es in ihrem Zimmer still geworden ist. Dorothea schüttelt immer nur den Kopf. »Könntest du heute abend mal unser Babysitter sein?« fragt Mutti heute wieder. »Nein!«

Dorothea wehrt mit beiden Händen ab. »Wir sind wieder zu Hause, wenn es dunkel wird!« verspricht Mutti dann. Dorothea schüttelt den Kopf. »Wie alt bist du?« fragt Vati. »Elf! Und ich werde im August zwölf!« »Dann bist du doch wirklich alt genug!« »Bin ich nicht!« »Deine Freundin gibt doch auch manchmal auf ihre kleine Schwester acht!« Vati lächelt ihr aufmunternd zu. »Das würde ich auch machen!« sagt Dorothea laut. »Eine kleine Schwester! Puh, das ist etwas ganz anderes als zwei kleine Brüder, die immer nur Quatsch machen!«

»Dorothea!«

»Nein!« Sie greift nach der Rundfunkzeitung, die vor ihr auf dem Tisch liegt.

Vati bittet nicht weiter. Dorothea spürt aber deutlich, dass er enttäuscht ist. Sie ist ebenfalls enttäuscht. Enttäuscht von sich selbst.

Eigentlich wollte sie Vati gar nicht enttäuschen. Sie weiß ja, dass ihre Eltern es mit ihnen nicht leicht haben. Vati und Mutti arbeiten beide im Heim. Beide betreuen behinderte Kinder und Erwachsene. Sie arbeiten im Schichtdienst.

Wenn Mutti arbeitet. ist Vati bei ihnen zu Hause und muss sich um alles kümmern, was in der Familie ansteht. Arbeitet Vati auf der Gruppe, dann ist Mutti da. Immer abwechselnd. Einmal Vati, dann wieder Mutti. Und zusammen frei haben sie nur alle drei Wochen einmal. Das ist anders als bei anderen Familien. Ganz anders als bei Melanie, deren Vater regelmäßig tagsüber arbeitet und deren Mutti immer zu Hause ist. Oder bei Claudia, deren Vater arbeitslos ist.

Vati geht oft nachmittags zur Arbeit und kommt erst nach zehn Uhr zurück, wenn Dorothea längst schläft. Und morgens, wenn sie zur Schule muss, ist Mutti auf der Gruppe und Vati muss sich um alle drei Kinder und den Dackel kümmern. Gut, dass Dorothea bereits elf Jahre alt ist. Da kann sie hin und wieder schon ein bisschen bei den Kleinen helfen und schnell vor der Schule noch die Ulla ausführen.

Dorothea hat längst begriffen, dass die Eltern oft auf ihre Mithilfe angewiesen sind. Sie ist auch bereit dazu. Nur dass sie es immer ist, die den Biomüll fortbringen muss, dorthin, wo es so scheußlich stinkt, das stinkt auch ihr.

Und dann die Sache mit dem Babysitten.

Sie hat Mutti bereits mehrfach zu erklären versucht, dass sie Angst davor hat. Nein, sie getraut sich nicht, die Verantwortung für die beiden Kleinen zu übernehmen. Was passiert, wenn sie nicht schlafen wollen, wenn sie herumtoben, wenn sie wieder etwas anstellen? Sie hören ja noch nicht einmal auf Dorothea, wenn Mutti dabei ist!

Und dann erst das Geschrei. Wenn einer damit anfängt, legt auch gleich der andere los. Und keiner hört wieder auf.

Einmal ist sogar Vati dabei verzweifelt. Dorothea hat genau zugehört, als er sich am nächsten Morgen, als wirklich alle einmal zusammen um den Kaffeetisch saßen, laut bei Mutti beklagt hat. »Ich halte das einfach nicht mehr aus!« hat er damals gesagt, und Mutti hat leise geseufzt. »Warum habt ihr zwei den Papa gestern abend denn so genervt?« hat sie den Fabian und den Jonathan gefragt. Doch da hat Vati bereits wieder gelacht.

»Man muss es dir doch einmal zutrauen können! Wir kommen nie einmal hier heraus!« sagt Mutti leise. Dorothea hat gar nicht bemerkt, dass sie immer noch neben ihr steht. »Du kannst nachmittags gehen, wann du willst ...!«

»Wenn ich mit meinen Schulaufgaben fertig bin ...« wendet Dorothea prompt ein.

»Wir sind heute auch mit unserer Arbeit fertig und haben zusammen einen Abend frei!« sagt Mutti.

»Diesen einzigen Abend in der Woche!«

»Ich weiß nicht ...« zögert Dorothea.

»Wir möchten so gern einmal zum Griechen essen gehen!« Mutti spricht so leise, dass Dorothea ganz genau hinhören muss, was sie sagt. »Weißt du, wir haben heute unseren Hochzeitstag!«

Das hat Dorothea nicht gewusst. Letztes Jahr hatte Vati für alle Pizza gebacken. Als Überraschung zu ihrem Hochzeitstag.
»Ich habe dir die Telefonnummer von dem Lokal aufgeschrieben!« Mutti schiebt ihr einen Zettel hin. »Du brauchst nur anzurufen, und wir sind in spätestens zehn Minuten hier!«
Dorothea starrt auf den Zettel.
»So lange Zahlen kann ich nicht wählen!« sagt sie schließlich. »Da verwähle ich mich immer!«
»Dann versuchst du es eben noch einmal!« Dorothea spürt ganz deutlich die leichte Schärfe in Muttis Stimme.
»Ich getrau' mich nicht!« sagt Dorothea bockig und fällt in sich selbst zurück.
»Ehrlich!« ruft sie Mutti nach, als Mutti mit schnellen Schritten zur Tür geht. Sie dreht sich noch einmal zu ihr um und sagt: »Entschuldige, Dorothea, dass wir überhaupt gefragt haben!«
Hinter Mutti klappt die Tür zu, und Dorothea sitzt da und kann nichts gegen die Tränen tun, die ihr aus den Augen schießen. Jetzt ist plötzlich alles so schlimm geworden, wie sie es niemals gewollt hat. Warum gibt es denn auch keine andere Möglichkeit als nur Dorothea?

Die eine Oma wohnt ganz nah. Sie könnte bestimmt kommen. Aber sie hat nach der Scheidung von Opa wieder geheiratet und sieht ihre Enkelkinder so selten, dass sie sich ganz fremd sind. Und mit Vati und Mutti versteht sie sich auch nicht. Nur zu Weihnachten und zu Muttis Geburtstag lässt sie sich einmal zum Kaffeetrinken sehen.
Und die andere Oma, Vatis Mutti? Das sind mehr als hundert Kilometer bis zu ihr. Ja, die Oma kümmert sich immer um sie und ist immer da, wenn sie Hilfe brauchen. Sie besuchen sie auch oft, wenn Vati und Mutti zusammen frei haben.
Aber sie kann doch nicht kommen, nur wenn Vati und Mutti einmal allein zum Griechen essen gehen wollen.
»Ihr könnt gehen!« sagt Dorothea ganz leise.
Sie öffnet die Tür zum Flur und brüllt hinaus: »Ihr könnt gehen!«
Sogleich ist Vati da und schiebt sie zurück ins Zimmer.
»Bist du verrückt!« zischt er ihr zu. »Du weckst uns die Kleinen wieder auf!«
»Entschuldigung!« flüstert Dorothea und möchte gleich alles wieder rückgängig machen. Muss man sie jetzt auch noch anfauchen, nur weil sie sich entschlossen hat, für die Eltern alles auf sich zu nehmen, was man von ihr verlangt. Besonders deshalb, weil heute ihr Hochzeitstag ist!
»Danke!« sagt Mutti, als sie hereinkommt. »Du bist also doch jetzt richtig groß!«
Dorothea schweigt.
»Ich habe Bollmanns auch bereits gesagt, dass du heute abend allein mit den Kleinen bist!« fügt sie noch hinzu.
Sie hat also bereits fest damit gerechnet, dass Dorothea den Babysitter macht.
Dann geht sie zum Schrank und holt einen Teller mit Plätzchen und den Salzstangen heraus, die Dorothea so gern isst. Vati bringt eine Flasche Sprite aus dem Kühlschrank. Sprite gibt es sonst nur zu ganz außergewöhnlichen Gelegenheiten, weil es viel zu teuer ist, wenn drei Kinder erst mal auf den Geschmack gekommen sind.
Sie haben also fest damit gerechnet, dass Dorothea heute abend für sie einspringt. »Ich habe auch einen Videofilm für dich besorgt!« sagt Vati dann und legt ihn vor sie hin.
»Du kommst doch mit dem Recorder zurecht?«
Dorothea kann nur noch nicken.
Sie haben an alles gedacht. Und sie trauen ihr zu, dass sie allein zu Hause mit allem fertig wird. Und einen Videofilm haben sie auch noch für sie besorgt.
Es tut Dorothea so richtig gut, als sie bemerkt, wie sehr sich die Eltern freuen und wie froh sie sind, dass sie eine so große Tochter haben, die allein bei den Kleinen bleibt.
Es wird schon gutgehen! sagt sie leise zu sich selbst. Es muss gutgehen!
»Ihr könnt so lange bleiben, wie ihr wollt!« ruft sie dann den Eltern nach, als sie gehen wollen. »Ich passe auf. Und morgen habe ich erst um 10 Uhr Schule!«
Irgendwie merkt sie plötzlich, dass sie älter geworden ist. »Und ein bisschen reifer!« wird Mutti morgen sagen, wenn sie ihr das erzählt.

63 Vertrauen

Behindert
Erfolg
Fortschritt
Freude
Mut
Übung
Wagnis
Ziel

Biblischer Bezug: Markus 9,23: Alles ist möglich dem, der vertraut.

Kreativer Zugang: **209,** 210, 211, 212

Inhalt: Mutter und Schwester haben weithin unangefochtenes Vertrauen, dass die geistig behinderte Claudia (Down-Syndrom) es schafft, allein über die Straße zu gehen und Brötchen einzukaufen. Unbewusst hat Claudia auch dies Vertrauen zu sich selbst. Sie schafft es – fast.

Na und!?

Erzählung von Achim Bröger

Heute probieren wir's«, hat Mutter vorhin gesagt. »Ich hoffe ja nur, dass sie's schafft!«
Toll wäre das. Ich drücke meiner großen Schwester die Mark in die Hand. Mutter drückt ihr den Zettel in die andere. Auf dem Zettel steht, was Claudia einkaufen soll.
»Drei Brötchen«, sage ich und zeige zur Zettelhand. »Eine Mark«, sagt Mutter und zeigt zur Geldhand. Meine Schwester nickt, sieht auf die eine, dann auf die andere Hand. Ich glaube, sie hat verstanden, was sie tun soll. »Ge-hen«, sagt sie langsam.
»Ja«, sagt Mutter.
Claudia setzt sich auf den Stuhl im Flur. Das tut sie immer, wenn man ihr die Schuhe anziehen und zubinden soll. Vor allem das Zubinden schafft sie nicht.
Und jetzt geht meine große Schwester zum erstenmal allein zum Bäcker. Immer wieder haben wir das mit ihr geübt und ihr alles genau gezeigt. Das muss man auch, sonst kann sie sich das einfach nicht merken.
Mutter öffnet die Wohnungstür und streichelt Claudia über die Haare. Fast gleich groß sind die beiden, fällt mir auf.
Claudia bleibt stehen. »Was ist?«, fragt Mutter. Meine Schwester hört etwas und lächelt. »Psst«, sagt Mutter. »Musik.« Manche Dinge bekommt Claudia schneller mit als wir.
Einen Moment sind wir ruhig im Flur. Hören zu dritt leise Musik aus dem Treppenhaus. Claudia klatscht in die Hände und freut sich. »Tschüs«, sagt Mutter dann und schließt die Wohnungstür. Claudia geht los, mit Zettel und Geld.
»Komm!«, sagt Mutter, und wir stellen uns nebeneinander ans Küchenfenster. Von hier oben im dritten Stock können wir genau sehen, was auf der Straße passiert. Unsere Tribünenplätze sind das.
»Wo steckt sie denn?«, fragt Mutter ungeduldig. »Hoffentlich hat sie sich nicht einfach auf eine Treppenstufe gesetzt und bleibt sitzen.«
In dem Augenblick kommt Claudia drei Stockwerke unter uns aus der Haustür. »Da ist sie!«, sage ich.
»Sehr gut«, sagt Mutter. »Das erste Hindernis hat sie geschafft.
Eigentlich sieht das aus wie bei anderen auch, wenn Claudia den Gehsteig hinuntergeht. Na ja, vielleicht etwas langsamer.
Anfangs kann sie nicht viel falsch machen. Sie braucht nämlich nur immer geradeaus zu gehen. Aber gleich wird's schwieriger.
»Jetzt muss sie über die Straße«, sagt Mutter.
»Schafft sie bestimmt«, sage ich. »Haben wir oft geübt.«
Wir gucken nach unten, wo meine große Schwester an der Fußgängerampel wartet. »Warum drückt sie den Knopf denn nicht?«, fragt Mutter. »So wird's nie grün.«
Am liebsten würde sie losrennen und den Knopf für Claudia drücken. Das sehe ich ihr an. »Guck ... sie hat gedrückt«, sage ich.
Mutter fasst mich am Arm und beißt sich auf die Unterlippe. Das tut sie immer, wenn sie sich aufregt. »Geh nicht gleich los«, bittet sie, als würde sie neben Claudia stehen. Auf die Idee loszugehen könnte Claudia wirklich kommen, weil weit und breit kein Auto zu sehen ist.
»Nein, tut sie nicht«, sage ich, obwohl ich gar nicht so sicher bin. »Es ist doch rot.« Claudia muss sich ganz genau an die Regeln halten. Sie kann den Verkehr nämlich nicht so gut einschätzen wie andere. Außerdem reagiert sie langsamer, wenn zum Beispiel ein Auto kommt.
»Rotes Männchen ... stehen! Grünes Männchen ... gehen!«, flüstert Mutter. So haben wir das Claudia oft gesagt und vorgemacht. Sie muss das behalten haben. »Rotes Männchen ... stehen! Grünes Männchen ... gehen!«
Und Claudia bleibt wirklich stehen. Jetzt kommt ein Junge und stellt sich neben sie. Der will auch über die Straße. Hoffentlich wartet er. Wenn er losginge, würde sie glatt hinterherlaufen. »Nicht gehen. Bitte«, sage ich. Ein Glück. Der Junge bleibt stehen. Sehr gut.
Guckt er meine Schwester komisch an? Ja, ich glaube schon, so von der Seite. Er merkt wohl irgendetwas. Und ich kann das überhaupt nicht leiden, wenn sie meine Schwester angaffen. So auffällig unauffällig. Furchtbar.
Da, die Fußgängerampel springt auf Grün. Der Junge geht los. Claudia guckt erst nach links, dann nach rechts, genau wie sie das soll.
»Sie schafft's!«, sagt meine Mutter. »Ich glaub', sie schafft's wirklich. Los! Weiter, Claudia!«, feuert Mutter meine große Schwester an.

»Toll, dass sie das jetzt kann!«, freue ich mich.
»Du, das hätten wir uns vor einiger Zeit nicht träumen lassen«, sagt meine Mutter und stupst mich.
»Stimmt«, sage ich. »Da konnte sie ja nicht einmal ihren Namen richtig aussprechen. Das hat sie inzwischen auch gelernt.«
»Sie lernt zur Zeit prima«, sagt Mutter. »Man versteht schon immer mehr von dem, was sie sagt.«
»Hm«, mache ich. Na ja, meine Mutter übertreibt gerade, weil sie sich so freut. Wenn Claudia etwas erzählt, versteht man vielleicht die ersten zwei, drei Wörter. Danach wird es sehr undeutlich. Das ist dann Claudias Privatsprache. Die klingt bei meiner großen Schwester wie bei einem Baby.
Claudia ist über die Straße gegangen. Sie steht bewegungslos, als würde sie nachdenken. Hat sie vergessen, wohin sie soll?
»Nach rechts musst du. Los! Nach rechts!«, sagt Mutter. Da dreht sich Claudia etwas und geht ... nach rechts.
»Toll!«, sagt Mutter und pustet Luft aus. Sie kann sich unheimlich über Claudias Fortschritte freuen.
Über gute Zensuren oder irgendetwas anderes, was ich schaffe, freut sie sich nicht so. Schade. Ich würde gerne mal gelobt werden wie Claudia. Werde ich nie. Ganz plötzlich fällt mir das ein. Bei uns zählt nur, was Claudia kann und nicht kann.
Ich will so etwas nicht denken, aber ich denke es trotzdem manchmal. Obwohl ich genau weiß, dass Claudia es viel schwerer hat als ich. Sie hat nämlich bei der Geburt eine Zeit lang keine Luft bekommen. Dabei ist etwas mit ihrem Gehirn passiert.
Wir stehen da, Mutter und ich. Sie fasst mich um die Schulter und drückt mich an sich. Zum Bäcker ist es für Claudia nicht mehr weit, keine hundert Meter mehr. Ein Mann kommt ihr entgegen. »Ach, Herr Körbel aus dem ersten Stock«, sagt Mutter. Er bleibt bei Claudia stehen. bestimmt sagt er etwas. Wahrscheinlich lächelt sie ihn an, obwohl sie ihn kaum versteht.
Ich mag, wenn sie lächelt. Ihr Gesicht ist dann ... ja ... richtig schön.
»Hoffentlich stiefelt sie nicht hinter ihm her«, sage ich.
Herr Körbel geht nach links. Claudia steht kurz da. Jetzt dreht sie sich etwas und geht auch ... und zwar nach rechts.
»Prima«, sagt Mutter. Danach stöhnt sie: »Oh, ich halt' das nicht aus. Es wär' viel leichter mitzugehen.«
»Aber dann lernt sie's nie allein«, sage ich.
»Hast natürlich Recht«, sagt Mutter. »Weißt du, das Einkaufen ist für Claudia fast eine Expedition. Bis zum Ziel gibt's jede Menge Hindernisse.«
Gleich ist sie beim Bäcker, meine große Schwester. Ziemlich klein sehe ich sie auf der anderen Straßenseite. »Wenn sie's schafft, schenke ich ihr was«, verspreche ich.
»Was denn?«, fragt Mutter.
»Meine halbe Tafel Schokolade«, sagt ich und überlege: Was kann noch schief gehen? Na ja, es wäre möglich, dass sie einfach beim Bäckerladen vorbeimarschieren würde. Wehe! Schwesterchen!
»Sie geht die Stufen hoch!«, jubelt Mutter.
»Gut, Claudia! Ganz toll. Sie hat es geschafft!«, sage ich.
»Mensch, das erzählen wir heute Abend Papa.«
»Der glaubt das sicher erstmal nicht«, sagt Mutter und strahlt. »Und dann wird er sich unheimlich freuen.«
Claudia ist im Laden. Sie hat allein eingekauft! Das muss man sich mal vorstellen. Bei mir in der Klasse kann ich das nicht erzählen, fällt mir ein. Die kapieren nicht, dass das was Besonderes ist. Die würden sagen: »Na und?« Nein, sie sind nicht doof. Sie haben nur keine Ahnung, weil sie so etwas nicht kennen.
Über Autodächer sehen wir, meine Mutter und ich. Unter uns rennt ein Mädchen auf dem Gehsteig. »Claudia kann allein einkaufen«, sage ich.
Mutter nickt und sagt: »In so einem Augenblick fällt mir leider auch ein, was sie alles nicht kann. Dann wird mir ganz unheimlich ... Ich darf sie eben nicht mit anderen in ihrem Alter vergleichen. Das muss ich endlich kapieren.«
Mensch, das klingt, als würde sie gleich weinen. Und ich frage schnell: »Was macht Claudia so lange im Bäckerladen? Kauft die den leer?«
Aber da kommt Claudia aus der Tür und geht die Stufen hinunter.
»Siehst du die Brötchentüte?«, fragt Mutter.
»Nein«, sage ich. »Vielleicht hat sie die in der anderen Hand. Die sieht man von hier nicht.« Das Einkaufen im Laden kann nicht mehr schief gegangen sein, denke ich. Das war das niedrigste Hindernis.
Claudia kommt näher. Langsam, Schritt für Schritt.
»Eigentlich müsste man die Tüte jetzt erkennen!«, sage ich.
»Sie hat keine Tüte«, sagt Mutter enttäuscht. »Wir haben uns umsonst gefreut. Schade!«
Was hat Claudia nur gemacht? So was Doofes! denke ich und ärgere mich. Wir haben ewig geübt und es klappt trotzdem nicht.
»Immerhin, den Weg hat sie geschafft«, sagt Mutter. »Ist ja auch was.«
»Mh«, sage ich. »Ich hol' dann die Brötchen.« Jetzt nehme ich eine Mark, renne aus der Wohnung, die Treppe runter und Claudia entgegen.
Meine Schwester steht auf der einen Seite des Fußgängerübergangs. Ich auf der anderen. Vor Ungeduld wäre ich beinahe bei Rot rübergelaufen. Aber das darf ich auf keinen Fall, denn sie würde das garantiert nachmachen. Rotes Männchen ... stehen! Grünes Männchen ... gehen! Klar.
Grün ist es. Ich laufe ihr entgegen. »He, Claudia«, sage ich. Sie guckt und lächelt. »He«, brummt sie.
»Wo ... sind ... die ... Bröt ...chen?«, frage ich ganz langsam. Dazu zeige ich auf ihre Zettelhand. Sie öffnet sie. Den Zettel hat sie noch. Brötchen hat sie keine. Da zieht sie eine Tafel Schokolade aus der Tasche.
»Mhh«, sagt sie. Schokolade hat sie also gekauft. Ich muss grinsen. Klar, die mag sie lieber als Brötchen. Genau wie ich. Vielleicht hat sie vergessen, dass sie einen Zettel in der Hand hält.
Ich kann mir vorstellen, wie sie im Laden stand und auf die Schokolade gezeigt hat. »Da!« Dann hat sie der Verkäuferin die Mark gegeben.
Ich nehme die Tafel und halte sie hoch. Vielleicht sieht

63 Vertrauen

Mutter das. Jedenfalls sehe ich sie da oben im Fenster. Claudia fasst meine Hand. Und wir gehen zusammen zum Bäcker.
Ich überlege: Muss ich ihr meine halbe Tafel geben? Oder nicht?
Hat sie's geschafft, allein einzukaufen? Oder hat sie's nicht geschafft?
Doch, eigentlich hat sie's geschafft, meine ich. Sie ist losgegangen. Ganz allein hat sie das mit der Ampel hingekriegt und alles andere. Gekauft hat sie auch was, Schokolade nämlich.
»Toll!«, sage ich und drücke ihre Hand. Aber meine ganze halbe Schokoladentafel kriegt sie doch nicht. Die Hälfte der ganzen halben Tafel reicht.
Ich fang' richtig an, mich zu freuen. Und ich dreh' mich um. Claudia dreht sich mit um. »Mama«, sage ich und zeige zu unserm Fenster hinauf. »Mama«, sagt Claudia. Dann winkt sie.

64 Weg

Entschlossenheit
Erfolg
Gefahr
Hoffnung
Leben
Mut
Risiko

Biblischer Bezug: Hebräer 10,23: Wir wollen an der Hoffnung festhalten, zu der wir uns bekennen.

Kreativer Zugang: 209, **212**

Inhalt: Die Hängebrücke über den tiefen Abgrund ist schadhaft. Der eine Indio kehrt um. Der andere wagt es, sich hinüberzuhangeln. Er kommt an. Er ist wie neugeboren. Er sieht einen neuen Weg.

Das Wagnis

Erzählung von Gudrun Pausewang

Zwei Indios wanderten gemeinsam auf der Suche nach einem erträglichen Leben einen Gebirgspfad entlang. Sie kamen an den Rand einer Schlucht, über die sich eine schadhafte Hängebrücke aus Lianen und Zweigen spannte. Eine andere Möglichkeit, die Urwaldschlucht zu überqueren, gab es nicht.
»Das ist mir zu riskant«, sagte der eine Indio. »Ich kehre um.«
»Ich riskier's«, sagte der andere Indio.
Die Brücke hielt. Als der Mann drüben ankam, schlotterten ihm noch die Knie. Aber er fühlte sich wie neugeboren, spürte seinen Mut wachsen und war plötzlich voller Hoffnung. Pfeifend wanderte er weiter.

Biblischer Bezug: 1. Mose 2,9: Und Gott pflanzte den Baum des Lebens.

Kreativer Zugang: 102, **214**

Inhalt: Die Sacherzählung entfaltet die vielfältige Symbolik von Weihnachtsbaum und Weihnachtsschmuck.

Brauchtum

Christbaum

Engel

Geburt

Geschenke

Hoffnung

Kerzen

Kreuz

Licht

Paradies

Stern

Sterndeuter

Was der Christbaum erzählt

Erzählung von Ulrich Walter

Der Christbaum oder Weihnachtsbaum in unseren Kirchen und Häusern hat eine lange Geschichte. Sie reicht weit zurück in die Zeit, als das Christentum in Europa noch nicht verbreitet war.

Fangen wir mit dem Brauchtum unserer Vorfahren an. Sie schmückten zum Jahreswechsel das Haus mit grünen Zweigen. Den Zweigen von Tanne, Fichte, Eibe, Mistel und anderen immergrünen Sträuchern wurde eine besondere Kraft nachgesagt; selbst in der Winterzeit behielten sie ihre grüne Farbe, während die Natur sonst ruhte.

Bei der Feier der Wintersonnenwende am 21. Dezember schmückten die Germanen einen Tannenbaum mit Lichtern. Der Lichterbaum beschwor das Ende der dunklen Jahreszeit. Am dunkelsten Tag im Jahr leuchtete das Licht als Hoffnung auf die wiedererwachende Natur. Die Römer verbanden das mit der Anbetung des Gottes Mithras. Die aufsteigende Sonne zum Frühling hin war für sie das Zeichen des Wiedererwachens dieses Gottes.

Damit sind wir schon nah bei unserem Christbaum, dem Tannenbaum, an den Lichter gesteckt werden. Als das Weihnachtsfest auf den 25. Dezember, den Geburtstag des Gottes Mithras, gelegt wurde, bekamen die alten Bräuche eine ganz neue Bedeutung. Die Zeit der Sonnenwende im Winter als Zeit des Absterbens und Neubeginns der Natur wies nun auf das Wunder der Menschwerdung Gottes. *»Mitten in der Winternacht neues Leben ist erwacht?«*, heißt es in einem Adventskanon.

Es gibt aber auch noch eine andere Entstehungsgeschichte, die unseren Christbaum verstehen hilft. Im Mittelalter spielte der Lebensbaum im Paradies eine Rolle. Von den Früchten dieses Baumes hatten Adam und Eva gegessen Weil sie Gottes Gebot übertreten hatten, wurden sie aus dem Paradies vertrieben. Und die Menschen sehnten sich immer noch in dieses Paradies zurück. An Adam und Eva erinnerten sich die Menschen am Tag vor Weihnachten. Am Weihnachtstag feierten sie dann das Fest der Geburt Jesu, des Erlösers der Menschen. Gott schenkt neues Leben, das Paradies ist wieder neu aufgetan. Er ist zu uns auf die Erde gekommen. Darum hat Nikolaus Herman in seinem Weihnachtslied gedichtet: *»Heut schließt er wieder auf die Tür zum schönen Paradeis ...«*

Rote Äpfel, Kugeln oder Papierrosen erinnern an den Sündenfall, Süßigkeiten oder Lebkuchen, die früher auch abgeschüttelt wurden, erinnern an das Leben in Fülle, ohne Not und Leid im Paradies. Übrigens wurden für die Lebkuchen seltene und kostbare Gewürze verwendet, die auch als Heilmittel bekannt waren.

Auf vielen Wegen sind Tannenbaum, Lichterbaum und Paradiesbaum also zu unserem Christbaum geworden. Und sie haben zu seiner Bedeutung für unsere Feier der Geburt Jesus Christi beigetragen. Der geschmückte Baum ist unser Zeichen der Freude und des Dankes für das Geschenk Gottes: die Geburt seines Sohnes.

Jesus Christus ist unsere Hoffnung auf Erlösung und neues Leben, darum stellen wir immergrüne Tannen oder Fichten auf. Die Zweige der Nadelbäume wachsen kreuzförmig. Das weist uns darauf hin, dass der Sohn Gottes einen schweren Weg des Leidens und Sterbens gegangen ist. Durch seine Auferstehung ist er der Sieger über Leben und Tod.

Auch das gehört zu unserem Christbaum. Aber noch mehr, auch mit dem Schmuck wird die Weihnachtsgeschichte verdeutlicht.

Wir stecken Kerzen an die Zweige des Baums, damit er unsere Kirchen und Wohnungen mit seinem warmen Licht erfüllt. In der dunklen Weihnachtzeit ist der Heiland geboren, er bringt den Menschen, die in Finsternis wohnen, das Licht des Lebens. Er ist für uns das Licht der Welt, darum lassen wir die Kerzen am Baum strahlen.

Auch die Engel gehören zum Schmuck des Baumes. Sie erinnern uns an die Worte, die den Hirten auf den Feldern vor Bethlehem gesagt wurden: *»Euch ist heute der Retter geboren, Christus, der Herr in der Stadt Davids!«*

Aus Strohhalmen werden kunstvolle Sterne gebastelt. Das Stroh erinnert an die Geburt Jesu. Heu und Stroh in der Krippe sind sein Bett. Gott möchte bei den Menschen wohnen, aber in der Welt ist kein anderer Platz für den Heiland als in der Armut des Stalles. So haben ihn die Hirten gefunden.

Aber doch wird sein Kommen weit über die Grenzen hinaus bekannt. Aus fernen Ländern des Ostens kommen Sterndeuter. Sie haben einen neuen Stern am Himmel entdeckt. Für sie ist er das Zeichen für die Geburt des Friedenskönigs. So kommen sie zu Jesus nach Bethlehem. Die Sterne erinnern an diese Geschichte.

65 Weihnachten

Als die Sterndeuter zu Jesus gefunden hatten, brachten sie ihm wertvolle Geschenke mit, um den neugeborenen König zu begrüßen. Wir schmücken unseren Christbaum mit Gold- und Glaskugeln, oder auch mit golden und silbern glänzendem Lametta. Das ist unsere Weise, den Friedenskönig willkommen zu heißen.
Und dann ist da noch etwas, worauf sich besonders die Kinder freuen. Es sind die Geschenke, die unter den Baum gelegt werden. Damit wollen wir uns gegenseitig unsere Freude über Gottes Geschenk zeigen; er hat uns seinen Sohn geschenkt.
Nun steht ein reich geschmückter Christbaum vor unseren Augen. Immer wieder entdecken wir etwas, das uns an Gottes Geschenk erinnert. Ohne Worte sagt der Baum: *»Danke, guter Gott, dass du uns deinen Sohn geschenkt hast, damit es in unserer Welt und in unseren Herzen hell wird!«*

66 Weihnachten

Franz von Assisi

Fest

Kinder

Krippe

Licht

Singen

Tiere

Biblischer Bezug: Lukas 2,12: Er liegt in Windeln gewickelt in einer Futterkrippe. Daran könnt ihr ihn erkennen.

Kreativer Zugang: 101

Inhalt: 1223: Im Bergwald in Greccio feiert Franziskus zum erstenmal die Christgeburt mit Krippe, Kind und Tieren. Viele Menschen sind dabei. Auch die Jungen Tino und Salvatore.

Franziskus feiert Weihnachten – Das Licht in der Höhle

Erzählung von Norbert Hoffmann

Steh auf, Tino!« Salvatore schüttelt seinen Bruder heftig an den Schultern. »Nun werd' doch endlich wach, du Langschläfer!« Verschlafen reibt sich Robertino die Augen: »Was? Was ist?«, stammelt er noch halb im Schlaf. »Da, schau doch nur!« Salvatore zieht seinen kleineren Bruder zum Fenster der Schlafkammer. »Schau – da am Berg! Da, zur Kapelle hin.« Tino muss zweimal hinsehen. Er traut seinen Augen nicht. Hunderte von Lichtern sind am Berg zu erkennen. »Was ist da los?«, fragt er ungläubig. »Was sind das alles für Lichter?«
Bevor Salvatore antworten kann, hören die beiden Jungen den schweren Tritt des Vaters die Treppe hinauf kommen. Dann öffnet sich die Tür. »Ihr seid schon wach? Ganz von selbst?«, staunt der Vater. »Dann zieht euch schnell an!« »Ja, aber warum denn? Wo geht es denn hin?«, fragt Tino, der immer noch nicht richtig wach ist.
»Nun frag nicht so dumm!« mischt sich Salvatore ein. »Hast du die Lichter am Berg schon vergessen?« – »Ach ja, die Lichter! Was ist mit den Lichtern, Vater?« – »Genau deshalb sollt ihr euch ja anziehen«, erklärt der Vater den beiden. »Onkel Luigi war eben da. Er hat uns erzählt, dass Francesco, dieser fromme Mann aus Assisi, heute nach Greccio gekommen ist.« – »Francesco von Assisi?«, staunt diesmal Tino. »Das ist doch der Bettler, von dem die Leute solch wunderbare Dinge erzählen. Und der soll hier sein? In unserer Stadt Greccio?« – »Nein, das ist es ja gerade«, unterbricht ihn sein Vater. »Dort oben auf dem Berg ist er mit seinen Brüdern. Dort oben bei unserer Kapelle! Und fast die ganze Stadt ist schon dorthin unterwegs. – Ihr seht ja die Lichter. – Los, beeilt euch, sonst bekommen wir gar nichts mehr mit von dem, was sich da oben tut!«
Eilig schlüpfen Salvatore und Robertino in ihre Kleider. Das Schaffell, das sie sonst nur beim Hüten ihrer Herde tragen, binden sie sich fest um ihre Schultern. Am Haustor erwartet sie schon die ganze Familie. Der Vater drückt jedem von ihnen eine Fackel in die Hand. Und schon geht es los – den Berg hinauf. Hier kennen die beiden Brüder jeden Stein und jeden Baum. Wie oft schon sind sie mit ihrer Herde den Berg hinaufgezogen, wenn unten im Tal das Gras abgeweidet war. Heute nacht sind sie allerdings nicht allein. Sie sehen unterwegs viele Bekannte und Freunde. Deshalb merken sie auch gar nicht, wie rasch sie den steilen Weg zurücklegen.
Oben an der Kapelle ist es hell – fast wie am Tag. Alle Leute halten Fackeln oder Laternen in den Händen. Sie drängen sich vor die Höhle neben der Kapelle. »Unsere Höhle!« Tino stößt seinen Bruder in die Rippen. Da, in der Höhle, in der Tino und Salvatore bei schlechtem Wetter so oft Schutz gesucht haben – da muss etwas Besonderes vorgehen.
Die Höhle ist von unzähligen Lichtern hell und feierlich erleuchtet. In der Mitte steht auf dem Felsboden

eine kleine, zierliche Krippe aus Holz. Sie wird sonst nur von den Schafen als Futtertrog benutzt. Heute nacht scheint sie eine andere Aufgabe zu haben. Auf der einen Seite der Krippe entdeckt Tino einen lebendigen Ochsen mit einem rosigen Maul und weißen Hörnern. Auf der anderen Seite liegt ein kleiner grauer Esel auf seinen Knien.
Hinter der Krippe und den Tieren sehen sie Francesco aus Assisi mit seinen Brüdern. Sie sind mit graubraunen Kitteln bekleidet – so wie sie die Landarbeiter oder Bettler tragen. Francesco hält ganz vorsichtig ein kleines Kind in seinen Armen. Es ist ein Säugling, und seine Mutter steht in der Nähe der Krippe. Dann legt Francesco das Kind behutsam in die Krippe. Jetzt ist es für einen Augenblick so still in der Höhle, dass man einen Strohhalm fallen hören könnte.
Dann aber rufen die Kinder voller Freude laut los: »Der Stall von Bethlehem!« Sie reißen sich von ihren Eltern und drängen um die Krippe. Francesco beginnt zu singen mit einer Stimme, die hell klingt wie eine Glocke: »Gloria – Gloria in excelsis Deo! – Ehre sei Gott in der Höhe!« Seine Brüder stimmen mit ein in den alten Ruf. Und bald singen alle mit: die Kinder in der Höhle und die unzähligen Erwachsenen, die in der Heiligen Nacht des Jahres 1223 aus Greccio den Berg hinaufgezogen sind.
Tino und seine Familie ahnen in dieser Nacht natürlich nicht, dass sie Augenzeugen der allerersten lebensgetreuen Darstellung der Krippe von Bethlehem geworden sind. Wir haben sie dem heiligen Franziskus von Assisi zu verdanken, den seine Freunde damals alle Francesco nannten.

Weltverantwortung 67

Biblischer Bezug: Johannes 16,8: Wenn er kommt, wird er der Welt zeigen, was es mit der Gerechtigkeit auf sich hat.

Kreativer Zugang: 111, 112, 113, 144, 145, 174, **216**

Inhalt: Angesichts der Riesenschritte gegen Diskriminierung im global march vermag Helen, nachdem sie am Vortage versagt hat, am zweiten Tag in ihrer Lebenswelt einen kleinen, aber überzeugenden Schritt gegen Diskriminierung zu tun.

Ausländer/in

Diskriminierung

Gerechtigkeit

Kinder

Miteinander

Mut

Solidarität

global march

Erzählung von Hans Hoffmann

Helen hört im Radio, mehr zufällig, dass eine Aktion im Gang ist, die sich für ein gerechteres Leben von Kindern in aller Welt einsetzt. Die Aktion nennt sich »Global March«, das heißt: Menschen marschieren über den ganzen Globus. Welches Kind möchte da nicht mitmarschieren, durch Länder mit so verlockenden Namen wie Botswana oder Surinam? Große Schritte machen, durch weite Wüsten und über Ozeane.
Davon träumt auch Helen. Aber sie sitzt in einem kleinen Dorf.
Nichts für Riesenschritte und keine Spur global. Doch Helen hält sich nicht mit solchem Jammern auf. Sie sagt sich: »Wenn schon keine großen, so kann man hier im Dorf doch kleine Schritte machen.« Und solche kleinen Schritte sind nicht einmal leicht. Gestern hätte sie einen Schritt tun können, aber sie hat ihn nicht getan. Warum nicht? Aus Feigheit oder aus Bequemlichkeit? Helen weiß es nicht. Sie weiß nur, dass sie es versäumt hat, einen notwendigen Schritt zu tun. Was war geschehen?

Zweimal in der Woche kommt ein Wagen mit Obst und Gemüse in das Dorf. Er bleibt nicht lange. Deshalb bildet sich vor dem Wagen immer eine Schlange.
Helen sollte ein Pfund Tomaten kaufen. Sie stellte sich hinten an und rückte langsam auf. Endlich war sie an der Reihe. Sie sagte: »Ein Pfund Tomaten, nicht zu weich.« Der Verkäufer sah an ihr vorbei und fragte die nächste Kundin nach ihren Wünschen. Helen lief rot an. Hatte sie nicht das Recht, bedient zu werden, wenn sie an der Reihe war? Vermutlich dachten der Verkäufer und die Kundinnen: »Kinder haben Zeit. Sie können warten.«
Helen kamen die Tränen. Sie trat aus der Reihe, wandte sich zum Gehen. Sie bekam noch eben mit, wie die Frau zu dem Verkäufer sagte: »Das war die Tochter von Dr. Schmidt, dem neuen Arzt.« Der Verkäufer zuckte mit den Schultern, so als wollte er sagen: »Bedaure, hab' ich nicht gewusst«. Helen lief nach Hause.
Heute sagt sich Helen: »Warum habe ich den Mund gehalten und bin fortgelaufen?«

67 Weltverantwortung

Drei Tage später soll Helen am Obstwagen ein Kilo roter Äpfel kaufen. Diesmal ist der Verkäufer freundlich. »Eine Arzttochter«, denkt er, »muss man zuvorkommend bedienen. Man weiß nie, wann man mal einen Arzt braucht.«
Als Helen gehen will, sieht sie weiter hinten in der Reihe ein kleines Mädchen stehen, das eine zerknitterte Plastiktüte in der rechten Hand hält. Es ist schwarz und hat kurzes, ganz fein gekräuseltes Haar. Als das Mädchen an der Reihe ist, sagt es schüchtern: »Kartoffeln, Kilo«, und hält die Plastiktüte hoch. Der Verkäufer sieht über das Mädchen weg und fragt die nächste Kundin: »Was darf's sein?«
Da gibt sich Helen einen Ruck, stellt sich neben das schwarze Mädchen und sagt: »Sie ist jetzt an der Reihe. Sehen Sie das nicht?«

Der Verkäufer macht eine ärgerliche Miene. Er wendet sich wieder der nächsten Kundin zu.
Helen nimmt dem schwarzen Mädchen die Plastiktüte aus der Hand und hält sie dem Verkäufer hin. Sie sagt: »Ein Kilo Kartoffeln«. Wütend nimmt der Verkäufer die Plastiktüte und bückt sich, um sie aus einer Kartoffelkiste unter dem Verkaufstisch zu füllen.
»Nehmen Sie die Kartoffeln bitte von denen, die hier oben auf dem Tisch stehen. Da unten haben sie wahrscheinlich die schlechteren Kartoffeln.«
Unwillig nimmt der Verkäufer die Kartoffeln aus der Kiste, die auf dem Tisch steht. Das schwarze Mädchen gibt Helen das Geld. Helen bezahlt und prüft genau, ob der Verkäufer ihr das Wechselgeld in der richtigen Höhe zurückgegeben hat.
»Danke«, sagt das schwarze Mädchen und versucht ein Lächeln. Es heißt Elsie und ist aus Nigeria. Sie sind kürzlich ins Dorf gezogen. Elsies Vater fährt einen Kleinlaster einer Warenhauskette. Elsie und Helen werden Freundinnen. Wieder ein kleiner Schritt nach vorn.

68 Zeit

Generationen · Großeltern · Liebe · Miteinander · Nicht-verstehen · Vergeben · Verlust · Versöhnen

Biblischer Bezug: Prediger 3,8: Das Lieben hat seine Zeit.

Kreativer Zugang: 105, 142, 143, 156, 157, 169, 196

Inhalt: Großvater verzeiht Stefanie, dass sie die Bernsteinkette der verstorbenen Großmutter, die sie nur ausgeliehen hatte, verloren hat. Jan kann es nicht verstehen. Doch es gibt eine Zeit des Vergebens.

Jan und der Großvater

Erzählung von Renate Schupp (gekürzt)

Jans Großvater war der Beste. Er wohnte gleich um die Ecke in einem kleinen Häuschen mit zwei Katzen, acht Hühnern und vier Kaninchen. Seit vielen Jahren werkelte er allein vor sich hin, kochte und putzte für sich selbst und ließ gemächlich die Tage verstreichen.
Großvater war nie in Eile. Seine Arbeit konnte jederzeit warten, wenn irgend etwas dazwischenkam. Meistens war es Jan, der dazwischenkam.
»Hast du Zeit, Großvater?«
Großvater hatte immer Zeit.
»Machen wir ein Spielchen zusammen, Großvater?«
Großvater sagte niemals nein. Er spielte selber für sein Leben gern.
Stundenlang hockten sie zusammen auf dem Fußboden und spielten mit den Sachen, die Großvater von früher aufbewahrt hatte. Sie legten Straßen an und steckten Eisenbahnschienen zusammen. Ganze Dörfer und Städte entstanden auf dem Teppich. Oder Bauernhöfe mit allem Zubehör, wie es sie heute gar nicht mehr gibt. Aber Großvater war noch so aufgewachsen und wusste endlose Geschichten darüber. Kein Wunder, dass Jan fast mehr bei Großvater steckte als zu Hause! Sie waren richtige Freunde. Und wenn sich Großvater einmal nicht so wohlfühlte, was schon vorkommen konnte, denn er war ja nicht mehr der Jüngste, dann kaufte Jan für ihn ein, holte Rezepte beim Doktor, suchte Löwenzahn für die Kaninchen und fütterte die Hühner. Für Großvater machte Jan alles, sogar Unkraut jäten und Gardinen aufhängen.

Ab und zu kam Jans Cousine Stefanie, um ihr Kaninchen zu besuchen, das sie bei Großvater in Pflege gegeben hatte – was, ehrlich gesagt, ein wahres Glück für das Kaninchen war, weil es sonst längst verhungert wäre. Stefanie mochte nämlich nicht jeden Tag Hasenfutter suchen oder gar den Stall säubern. Genauer gesagt, sie arbeitete nicht gern, es sei denn, man konn-

te etwas dabei verdienen. »Ich putz dir die Fenster, Großväterchen«, sagte sie zum Beispiel. »Was krieg ich dafür?« So etwas wäre Jan nie in den Sinn gekommen. Großvater rieb sich nachdenklich die Nase und machte ihr schließlich ein Angebot. Aber am Ende ging es so aus, dass sie das Geld einsteckte und die Fenster so schmutzig waren wie zuvor.
Jedenfalls fand Jan das. Großvater schien es nicht zu merken. Er freute sich jedesmal, wenn Stefanie hereinwirbelte und ihm einen dicken Kuss auf die Backe drückte. Immerhin, von wem bekam er sonst noch einen Kuss!
»Das nenn ich eine Begrüßung«, sagte er schmunzelnd. »Du solltest öfter deinen alten Großvater besuchen.«
Aber Jan war froh, wenn sie nicht allzuoft kam. Sie störte bloß. Für die Spiele, die er mit Großvater spielte, fehlte ihr die Geduld. Sie plapperte unentwegt und konnte nicht stillsitzen. Am liebsten ging sie im Haus umher und kramte in allen Schubladen. Nichts war sicher vor ihren neugierigen Augen. Auf diese Weise stöberte sie eines Tages Großmutters Bernsteinkette auf.
»Großväterchen«, rief sie und kam aufgeregt herbeigelaufen, »sieh mal, was ich gefunden habe! Ist das ein echter Bernstein?«
»Aber ja, Steffi! Es ist ein kleiner Käfer drin und winzige Blütenblättchen.«
Jan und Stefanie schauten sich den Stein an und staunten. »Wie sind die denn hineingekommen?«
»Nun, Bernstein ist ursprünglich Kiefernharz gewesen. Es tropfte von den Bäumen auf den Waldboden und deckte alles zu, was da gerade lag. So ist wohl auch unser kleiner Käfer hineingeraten. Später, als das Harz hart wurde, war er fest darin eingeschlossen.«
»Ist das schon lange her?« – »Sehr lange! Viele Tausende von Jahren.«

Jan und Stefanie sahen ehrfürchtig auf den glänzenden gelben Stein nieder, der so unvorstellbar alt war.
»Oh, Großväterchen«, rief Stefanie, »schenkst du mir die Kette? Bitte, bitte, schenk sie mir doch!« Großvater schüttelte den Kopf. »Sie ist sehr wertvoll. Großmutter hat sie von ihrer Mutter bekommen, und die hatte sie schon von ihrer Mutter. Später sollst du sie haben. Aber jetzt bist du noch zu klein.«
»Ach, Großväterchen, wenn ich sie doch sowieso bekomme, dann kannst du sie mir geradesogut gleich geben.«
Aber davon wollte Großvater nichts wissen.
»Dann leih sie mir wenigstens«, bettelte Stefanie. »Nur einmal! Nur für morgen. Da bin ich nämlich auf eine Party eingeladen.«
»So, so«, sagte Großvater, »das Fräulein geht auf eine Party!« Lächelnd betrachtete er Stefanie, wie sie da vor ihm stand, niedlich und keck. Sie hatte soviel Ähnlichkeit mit Großmutter. Es gab alte Fotografien von Großmutter als kleines Mädchen, wo sie ganz genauso aussah. »Na schön, aber wirklich nur für die Party. Übermorgen will ich sie wieder zurückhaben.«
»Oh, Großväterchen!« jubelte Stefanie, umarmte den Großvater und wirbelte davon.
»Also, ich hätt' ihr die Kette nicht gegeben«, sagte Jan.
»Lass nur«, antwortete Großvater. »Sie kommt schon wieder und bringt sie.«
Aber Stefanie kam nicht. Übermorgen nicht und auch nicht an den folgenden Tagen.
»Vielleicht ist sie krank«, meinte Großvater.
Aber Jan begegnete ihr auf der Straße. Sie war kerngesund.
»Großvater wartet auf die Kette«, sagte Jan zu ihr.
»Ja, ja!« rief Stefanie. »Ich bring sie schon!«
Aber sie brachte sie nicht.
»Es muss ihr etwas passiert sein«, sagte Großvater beunruhigt. Jan schüttelte den Kopf. Er sah Stefanie fast alle Tage auf dem Schulweg. Es fehlte ihr nichts. Nur, dass sie auf die andere Straßenseite ging, wenn sie Jan erblickte.
Aber Jan erwischte sie doch. »Wo ist die Bernsteinkette?« fragte er geradeheraus.
»Was geht das dich an?« wehrte sich Stefanie. Sie wollte weglaufen, aber Jan hielt sie fest. »Es geht mich viel an. Großvater macht sich Sorgen.« Da hörte Stefanie plötzlich auf, sich zu wehren und sah Jan hilfesuchend an. »Was soll ich denn machen?« sagte sie leise und ihre Stimme klang nach Tränen. »Ich hab sie – verloren!«
»Was?« Vor Schreck ließ Jan sie los. »Die wertvolle Kette?«

Stefanie nickte. »Auf dem Heimweg von der Party hatte ich sie plötzlich nicht mehr. Der Verschluss muss sich gelöst haben. Ich hab überall gesucht und gefragt. Aber sie ist weg!« »Ach du meine Güte«, sagte Jan nur. »Verstehst du, dass ich nicht zu Großvater gehen kann – ohne die Kette?« O ja, das verstand Jan. Der arme Großvater! Die Kette war ihm sehr wichtig. Was würde er nur dazu sagen?
Aber Großvater sagte gar nichts, als Jan ihm alles erzählte. Er schwieg lange und rieb sich die Nase. Dann ging er hinaus in den Garten zu den Kaninchen und erwähnte die Sache nie wieder.
»Ist er sehr böse auf mich?« fragte Stefanie, als sie einmal wieder mit Jan zusammentraf.
Jan zuckte die Achseln. »Ich glaub schon. Es ist besser, du lässt dich nicht sehen.«
»Und mein Kaninchen?« Dem geht's gut. Das werden wir nächstens schlachten«, sagte Jan boshaft.
Das war natürlich gelogen. Jan suchte weiter Hasenfutter, wenn Großvater ihn darum bat, und versorgte die Kaninchen, auch das von Stefanie. Für Großvater tat er, wie gesagt, alles. Er putzte sogar die Fenster, ganz umsonst. Stefanie würde es ja nun nicht mehr tun. Eigentlich war es ihm ganz recht so.
Eines Nachmittags, als Jan zu Hause lange über den Aufgaben gesessen hatte und später als sonst zu Großvater kam, sah er gerade noch jemanden wegfahren, der ganz so aussah wie Stefanie. Und als er hineinging, war drinnen im Wohnzimmer der Tisch gedeckt wie zu einer Festlichkeit, die gerade stattgefunden hat. Ein bisschen Limonade war noch im Glas. Und auf der Platte lag ein Rest Kuchen – nein Torte gar. Sahnetorte! Großvater kam ihm strahlend entgegen.
»Denk nur, Jan«, rief er, »Stefanie war da! Sie war endlich da, und wir haben uns wieder versöhnt.«

Geburtstag
Gott
Miteinander
Wünsche

Biblischer Bezug: Psalm 31,16: Meine Zeit steht in deinen Händen.

Kreativer Zugang: **219**

Inhalt: Die Zeit sollte weder zu schnell noch zu langsam verlaufen. Der normale Gang ist für ein erfülltes Zusammenleben der Menschen das Beste. Das erfährt man in einem kleinen Dorf, in dem den Kindern noch eine Fee erscheint.

Der Zeiger der Uhr

Erzählung von Rainer Epbinder

In einem kleinen Dorf, weitab von den großen Städten, hat sich eine alte Überlieferung bis zum heutigen Tage erhalten:
Jedem Kind erscheint in der Nacht vor seinem sechsten Geburtstag eine gute Fee und erfüllt ihm seinen Herzenswunsch, zum Beispiel ein buntes Kleid, eine Modelleisenbahn, ein Paar Rollschuhe oder ein Kuscheltier. Dann entschwindet die Fee auf Nimmerwiedersehen, so dass einem später nichts anderes übrigbleibt, als sich die Erfüllung aller weiteren Wünsche des Lebens durch harte Arbeit selbst zu verdienen. Soviel als Vorrede.
Die kleine Daniela hatte reiche Eltern, und sie wusste, dass alle ihre Wünsche auch ohne die gute Fee erfüllt würden. Am Vorabend ihres sechsten Geburtstags lag sie daher ungeduldig in ihrem Bett und konnte vor lauter Vorfreude gar nicht einschlafen. Da erschien ihr die gute Fee und fragte: »Sag, Daniela, was ist dein Herzenswunsch?«

Daniela richtete sich auf und rief: »Liebe gute Fee, ich bekomme morgen früh viele schöne Geschenke, doch die Zeit bis dahin ist mir so unendlich lang. Lass doch bitte in Zukunft die Zeiger der Uhr schneller laufen, damit man nicht auf alles so lange warten muss.«
»Schneller, als es der liebe Gott bestimmt hat?« fragte die gute Fee.
»Ja, schneller, viel, viel schneller, bitte«, erwiderte Daniela. Da entschwand die gute Fee, und von Stund' an drehten sich die Zeiger der Uhr doppelt so schnell wie vorher. Die Menschen im Dorf hatten große Mühe, ihre tägliche Arbeit zu bewältigen, und sanken abends völlig erschöpft in ihre Betten. Die Schulkinder fanden neben den Hausaufgaben kaum noch Zeit zum Spielen und konnten sich während des Unterrichts nicht richtig konzentrieren. Die alte Frau Schneider, die alle Kinder doch so gern hatten, starb ganz plötzlich, ohne eigentlich lange krank gewesen zu sein.

So konnte es nicht weitergehen, und kurz bevor der kleine Nils sechs Jahre alt wurde, kam der Bürgermeister persönlich ins Haus. Er flehte den Jungen an, die gute Fee doch zu bitten, die Zeiger der Uhr langsamer gehen zu lassen, damit sich alle im Dorf wieder erholen könnten.
Nils gehorchte. Schweren Herzens verschwieg er der guten Fee das lange begehrte knallrote Spielzeugauto und wünschte sich statt dessen, dass die Zeiger der Uhr ganz langsam gehen sollten.
»Langsamer, als es der liebe Gott bestimmt hat?« fragte die gute Fee.
»Ja«, antwortete Nils, »viel, viel langsamer, bitte.«
Von Stund' an schien die Zeit still zu stehen. Die Menschen im Dorf waren tagsüber schnell mit ihrer Arbeit fertig und hatten danach viel Zeit, sich zu streiten und zu schlagen. Zahlreiche Freundschaften wurden zerstört. Männer verließen ihre Frauen, Frauen ihre Männer. Viele Kinder blieben einsam und allein zurück. Der kalte Winter wollte diesmal gar nicht mehr zu Ende gehen, und die Menschen froren in ihren Häusern.

So konnte es nicht weitergehen, und am Abend vor Bettinas sechstem Geburtstag versammelte sich das ganze Dorf vor ihrem Haus. »Bettina«, rief die Menge, »bitte wünsche dir von der guten Fee, dass die Zeit so wie früher vergeht: nicht zu schnell und nicht zu langsam.«
Doch Bettinas Eltern waren arm. Daher fragte sie zurück: »Und wer schenkt mir die blonde Sprechpuppe, wenn es nicht die gute Fee tut?«
»Wir alle«, riefen die Dorfbewohner sofort. »Du bekommst so viele Sprechpuppen, wie du willst.« Kurz danach kam die gute Fee und fragte Bettina nach ihrem Herzenswunsch.
»Bitte lass die Zeiger der Uhr wieder normal gehen«, antwortete Bettina, »damit die Menschen im Dorf glücklich und zufrieden sind.«
»So normal, wie es der liebe Gott bestimmt hat?« fragte die gute Fee.
»Ja. So wie es der liebe Gott bestimmt hat«, erwiderte Bettina.
Kurz darauf fanden die Zeiger auf der großen Kirchturmuhr wieder ihren gewohnten Rhythmus. Die Menschen auf den Straßen jubelten, tanzten und feierten ein großes Fest. Und manchem kam es so vor, als ob die Kirchturmuhr in dieser Nacht besonders laut und eindringlich geschlagen hätte.

100

Hoffnung

Warten

Weihnachten

Geschichten: 32, 1

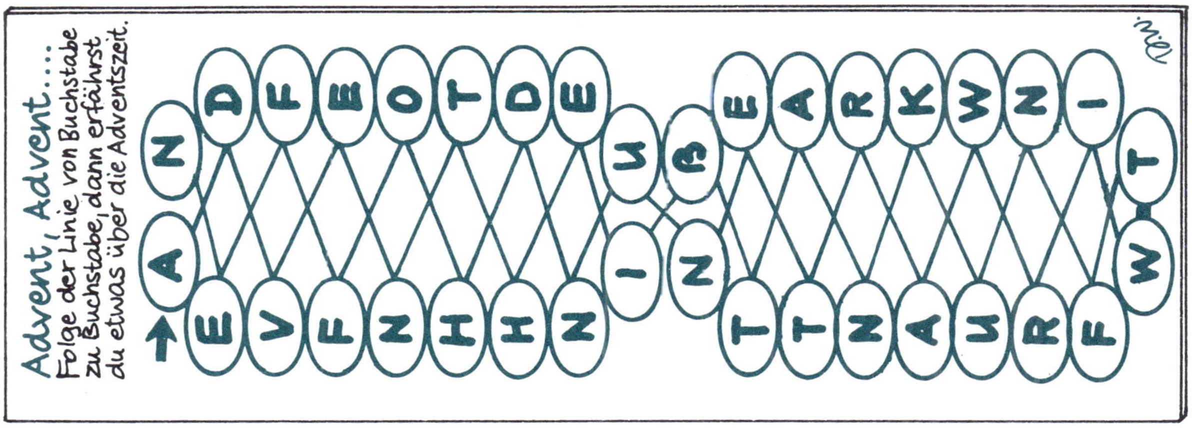

101

Hirten

Krippe

Stern

Weg

Weihnachten

Lukas 2,8-20

Geschichten: 66

Der Hirtenjunge auf dem Weg zum Stall

Spielanleitung zum Würfelspiel:

Die Hirten haben die frohe Botschaft auf dem Feld mitten in ihrer Nacht empfangen. Sie machen sich auf zum Kind. Jeder Mitspieler und jede Mitspielerin sucht sich einen Gegenstand zum Setzen – dann geht es los (Start).

(1) Nachdem die Hirten schon ein Stück gegangen sind und sich über das Wunder dieser Nacht unterhalten haben, kommen sie auf die Idee, dem Kind etwas mitzubringen.
Was würdest Du dem Kind mitbringen? Sag es Deinen Mitspielerinnen und Mitspielern. Wenn Dir nichts einfällt, mußt Du einmal aussetzen.

(2) Dem Hirtenjungen fällt ein, daß es schön wäre, dem Kind ein Lied auf seiner Flöte vorzuspielen.
Leider hat er die Flöte vergessen. Er muß noch einmal zurück zum Start. (Du auch.)

(3) Ein Schaf verläuft sich. Du gehst ihm nach in die Berge – und mußt damit einen gehörigen Umweg in Kauf nehmen. Dafür wirst Du einiges erleben.

(4) Du siehst einen leuchtenden Stern am Horizont – und bist begeistert. Durch den Stern findest Du Deinen Weg – setze die doppelte Zahl der Augen, die Du gewürfelt hat.

(5) Du findest das Schaf. Voller Freude legst Du einen gewaltigen Schritt vor... Rücke fünf Felder vor.

(6) Du triffst die drei Weisen. Du darfst auf ein Kamel steigen und mitreiten – 6 Felder vor.

(7-8) Du klopfst an die Tür eines Hauses in Bethlehem, um zu fragen, wo der Stall ist. Niemand kann es Dir sagen. Du irrst herum. (Setze die halbe Zahl der Augen, die Du gewürfelt hast.)

(9) Von weitem siehst Du den Stall. Dir wird ganz feierlich zumute und kannst Deinen Blick nicht mehr vom Stall abwenden – (halbe Augenzahl...)

(10) Du bist da – Du bist froh und am Ziel. Du singst dem Kind – und Deinen Mitspielerinnen und Mitspielern ein Lied.

100: Der Lösungssatz »Advent heißt Ankunft – wir warten und hoffen« weist auf die Bedeutung der Adventszeit hin.
101: Der Spielplan zum Würfelspiel befindet sich auf der nachfolgenden Doppelseite.

101 Advent

Diese Doppelseite wurde aus bindetechnischen Gründen getrennt. Bitte die Kopien passgenau auf feste Pappe aufkleben und farbig ausgestalten.

Aufeinander-
zugehen

Engel

Freude

Weihnachten

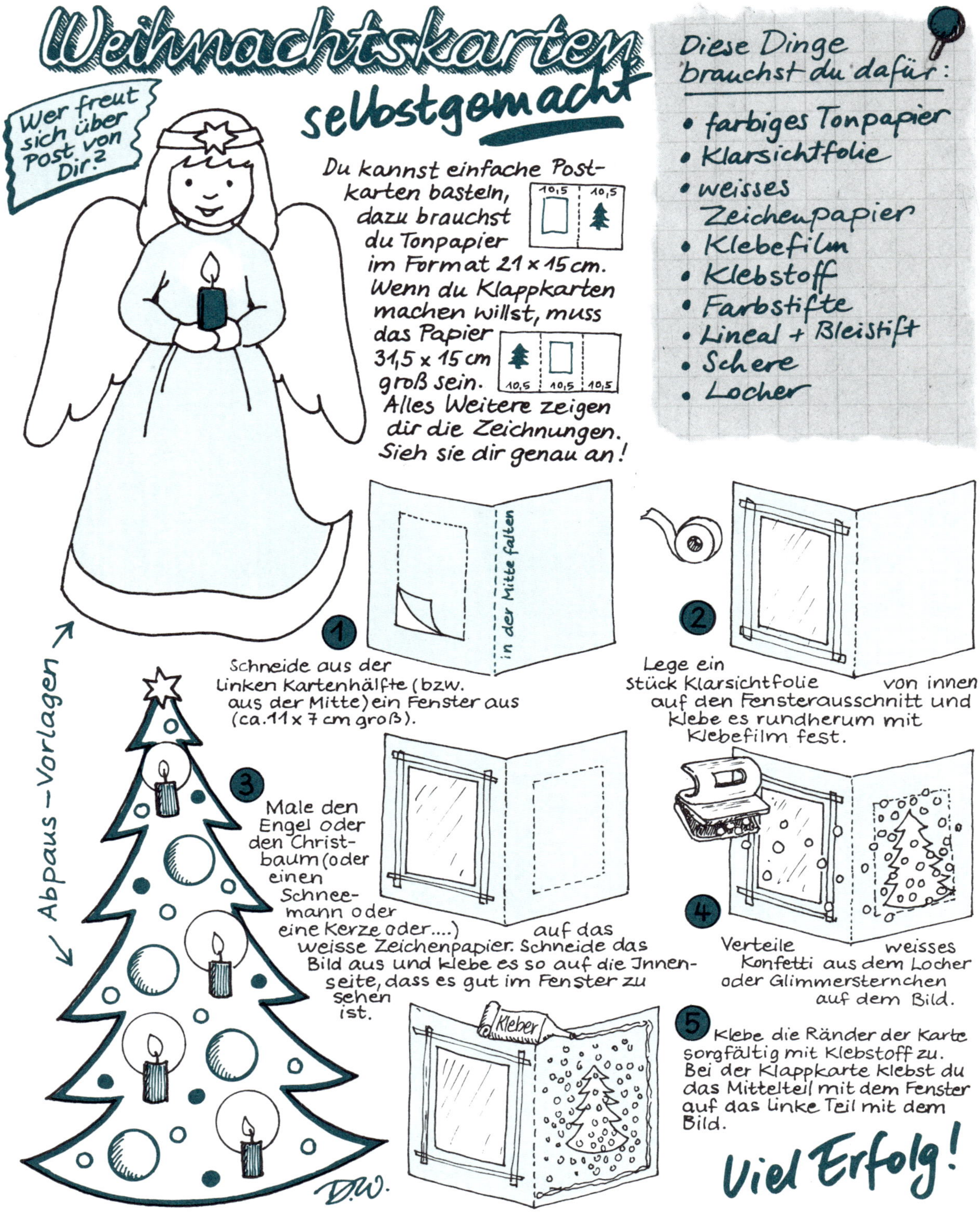

Auch im E-mail-Zeitalter freuen sich Menschen über liebevolle, altmodische Weihnachtsgrüße

Mit WINDOW-COLOR-FARBEN lassen sich ebenfalls hübsche Grußkarten herstellen: Starke Klarsichtfolie in das Sichtfenster der Klappkarten (die es auch fertig zu kaufen gibt) einkleben. Mit Window-Color-Farben das gewünschte Motiv nachmalen.

Weihnachten

Essen

Süsse Weihnachts-Leckerei

Kokoskartoffeln

Rezept für 25 – 30 Stück

Zutaten: 200g Kokosraspeln · 100g cremiger Honig · 1 – 2 Esslöffel Sahne · 1 – 2 Esslöffel Carobpulver und Kakao · Zahnstocher

Die Kokosraspeln mit dem Blitzhacker oder einem anderen geeigneten Küchengerät fein zerkleinern. Honig und Sahne zugeben und mit einem Holzlöffel zu einem glatten Teig vermengen. Kleine Kugeln daraus formen und in Carobpulver und Kakao wälzen.

104

Christbaum

Weihnachten

Geschichten: 65

WIR BASTELN

CHRISTBAUMSCHMUCK

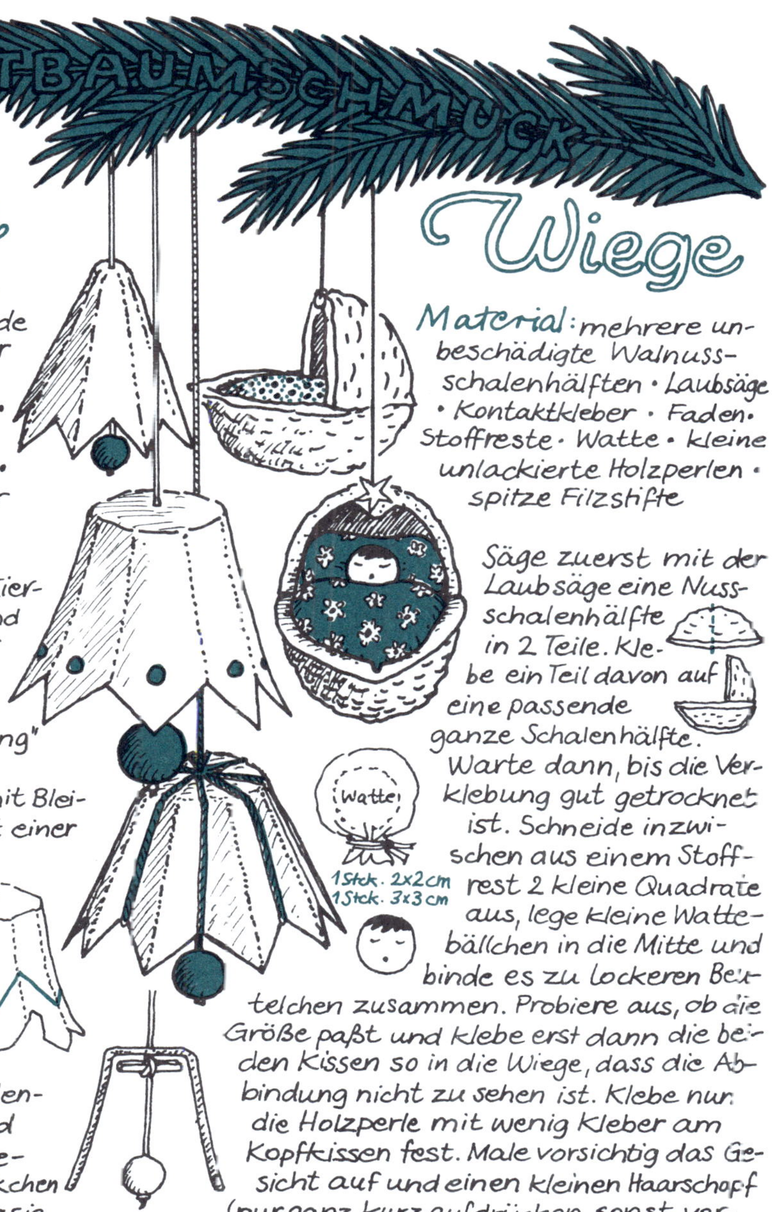

Glöckchen

Material: Eierpappen oder Eierpaletten · deckende Wasserfarben (z.B. Plaka) oder Gold/Silber-Sprühlack · verschiedene bunte Holzperlen · Schere · Pinsel · Bleistift · Streichhölzer ohne Zündkopf · farbiges Perlgarn und/oder Gold/Silberfaden

Bemale oder besprühe die Eierpappen zuerst gleichmäßig und nicht zu dünn (z.B. blau oder golden). Zerschneide sie nach dem Trocknen dann in einzelne Stücke (jeweils eine „Erhebung" ergibt einen Glockenkörper). Male die geplante Schnittlinie mit Bleistift auf und schneide sie mit einer kleinen scharfen Schere nach. Knote dann ein Stück Perlgarnfaden um ein halbes Streichholz, drücke mit dem Bleistift ein kleines Loch oben in das Glöckchen und ziehe den Faden durch. Binde am unteren Fadenende eine Holzperle fest und knote das obere zur Aufhängeschlinge. Schmücke die Glöckchen noch je nach Lust und Phantasie weiter aus (bemalen und bekleben).

Wiege

Material: mehrere unbeschädigte Walnussschalenhälften · Laubsäge · Kontaktkleber · Faden · Stoffreste · Watte · kleine unlackierte Holzperlen · spitze Filzstifte

Säge zuerst mit der Laubsäge eine Nussschalenhälfte in 2 Teile. Klebe ein Teil davon auf eine passende ganze Schalenhälfte. Warte dann, bis die Verklebung gut getrocknet ist. Schneide inzwischen aus einem Stoffrest 2 kleine Quadrate aus, lege kleine Watteballchen in die Mitte und binde es zu lockeren Beutelchen zusammen. Probiere aus, ob die Größe paßt und klebe erst dann die beiden Kissen so in die Wiege, dass die Abbindung nicht zu sehen ist. Klebe nur die Holzperle mit wenig Kleber am Kopfkissen fest. Male vorsichtig das Gesicht auf und einen kleinen Haarschopf (nur ganz kurz aufdrücken, sonst verläuft die Farbe!). Faden ankleben – fertig!

Backen und Basteln gehören zur Vorfreude der Adventszeit. Es hinterlässt prägende Eindrücke bei den Kindern.

105 Alt und Jung

Generationen

Großeltern

Helfen

Kinder

Miteinander

Geschichten:
3, 43, 45, 68

SILBENRÄTSEL

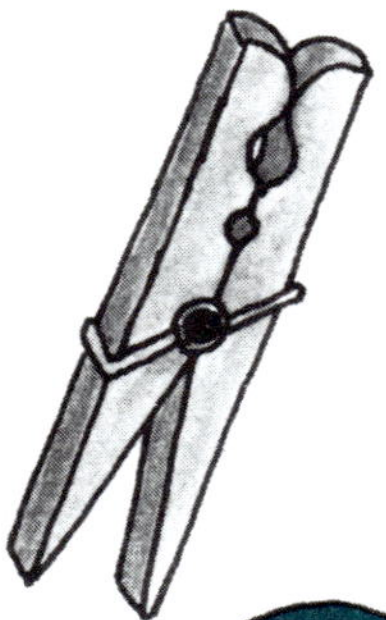

Klei	Kin	Luft
fon	Wä	der
hel	Schnee	E
ter	der	fen
al	Schmet	ten
sche	bal	Men
bü	schen,	klam
im	mann	che
le	Her	gel
Kir	mer	zen
ling	jung	Te
zu	lon	fant
blei	le	ben

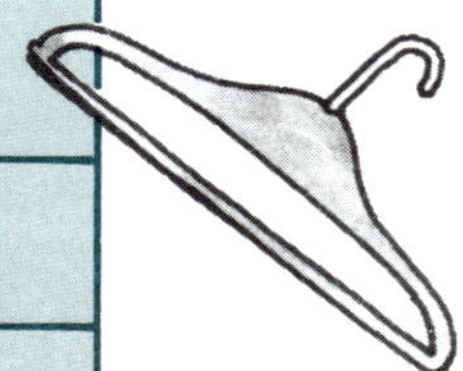

Streiche die Namen der abgebildeten Dinge aus der Silbentafel oder male diese Felder farbig aus. Die übriggebliebenen Silben ergeben, waagrecht von oben nach unten gelesen, den Lösungssatz. Schreibe ihn hier unten noch einmal auf:

Gemeinsam die Bedeutung des Lösungssatzes (»Kinder helfen alten Menschen, im Herzen jung zu bleiben«) und seine Umsetzungsmöglichkeiten im Alltagsleben herausfinden.

Armut

Eine Welt

Helfen

Hunger

Menschen-würde

Not

Solidarität

Jesaja 58,6-7

Geschichten:
4, 19, 33

Die meisten Kinder im reichen Deutschland erleben eine fast überversorgte Kindheit. Sie wissen nichts vom Teufelskreis der Armut, aus dem man aus eigenen Kräften nicht herauskommt. Menschen in der Welt helfen anderen, die in Not sind. Große Hilfswerke wie das Rote Kreuz oder Brot für die Welt versuchen das mit Spenden und Hilfe zur Selbsthilfe. Jeder von uns »Reichen« kann dazu beitragen, dass es weniger Armut gibt in der Welt.

Schneide die 8 Teile sauber aus, ordne sie zum zusammenhängenden Kreis und klebe alles auf einem DIN-A3-Blatt auf.
Sieh dir den Teufelskreis genau an. Suche Fotos in Zeitschriften, die zum Thema passen und klebe sie in den inneren Kreis.
Außenherum kannst du schreiben, malen oder als Fotos aufkleben, wie WIR helfen können, diesen schlimmen Kreislauf zu durchbrechen.

107 Atem

Leben

Luft

Geschichten: 5

REBUS

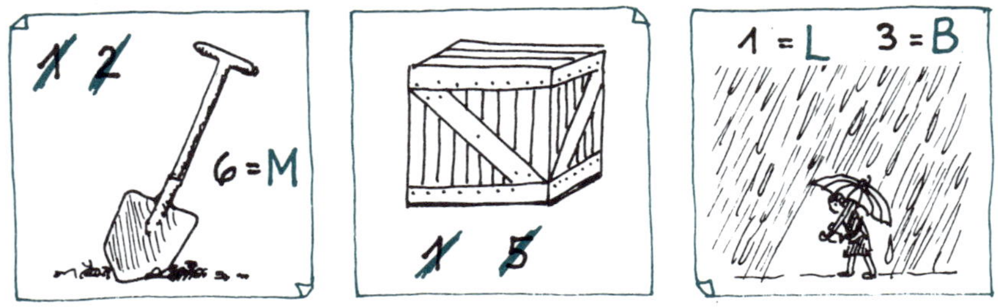

Finde die Namen der dargestellten Dinge und verändere die einzelnen Buchstaben der Wörter wie angegeben. Schreibe den gefundenen Satz in die Lösungszeile!

. . . . ←

D.W.

REBUS

108

Leben

Luft

Meditation

1. Mose 2,7b

Geschichten: 5

Mein Atem

Wir fühlen, was der Bauch beim Ein- und Ausatmen macht ...

Alle Kinder setzen sich im Kreis auf den Boden (Blickrichtung nach außen) oder legen sich sternförmig auf den Rücken.

Die bevorstehende Übung spannend ankündigen:

Heute wirst du etwas ganz Wunderbares an deinem Körper wahrnehmen. Etwas, das dich immer ohne dein eigenes Zutun begleitet, weshalb du oft nicht daran denkst. Schließe deine Augen und höre auf den Ton der Triangel. Wenn der Ton ganz verklungen ist und du ganz still geworden bist, kannst du deinen Atem spüren.

Die Triangel anschlagen und warten, bis die Kinder still geworden sind und ihrem Atem nachlauschen. Dann den nachfolgenden Text langsam mit Pausen (—) vorlesen und so gut es geht dem Atemrhythmus der Kinder anpassen:

Dein Atem geht ein und aus – du atmest ein – dann macht dein Atem eine kleine Pause – und geht wieder hinaus – das geht ganz von selbst – ohne dass du etwas dazu tun mußt. – Der Atem kommt ganz von selbst. – Du spürst, wie sich dein Bauch hebt und wie der Atem deinen Bauchraum ausfüllt. – Dann macht er eine kleine Pause – und fließt ganz von selbst wieder aus dir heraus. – Er macht wieder eine kleine Pause – und kommt wieder ganz von selbst. Beobachte deinen Atem, wie er ganz von selbst kommt und wieder geht.

Mit dem Ton der Triangel das Ende der Übung ankündigen.
Dauer: ca. 10 Minuten beim 1. Mal, ca. 5 Minuten bei Wiederholungen

Ziel der Übung: Den Atemvorgang bewusst wahrnehmen, ihn mit den Händen am Körper erfühlen und sich über das bewusste Atmen entspannen lernen.
Wichtig: Die Aufmerksamkeit gilt immer nur dem bewussten Ausatmen. Das Einatmen soll von ganz allein ohne Zutun geschehen. So lässt sich Hyperventilation vermeiden, die Schwindelgefühle auslösen könnte.

109

Alleinsein

Aufrichten

Freundschaft

Miteinander

Geschichten: 21, 30

Variante: Die Bildfolge in Einzelbilder zerlegen. Die Kinder stellen dann die Reihenfolge der Geschichte selbst zusammen.

110

Finde die Namen der dargestellten Dinge und schreibe ihre Anfangsbuchstaben in die Lösungskästchen:

Alleinsein

Alt und Jung

Einsamkeit

Hinsehen

Geschichten: 13

Die Rätsellösung: »Alleinsein macht einsam …« bietet den Einstieg in ein Gespräch über Einsamkeit und unsere Möglichkeiten, diesen Zustand bei uns und anderen Menschen positiv zu beeinflussen.

111 Aufeinander zugehen

Außenseiter/in

Diskriminie-
rung

Fremd

Gastfreund-
schaft

Kennenlernen

Miteinander

Vorurteil

Lukas 10,25-36

Geschichten:
15, 45, 59

Beim Ausmalen erzählen die Kinder von ihren eigenen Erfahrungen: Wann fühlten sie sich schon einmal ausgegrenzt? Gemeinsam überlegen, wie Außenseiter integriert werden können. Was ist zu tun (auf beiden Seiten)? Im Rollenspiel vertiefen!

Außenseiter

Diskriminierung

Freundschaft

Gastfreundschaft

Kennenlernen

Mut

Markus 9,23

Gechichten: 35, 36, 63

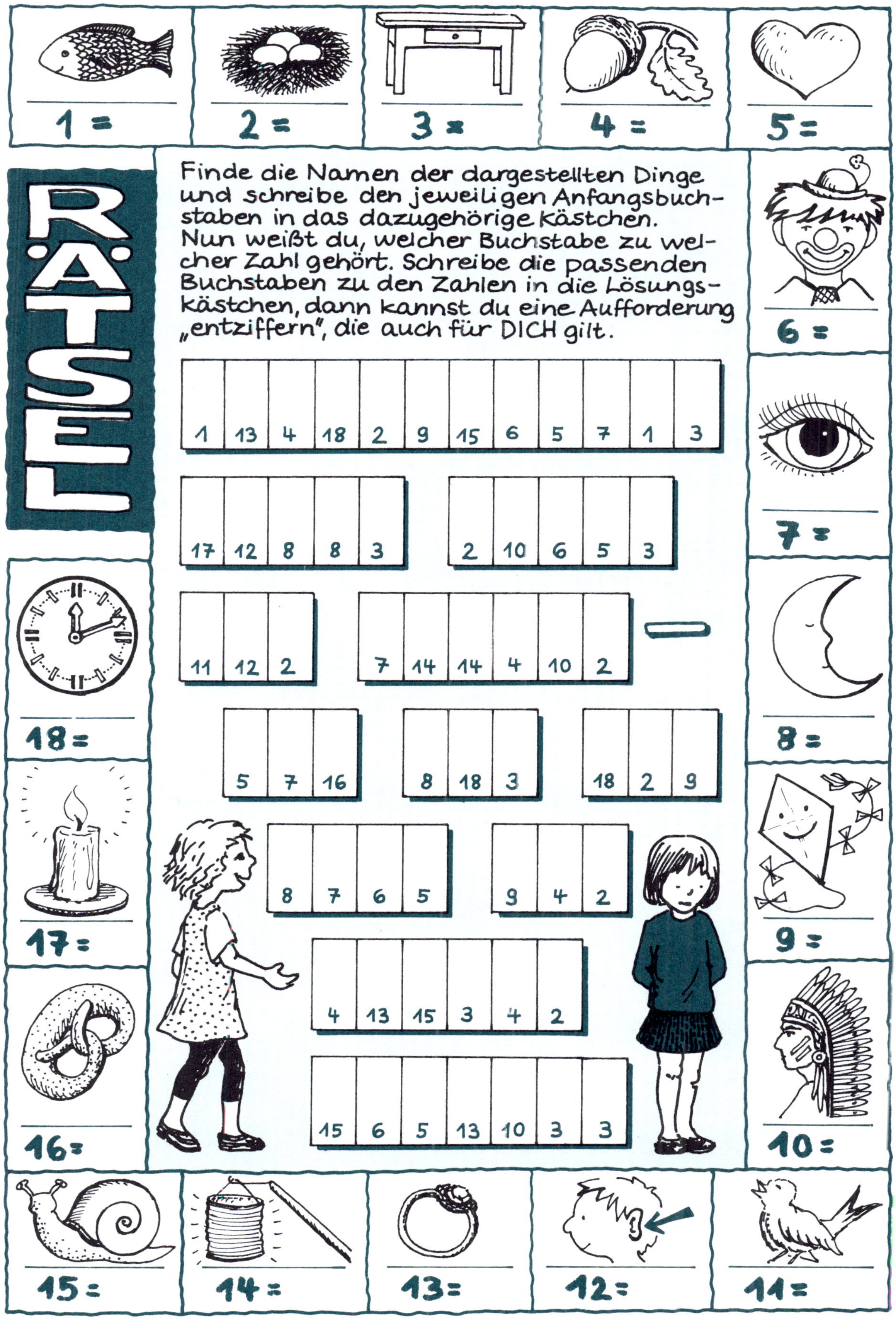

Die Rätsellösung »Freundschaft kommt nicht von allein – hab Mut und mach den ersten Schritt« fordert zu aktivem Handeln auf. Wie können diese »ersten Schritte« aussehen?

113 Aufeinander zugehen

Anderssein

Diskriminierung

Grenzen

Miteinander

Toleranz

Vorurteil

Matthäus 15, 21-28

Material: pro Kind ein Schuhkarton · Stifte · evtl. Kleber und Papier zum Überkleben

Vorbereitung: Die Deckel der Schuhkartons werden mit Vorurteilen, die Mauern zwischen den Menschen aufrichten, beschriftet und dann zu einer Grenzmauer nebeneinander auf den Boden gelegt.

Das Spiel: Alle Kinder verteilen sich auf beiden Seiten der Grenzlinie. Ein Kind nennt eines der Vorurteile, die auf die Kartons geschrieben wurden (z.B. alte Menschen sind langweilig). Ein Kind von der gegenüberliegenden Seite antwortet, wie dieses Vorurteil überwunden werden kann (z.B. man muss sich für das interessieren, was alte Menschen zu erzählen haben). Dabei entfernt es den betreffenden „Stein" aus der Mauer. So lange spielen, bis die Mauer verschwunden ist.

114 Aufrichten

Glaube

Jesus

Leben

Markus 1,29-31

Geschichten: 31

Silben-Rätsel

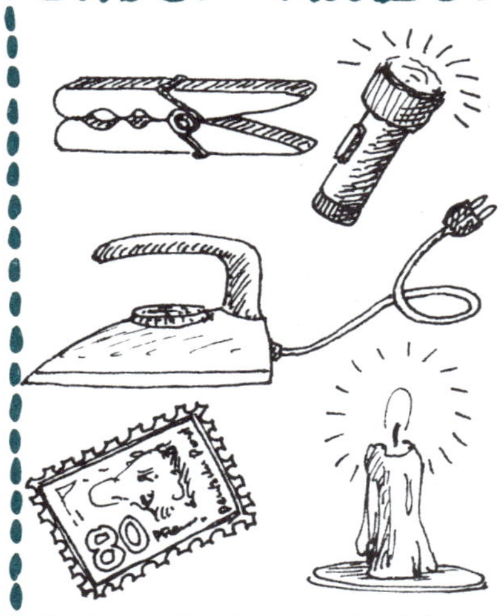

Ta	Auf	klam	recht	lam
durchs	mar	Le	sen	ben
ei	ge	Wä	hen:	ke
sche	Brief	Je	schen	Bü
sus	pe	rich	Ker	tet
ze	uns	gel	auf	mer

Streiche die Namen der hier abgebildeten Dinge aus der Silbentafel. Die Silben, die übrigbleiben, ergeben waagrecht von oben nach unten gelesen den Lösungssatz.

Wir versuchen, die Bedeutung des Lösungssatzes »Aufrecht durchs Leben gehen: Jesus richtet uns auf« im gemeinsamen Gespräch herauszufinden.

Gefühle

Meditation

Markus 4,39

Geschichten: 55

Körper-erfahrungen

Mit unserer „Körpersprache“ drücken wir aus, wie wir uns fühlen.

Wenn wir traurig, ärgerlich, niedergeschlagen oder wütend sind, ist unsere Körperhaltung angespannt, verkrampft, nieder-gedrückt und steif.

Wenn wir fröhlich und zufrieden sind, bewegen wir uns locker, entspannt, aufrecht und beschwingt.

Versucht einmal, diese verschiedenen Gefühlszustände mit eurem Körper auszudrücken:

➡ **Wie fühlt sich schlechte Laune an?**

➡ **Wie fühlt sich gute Laune an?**

Sucht einen fließenden Übergang von schlechter zu guter Laune und stellt es in einer Pantomime dar.

Wie fühlt ihr euch nun? Was war vorher anders? Was hat sich verändert? Was ist anstrengender?

Sprecht im Anschluss an eure Meditation gemeinsam über eure Eindrücke.

Körper und Seele müssen sich im Einklang befinden, damit der Mensch gesund bleibt und sich wohlfühlt. Auch Bewegungsmangel bringt Verspannungen, die es zu lösen gilt.

116 Behindert

Anderssein

Außenseiter

Mitgefühl

Verstehen

Markus 10,46-52

Geschichten: **8,** 10, 31, 63

Um Behinderte und ihre Probleme besser zu verstehen, wollen wir erfahren:

WIE IST DAS?

stumm sein? blind sein?

gelähmt sein? taub sein?

Ein Teil der Gruppe
- verbindet sich die Augen oder
- verstopft sich die Ohren oder
- spricht nicht oder
- bewegt sich nicht

Der andere Teil versucht, so gut wie möglich mit den „Behinderten" zu kommunizieren, z. B. bei einem gemeinsamen Spiel.
Später die Rollen tauschen.

Jedes Kind entscheidet selbst, wie lange es den gewählten Zustand aushalten kann und will.

117 Christentum

Fest

Kalenderjahr

Kirchenjahr

Psalm 118, 24-25

Geschichten: 1, 2, **9,** 32, 41, 42, 43, 65, 66

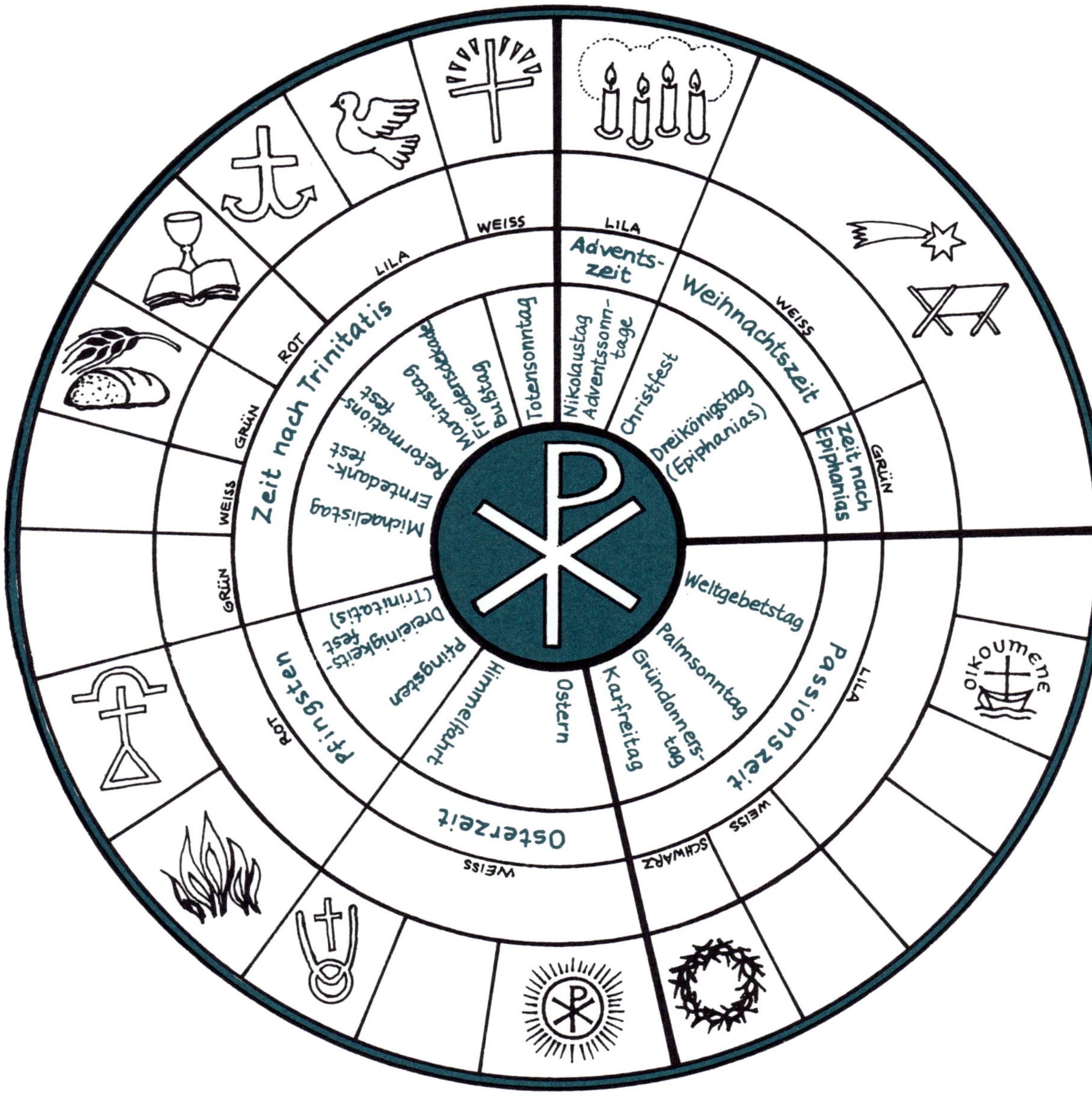

JAHRES-UHR: Die Kopie auf feste Pappe kleben, farbig ausstatten und die leeren Felder mit eigenen Zeichnungen füllen. Ein Loch durch die Mitte bohren, einen farbigen Wollfaden durchziehen und als straff gespannten Zeiger am Rand verknoten.

Wandkalender: Den Kirchenjahreskreis vergrößert kopieren oder auf einen großen Bogen Papier übertragen und farbig ausgestalten. Bilder zu den 12 Monaten des Jahres malen und außen um den Jahreskreis anordnen.

118

Nächstenliebe

3. Mose 19,18

Geschichten:
10

Das Diakonie-Zeichen ist …

Schneide die 8 Teile des Puzzles sauber aus, und lege sie zu einem nahtlos zusammenhängenden Streifen, dann kennst du die Antwort.

Lösung:
… das Zeichen der Nächstenliebe

119

Hände

Hinsehen

Hören

Nächstenliebe

Johannes 13, 1-17

Geschichten:
10, 38, 50

Wie sieht Diakoniearbeit im Alltagsleben aus?
Das Diakonie-Logo auf einen quadratischen Bogen Papier übertragen. Um das Logo herum die Antworten schreiben, malen oder als ausgeschnittene Fotos aufkleben.

Vorlagen für Wandposter/Aufkleber

120 Engel

Bote

Mitgefühl

Trost

Zuwendung

2. Mose 23, 20-23

Geschichten: **11**

Für ältere Kinder den Lösungsstreifen beim Kopieren abdecken.

∘•n∘r, d∘r k▪mmt,
∘•n∘r, d∘r
d•ch tr+st∘t,
∘•n∘r, d∘r
d•ch str∘•ch∘lt
m•t l•∘b∘n H×nd∘n,
w∘•l d◇ kr□nk b•st
▪d∘r m=d∘
▪d∘r v∘rzw∘•f∘lt,
v▪ll∘r □ngst,
d□s •st ∘•n ∘ng∘l,
∘•n B▪t∘ G▪tt∘s.

Ergänze die fehlenden Vokale im Text, dann erfährst du etwas Wichtiges!

a	e	i	o	u	ä	ö	ü
□	∘	•	▪	◇	×	+	=

121 Erntedank

Danken

Essen

Tisch

Psalm 104,27

Geschichten: **12**

Mit einem liebevoll vorbereiteten Tisch können wir bei einem gemeinsamen Essen unseren Dank sichtbar machen.

Vorschläge für einen Erntedank-Mittagstisch

Platzdeckchen:

Für jeden Teller malen wir auf ein DIN A3-Zeichenblatt mit Wasserfarben (oder auf farbiges Tonpapier mit Wachskreiden) eine Auswahl der Pflanzen und Früchte, die wir essen können.

Tischkarte mit Serviette:

Wir malen den Umriß eines Apfels auf dünne Pappe und schneiden ihn mit der Schere sauber aus. Nun haben wir eine Schablone, mit der wir die Apfelform auf rotes und grünes Tonpapier übertragen können (pro Tischkarte 2×). Die aufgemalten Formen schneiden wir aus und kleben je 2 Äpfel an den Rändern (gestrichelte Linie) mit wenig Klebstoff zu einer kleinen Tasche zusammen. Während des Trocknens zerschneiden wir eine (grüne oder gelbe) Serviette in 4 Quadrate. Diese falten wir zum Dreieck und rollen sie diagonal auf. Dann beschriften wir die Äpfel, knicken die Serviettenrollen in der Mitte und stecken sie als Stiele in die Äpfel.

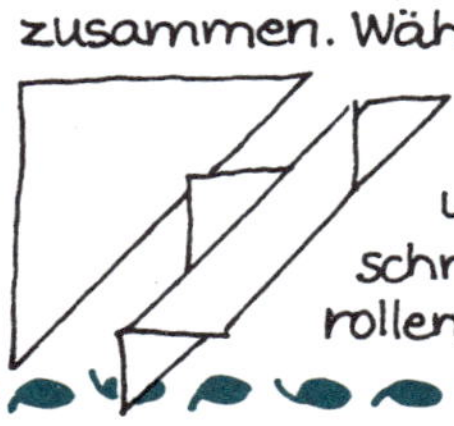

Solch ein liebevoll vorbereitetes Essen kann auch unabhängig vom Erntedankfest an beliebigen Tagen des Jahres zum Anlass genommen werden, über Herkunft und Bedeutung unserer Nahrung nachzudenken. Warum dürfen wir nicht gedankenlos mit unserem Essen umgehen?

Arm und Reich

Brot

Danken

Hunger

Teilen

Matthäus 19, 16-22

Geschichten: 19, 37, 40, 58

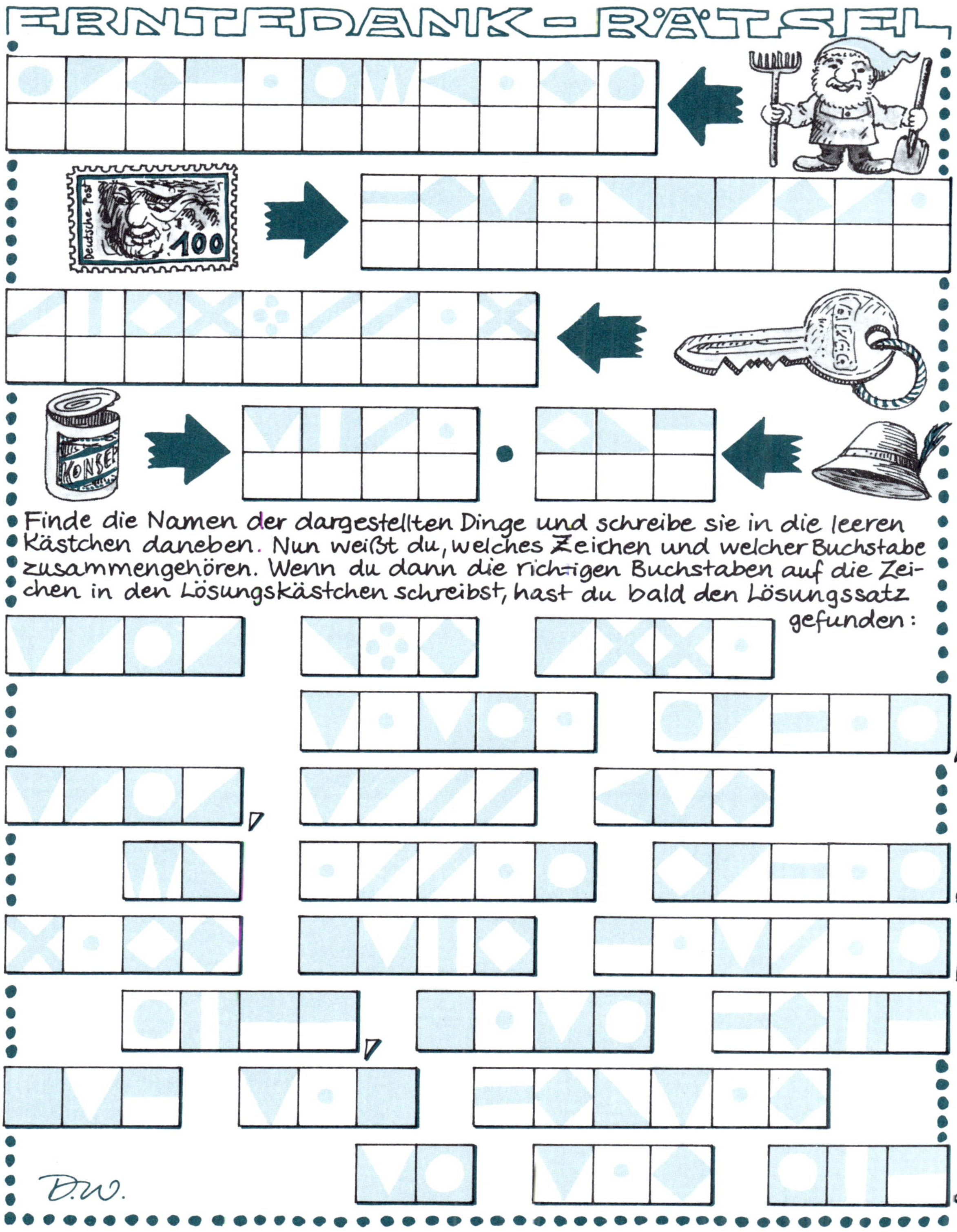

Lösung:
Dank für alle deine Gaben.
Dank, dass wir zu essen haben.
Lehr mich teilen, Gott, mein Brot
mit dem Bruder in der Not.

Die Rätsellösung erinnert daran, dass es durchaus nicht selbstverständlich ist, dass wir immer zu essen haben und keinen wirklichen Hunger kennen.
Welche Aufgaben und Pflichten erwachsen uns Satten daraus?

Brot

Essen

Psalm 104,27

Geschichten: **12**

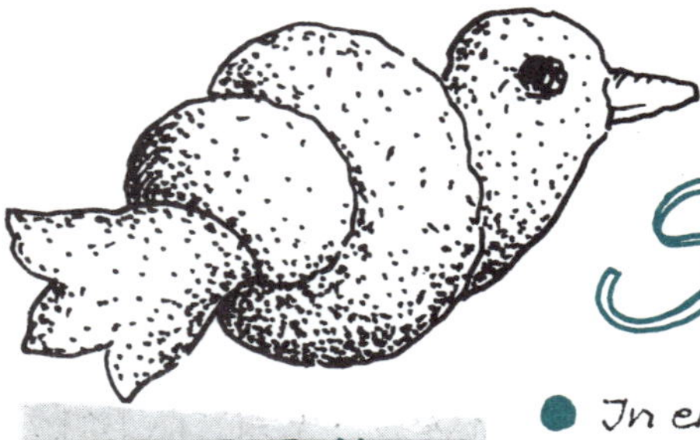

WIR BACKEN Vögel und Schnecken

ZUTATEN:

- 700 g Mehl
- 100 g weiche Butter
- 1/4 l warme Milch
- 1 Ei · 1 TL Salz
- 2 TL Zucker
- 1 Päckchen Hefe
- Rosinen und ganze geschälte Mandeln zum Verzieren (Augen und Schnabel)

- In einer Tasse die Hefe mit 4 EL warmer Milch und 1 TL Zucker anrühren. 10–15 Minuten gehen lassen. Dann das Mehl in eine Schüssel sieben, eine Vertiefung in die Mitte machen und dort Butter, Zucker, Ei, Salz, die aufgegangene Hefe und die restliche Milch hineingeben. Alles vermischen und sehr gut durchkneten (mindestens 50x). Den Teig mit einem Tuch bedecken und 1 Stunde in die Sonne stellen (oder in eine Schüssel mit warmem Wasser) und gehen lassen.

- Danach den Teig nochmals durchkneten, in Stücke teilen und auf einem bemehlten Brett etwa 2–3 cm dicke Rollen daraus drehen, dann Schnecken und Vögel aus den Teigrollen formen. Für den Vogel einen Knoten in die Teigrolle machen und das Schwanzende 2x mit einer Schere einschneiden.
- Auf ein gefettetes Backblech legen und unter einem Tuch nochmals 1/2 Std. gehen lassen. Dann im Backofen bei 200° (Gas Stufe 3) 25–30 Minuten hellbraun backen.

124

Brot

Essen

Matthäus 6,11

Geshichten: **12**

Oma's Knäckebrot

Zutaten:

- 250 g Weizenmehl
- 250 g Roggenmehl
- 150 g Butterflöckchen
- 1 Ei · ca. 1/4 l Milch
- 1 Teelöffel Salz
- 1 Teelöffel Kümmel

Zubereitung:

Das Mehl auf ein Holzbrett sieben, Butterflöckchen, Ei, Salz und Kümmel in die Mitte geben und mit der Milch zu einem festen glatten Teig verkneten. Den Teig in 2 Hälften teilen und jede Hälfte auf einem Blech gleichmäßig dünn ausrollen, dann mit einem Kuchenrädchen in ca. 5 x 10 cm große Rechtecke aufteilen. Mit einer Gabel jedes Rechteck mehrmals einstippen und bei Mittelhitze (ca. 180°) goldgelb backen. Noch warm an den markierten Stellen auseinander brechen, auskühlen lassen und in einer Blechdose aufbewahren.

Bei Nr. 201 ist noch ein weiteres Rezept für indianisches Fladenbrot zu finden.

Eltern

Generationen

Miteinander

Zuwendung

2. Mose 20,12

Geschichten: 35, 47

ZEUGNIS

für meine Eltern

	Mutter	Vater
Humor		
Nervenstärke		
Zuverlässigkeit		
Ehrlichkeit		
haben Zeit für mich		
nehmen mich ernst		
haben mich lieb		
sorgen für mich		
selbst ausfüllen!		

Bemerkungen:

Datum

Unterschrift

Notenschlüssel: 1 = könnte nicht besser sein 2 = ist in Ordnung so 3 = bin zufrieden damit 4 = geht so eben 5 = bin nicht zufrieden damit 6 = läßt sehr zu wünschen übrig

Vor dem Ausfüllen des Zeugnisses denken wir gemeinsam nach: Wie fühle ich mich zu Hause? Was tun meine Eltern alles für mich?

Ein Zeugnis, das Defizite erkennen lässt, sollte für Eltern und Erzieher Anlass zum Handeln sein!

Tiere

Familien-Rätsel

Die Tiere werden von uns Menschen in verschiedene Arten und Familien eingeteilt. Die hier abgebildeten Tiere gehören zu zwei großen Tierfamilien. Welches Tier gehört zu welcher Familie?

Säugetiere/Vögel

Eifersucht

Geschwister

Groß und Klein

Kinder

Rücksichtslosigkeit

Selbstvertrauen

Schule

1. Samuel 18, 6-16

Geschichten: 7, **13,** 39

Wie kann der Kleine sich wehren?
Was machst DU in solchen Fällen?

Male die Bildfolge weiter oder schreibe eine kleine Geschichte darüber, wie es weitergeht.

Immer auf die Kleinen! Stimmt das wirklich?
Die Kinder berichten von ihren Erfahrungen.

Kennenlernen

Spielen

Ru: 1,1–2,15

Geschichten: 14

DAS YOOT-SPIEL AUS KOREA

Vorbereitungen:

- Den Spielplan wie im Beispiel auf einen großen Bogen Papier oder auf feste Pappe aufmalen.
- Yoot-Stäbchen herstellen: Zwei 8-10 cm lange Rundholzstücke der Länge nach spalten, so daß man 4 Hölzer erhält, die je eine glatte und eine runde Seite haben (siehe nebenstehende Zeichnung).
- Außerdem benötigt jeder Spieler 4 gleiche Spielsteine (Halmafiguren, Knöpfe, Münzen oder ähnliches).

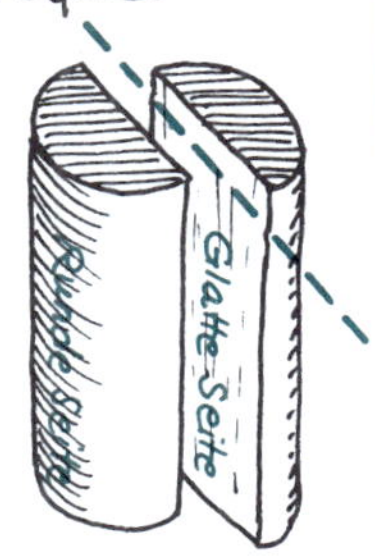

So wird gespielt:

Die 4 Yoot-Stäbchen in eine Hand nehmen und senkrecht auf den Tisch fallen lassen. Es zählen jeweils nur die obenliegenden glatten Seiten:

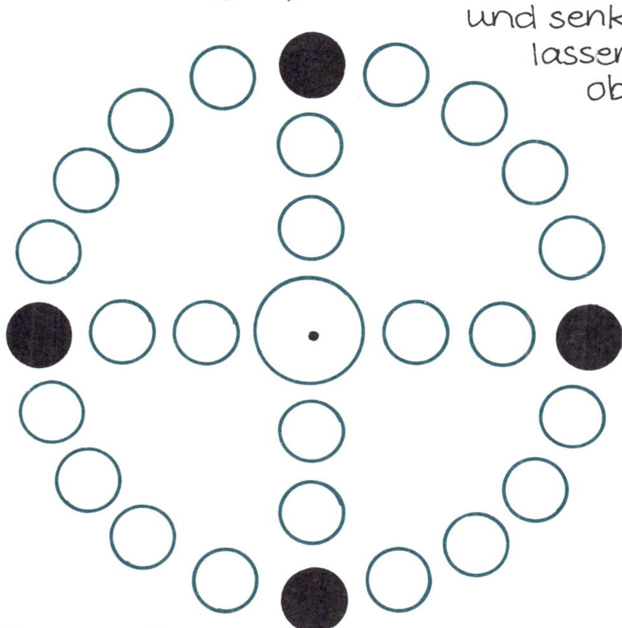

1 glatte Seite oben = „Schwein" = 1 Punkt
2 glatte Seiten oben = „Hund" = 2 Punkte
3 glatte Seiten oben = „Kuel" = 3 Punkte
4 glatte Seiten oben = „Yoot" = 5 Punkte und noch 1 Wurf
keine glatte Seite oben = „Mo" = 4 Punkte und noch 1 Wurf

Spielregeln:

Man zieht entsprechend der geworfenen Punkte vom Mittelpunkt aus auf einen beliebigen Kreuzarm und dann auf dem Kreis in beliebiger Richtung weiter, bis man den Kreis ganz umrundet hat und wieder zur Mitte kommt. Trifft man auf einen anderen Stein, wirft man ihn raus, das heißt, er muß wieder von vorne anfangen (Im Mittelkreis wird aber nicht rausgeworfen). Wer auf einen schwarzen Kreis kommt, darf bis zum nächsten schwarzen Kreis weiterrücken, falls man das für günstig ansieht. Wer zuerst alle vier Spielsteine wieder in der Mitte versammeln kann, hat gewonnen.

Wer kennt auch ein Spiel, das aus einem fremden Land kommt? Wie geht es? Wie wäre es mit einem bunten Spielnachmittag, an dem alle Spiele miteinander ausprobiert werden?

Kennenlernen

Miteinander

2. Mose 22,20

Geschichten: **15**

Fremde Länder – fremde Sachen!

Für die Gruppe

Die Kinder bilden Spielpaare aus je 2 Mitspielern. Gemischte Nationengruppen sind erwünscht.

VORBEREITUNG: Jedes Spielpaar bekommt die Aufgabe, innerhalb der Spielzeit (20–45 Minuten) oder bis zum nächsten Treffen 2–3 Gegenstände zu besorgen, die klar erkennbar einer fremden Nation zuzuordnen sind. Die Kinder dürfen sich aber nicht untereinander verständigen, die ausgewählten Gegenstände sind das Geheimnis jeden Spielpaares.

DAS SPIEL: Die mitgebrachten Dinge werden vorgezeigt oder ausgelegt und alle raten: Was kommt aus welchem Land? Die richtigen Antworten können dann auf kleine Kärtchen geschrieben und nach gefundener Lösung den Dingen zugeordnet werden.

Wenn das Spiel auf Lebensmittel und Kochgegenstände beschränkt wird, kann anschließend mit dem Mitgebrachten ein gemeinsames Essen gekocht werden.

130

Brauchtum

Kennenlernen

Indianische Perlenstickerei: Seit vielen Jahrhunderten verzieren Indianer die Gegenstände ihres täglichen Gebrauchs mit farbenfrohen phantasievollen Mustern. Neben bestimmten Stammesmustern sind geometrische Figuren wie Dreiecke, Kreuze und Rechtecke allgemein verbreitet.

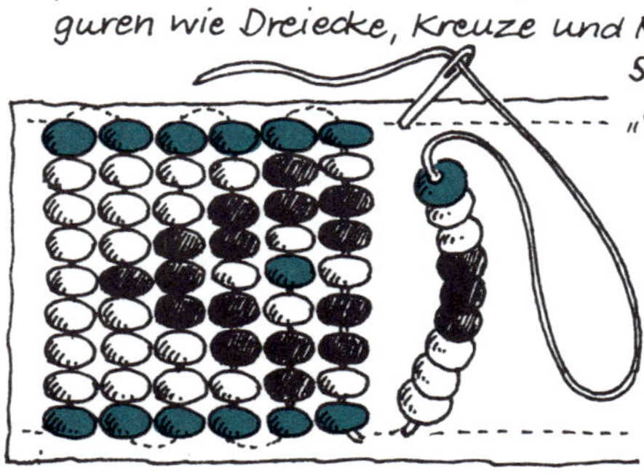

Schmale Zierbänder mit aufgelegten kleinen bunten „Saatperlen" sind einfach herzustellen: Erst auf kariertem Papier mit Buntstiften das Muster entwerfen. (Die Beispiele zeigen klassische Indianermuster). 7–9 Perlen auf einen Nylonfaden ziehen und je nach Verwendungszweck auf Lederstreifen, Segeltuch oder anderen festen Stoff wie in der Zeichnung aufnähen. Mehrere Reihen nebeneinander verbreitern das Muster. Bevorzugte Farben: Rot, orange, gelb, hellblau, dunkelblau, grün, Lavendel und schwarz.

Es lohnt sich, in Bibliotheken nach traditionellen Ornamenten aus Afrika, Lateinamerika oder Asien zu suchen. Sie liefern vielfältige Anregungen für Handarbeiten und Basteleien.

Frieden 131

Gott

Regenbogen

Symbole

1. Mose 9,8-17

Geschichten: 53

Warum ist der Regenbogen für uns Christen ein Symbol? Während des Ausmalens machen wir uns Gedanken darüber.

Hier fehlt noch deine Mitarbeit! Male das Bild mit Buntstiften farbig!

132

Regenbogen

Symbole

Zeichen

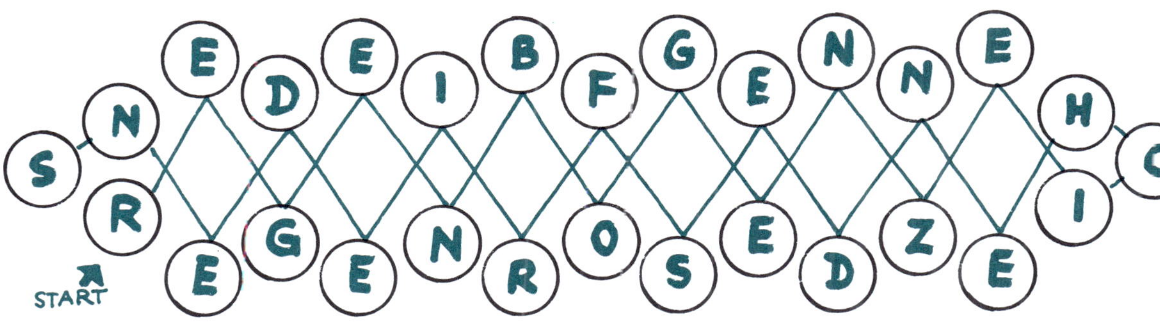

Folge der Linie von Buchstabe zu Buchstabe und schreibe den gefundenen Satz hier auf:

. . . . – . . . .

Lösungssatz: Regenbogen – Zeichen des Friedens

133 Frieden

Haus

Miteinander

Toleranz

Psalm 85,9-11

Geschichten:
16, 21

Als Einzelarbeit auf DIN-A4 vergrößern, als Gemeinschaftsarbeit auf Postergröße bringen und auf feste Pappe aufkleben. Das Haus farbig ausgestalten und in die Fenster malen oder kleben, was dieses Haus zum Friedenshaus macht.

Die Kräuterspirale

Säen

Schöpfung

Wachsen

Matthäus 13, 3b-9

Geschichten: **17**, 29

ist ein Minigarten, der auch auf kleinstem Raum Platz findet – er benötigt eine Grundfläche von gerade 2-3 qm. Das Besondere an der Kräuterspirale ist der von außen nach innen spiralförmig ansteigende Aufbau. Durch diese Form – verbunden mit einem Miniteich am unteren Ende der Spirale – werden auf kleinstem Raum sehr verschiedene Lebensbedingungen für zahlreiche Kräuter geschaffen.
Als Ausgangsmaterial werden viele abgeflachte Natursteine, ein alter Bottich für den Teich und reichlich Erde benötigt. Wer es ganz perfekt machen will, setzt unterschiedliche Erdqualitäten ein, z.B. kann die oberste Spitze aus einer Sand-Kies-Auflage (magerer Boden) bestehen. Hier gedeihen dann Kräuter wie Thymian, Majoran und Quendel sehr gut. Die jeweiligen Standorte in der Spirale ergeben sich auch aus den Vorlieben der gewählten Kräuter: schattig, sonnig, trocken, feucht usw. Auf der Nordseite wird etwas vertieft im schattigen Bereich ein Sumpfbeet für Pfefferminze und Brunnenkresse angelegt.

Jede Kräuterspirale hat ihr eigenes Aussehen: manche ragen steil auf, andere sind eher flach. Durch Beobachten der Pflanzen findet man leicht heraus, ob sich ein Kraut an seinem Standort wohlfühlt oder nicht. Vorsichtiges Umpflanzen kann Abhilfe schaffen. LERNEN DURCH AUSPROBIEREN!

135

Schöpfung

Umwelt

Verantwortung

1. Mose 2,15

Geschichten: 48, 51

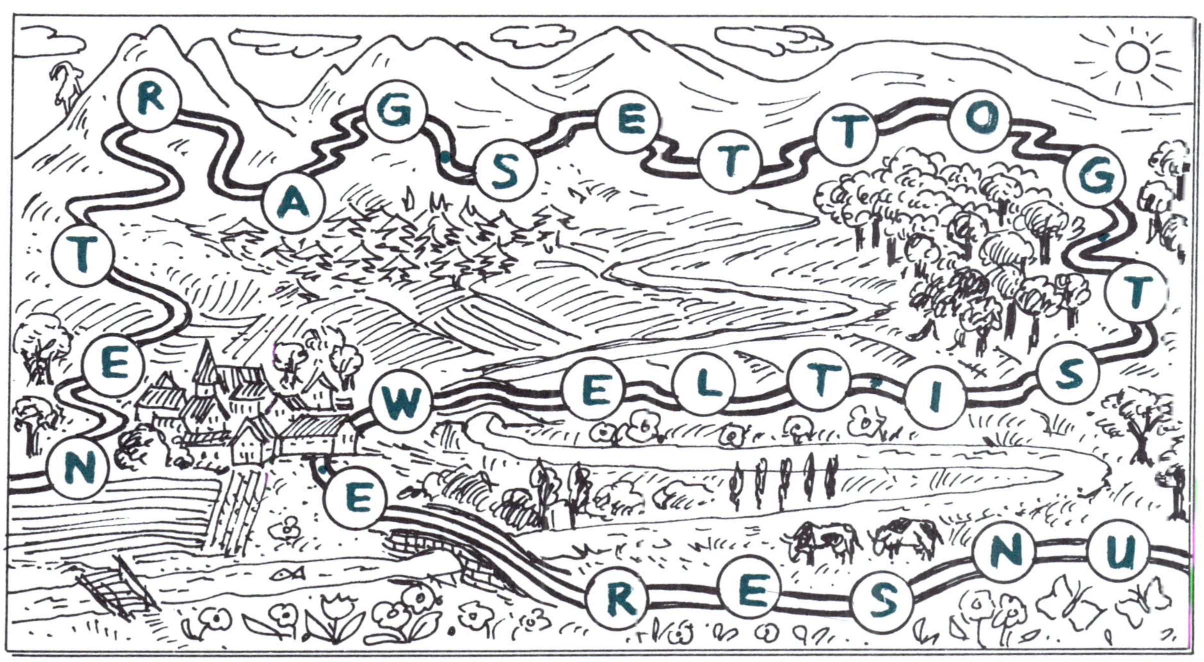

Lösungssatz: Unsere Welt ist Gottes Garten.

Welche Aufgaben haben wir als »Gärtner«?

Miteinander

Ordnung

Regeln

Schule

3. Mose 19,37

Geschichten: 56

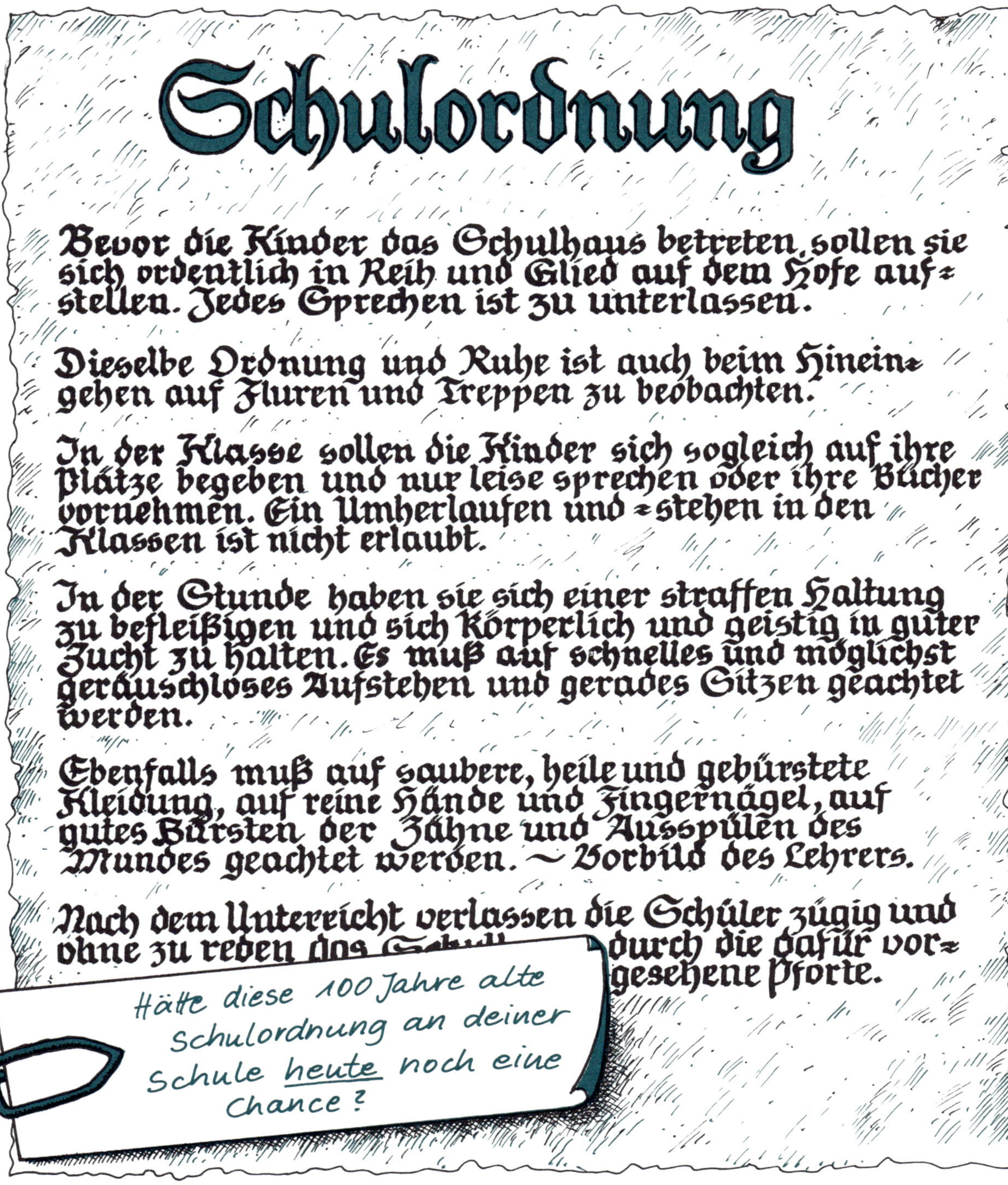

Schulordnung

Bevor die Kinder das Schulhaus betreten, sollen sie sich ordentlich in Reih und Glied auf dem Hofe aufstellen. Jedes Sprechen ist zu unterlassen.

Dieselbe Ordnung und Ruhe ist auch beim Hineingehen auf Fluren und Treppen zu beobachten.

In der Klasse sollen die Kinder sich sogleich auf ihre Plätze begeben und nur leise sprechen oder ihre Bücher vornehmen. Ein Umherlaufen und -stehen in den Klassen ist nicht erlaubt.

In der Stunde haben sie sich einer straffen Haltung zu befleißigen und sich körperlich und geistig in guter Zucht zu halten. Es muß auf schnelles und möglichst geräuschloses Aufstehen und gerades Sitzen geachtet werden.

Ebenfalls muß auf saubere, heile und gebürstete Kleidung, auf reine Hände und Fingernägel, auf gutes Bürsten der Zähne und Ausspülen des Mundes geachtet werden. ~ Vorbild des Lehrers.

Nach dem Unterricht verlassen die Schüler zügig und ohne zu reden das Schul… durch die dafür vorgesehene Pforte.

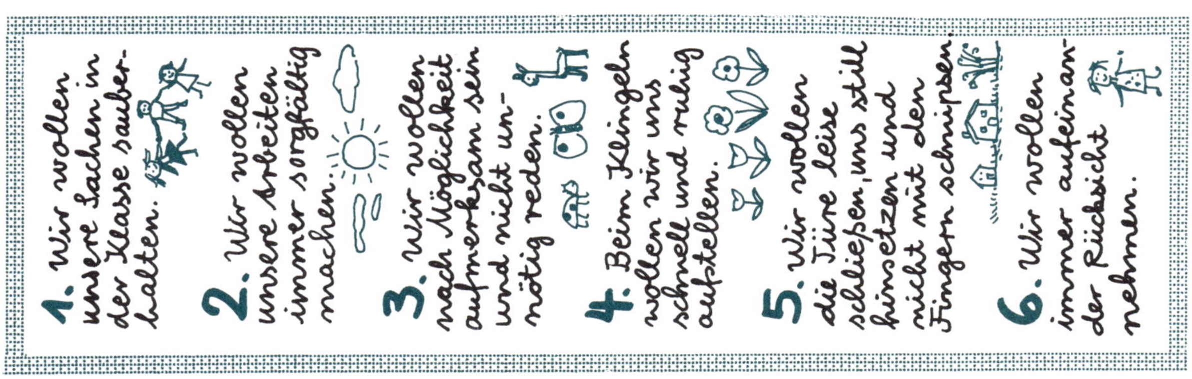

Alte Schulordnung und heutige Klassenordnung miteinander vergleichen. Sinn und Unsinn diskutieren.

Familie

Miteinander

Ordnung

Regeln

Psalm 119, 166-167

Kannst du dir denken, was Pieks zu Fiep sagt? Schreibe es in die Sprechblase!

Miteinander leben ohne gemeinsame »Spielregeln« endet meist im Chaos. Welche Regeln sind wichtig für ein friedliches Zusammenleben?

Wie sieht es in den Zimmern der Kinder aus? Jeder erzählt von seiner persönlichen Vorstellung von Ordnung.

Rätsel 138

Weg

Geschichten: 18

Finde die Namen der abgebildeten Dinge und schreibe ihre Anfangsbuchstaben in die Lösungsfelder darunter.

Über die Schutzfunktion von Geboten und Verboten sprechen.

Rätsellösung: »Gebote sind Wegweiser.« Verbote auch!

Glaube

Gott

Reichtum

Lukas 18, 18-27

Geschichten: 4, **19,** 27, 58

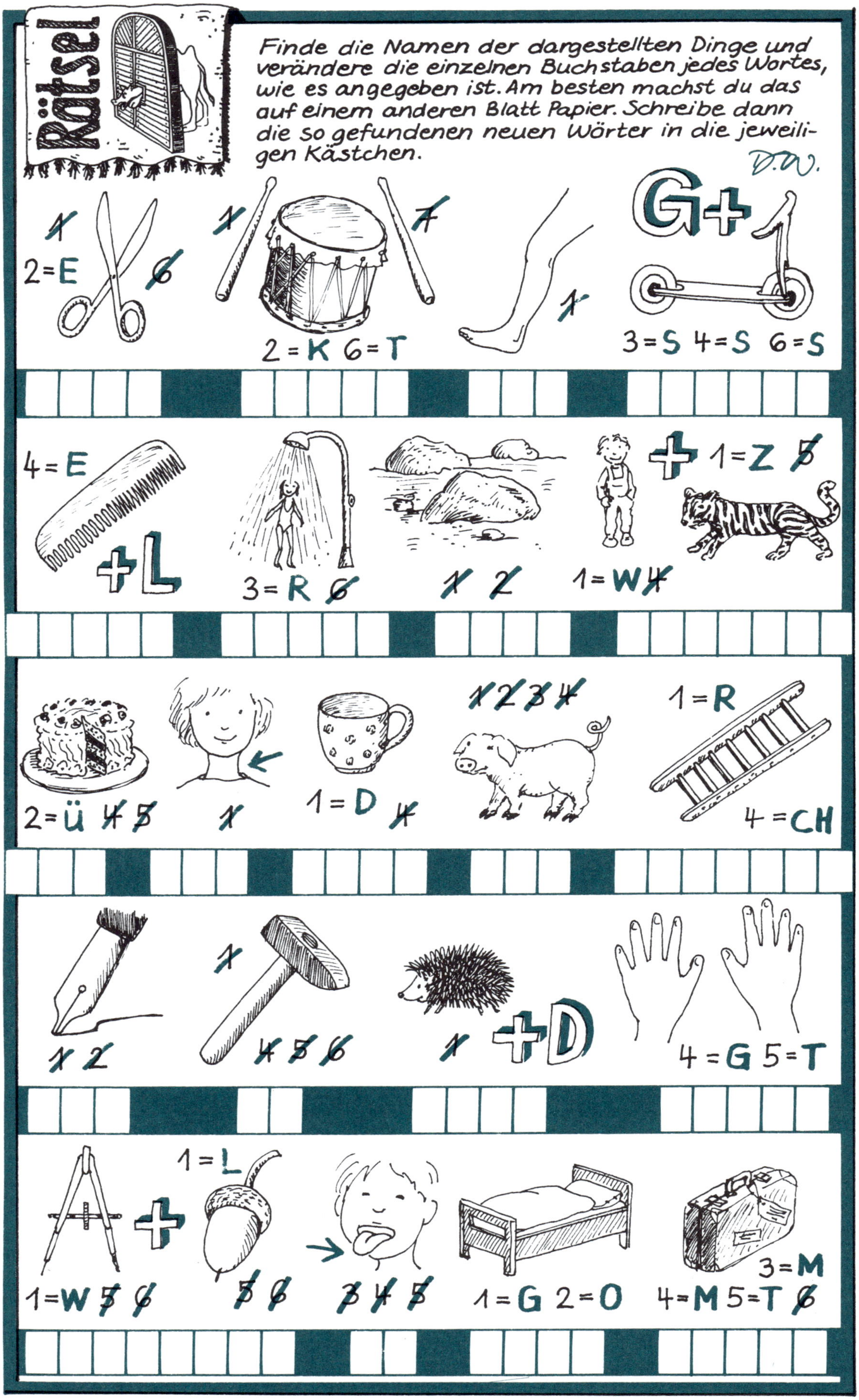

Lösungssatz: »Eher kommt ein großes Kamel durch eine winzige Tür, als dass ein Reicher, der am Geld hängt, wirklich zu Gott kommt.« Wie ist das zu verstehen? Im Gespräch versuchen wir, es herauszufinden.

Bibel

Christentum

Glaube

Jesus

Matthäus 18,20

Geschichten: **20**, 31

Bibelrätsel

Matthäus 18,20

Was sagt uns diese Bibelstelle?

So erfährst du es:

Finde zuerst die Namen der in den Zeichnungen dargestellten Dinge und schreibe die jeweiligen Anfangsbuchstaben in die Kreise.
Nun weißt du, welcher Buchstabe zu welcher Zahl gehört. Schreibe die entsprechenden Buchstaben über die Zahlen in die Lösungskästchen:

9 5 15 17 15 — 15 1 6 16 :

„ 19 13 — 20 19 5 8 — 13 4 5 14

4 14 5 8 — 18 5 14 15 1 11 11 5 10 16

15 8 12 4 — 8 12 — 11 5 8 12 5 11

12 1 11 5 12 , 4 1 — 2 8 12

8 3 7 — 11 8 16 16 5 12

17 12 16 5 14 — 8 7 12 5 12 . "

D.W.

Lösung: Jesus sagt: Wo zwei oder drei versammelt sind in meinem Namen, da bin ich mitten unter ihnen.

141 Gemeinde

Haus

Miteinander

Oikoumene

Epheser 2, 19-20

Geschichten: **20**

Zuerst sammeln wir viele verschiedene Pappkartons. Dann bemalen wir jeweils mindestens eine Seite der Kartons mit Wasserfarben: Zuerst malt jeder sich selbst, danach Menschen aller Rassen und Berufe. Jede(r) ist ein lebendiger Stein der Gemeinde! Dann spielen wir: Verschiedene Kindergruppen bauen um die Wette ein Haus aus den Kartons: Geht es um die kürzeste Bauzeit, stürzt meist ein Haus ein. Geht es um das größte Haus, wird manches gar nicht fertig. Teilt man die Häuser nach gleichen Menschenbildern ein, sieht es langweilig aus. Nachdem wir diese Erfahrungen gemacht haben, bauen wir gemeinsam aus allen verschiedenen Steinen EIN Haus.

142 Generationen

Alt und Jung

Großeltern

Kinder

Miteinander

Psalm 148,12-13

Geschichten: **21,** 42, 68

Was jung und alt zusammen machen können:

Schreibe oder male es hier auf den freien Platz!

Heute ist es eher selten geworden, dass mehr als zwei Generationen unter einem Dach leben. Enkel sehen ihre Großeltern nicht mehr so häufig. Was möchten die Kinder am liebsten mit Oma und/oder Opa machen? Was gefällt ihnen bei den Großeltern am besten, was ist anders als zu Hause?

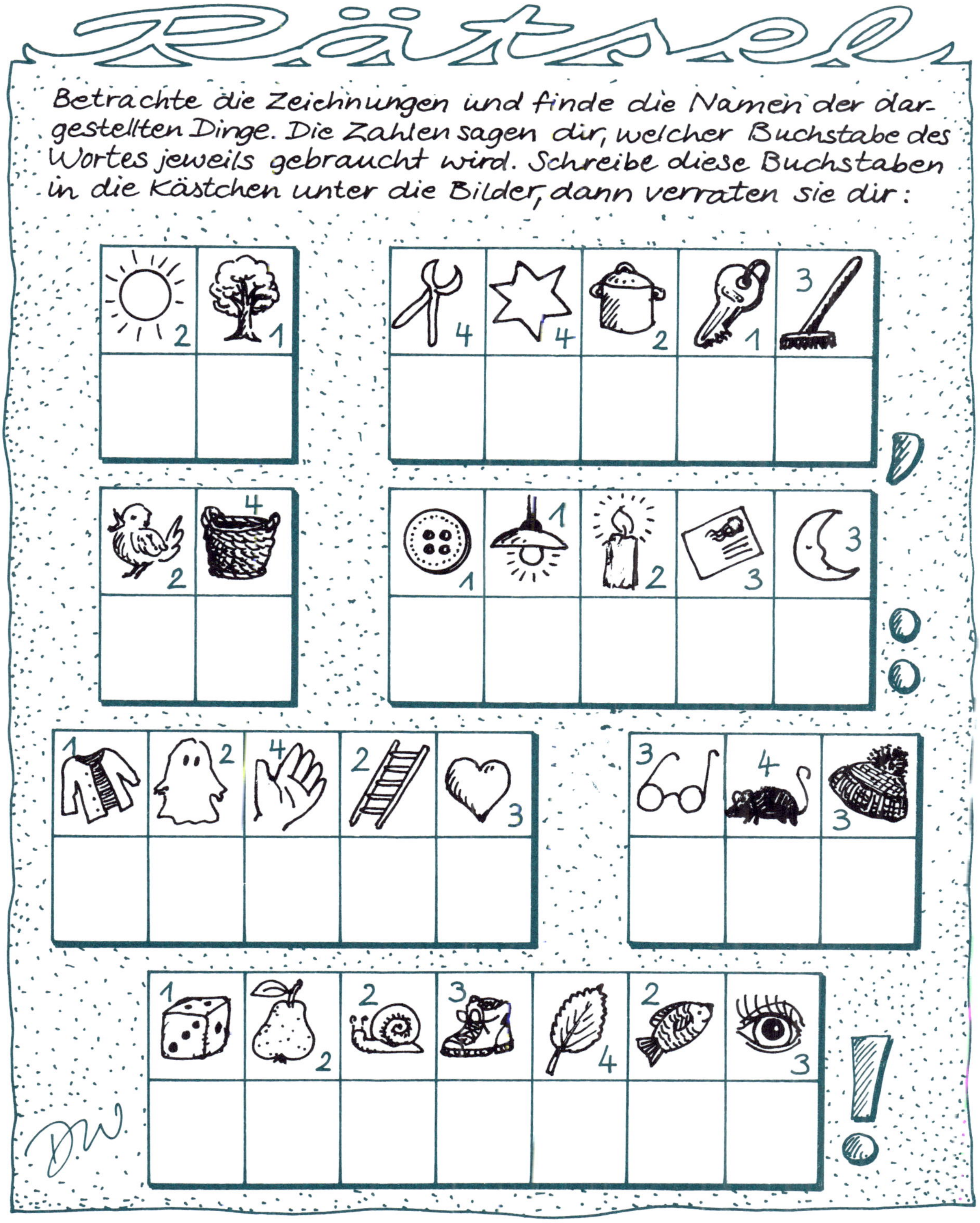

Alt und Jung

Familie

Groß und Klein

Identität

Toleranz

Zukunft

1. Mose 18
1-15
1. Mose 21,
1-8

Geschichten:
21, 34 48

Die Rätsellösung: »Ob groß, ob klein: Jeder ist wichtig!« macht deutlich, dass es auf *jeden* Menschen ankommt, egal wie alt er ist.

Arm und Reich

Armut

Eine Welt

Menschenwürde

Unterdrückung

2. Petrus 3, 12-13

Geschichten: 4, **22,** 33, 45, 50, 59, 67

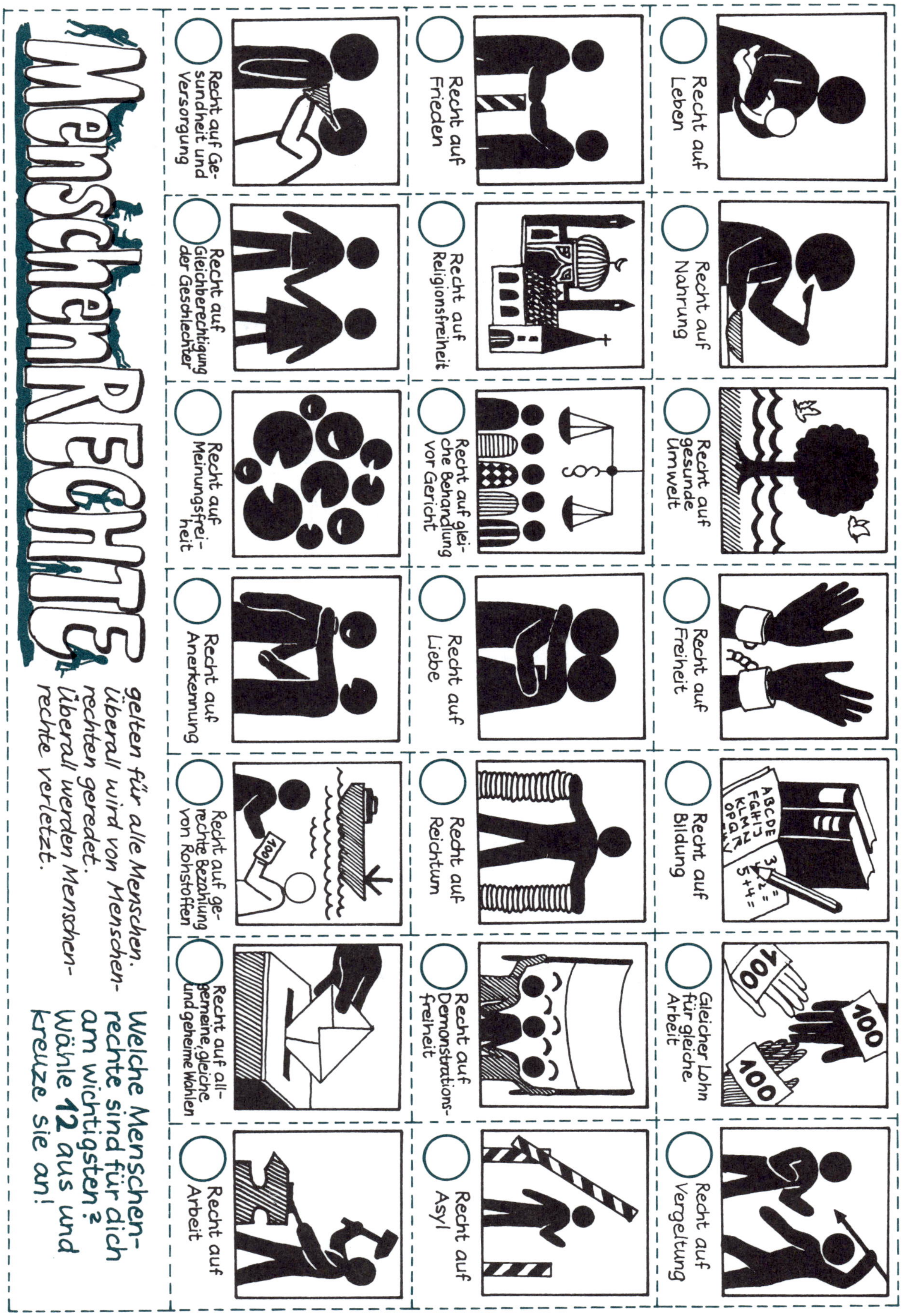

Welche sind die allerwichtigsten Rechte (Grundrechte)?

Welche sind für uns Deutsche selbstverständlich, für manche anderen Länder aber nicht?

Die Ergebnisse untereinander austauschen und über die unterschiedlichen Auffassungen sprechen.

Die Piktogramme können auch vergrößert auf hellen Bastelkarton kopiert und in Einzelkarten zerschnitten werden. Diese auf den Tisch auslegen und gemeinsam die Auswahl treffen.

Gewalt

Menschenwürde

Unterdrückung

2. Mose 1,8-14

Geschichten: 54

Was erzählt dir dieses Bild? Überlege: Was alles kann Menschen unterdrücken? Schreibe es in den Stiefel!

Gewalt 146

Gewaltlosigkeit

Psalm 62,11a

Geschichten: **23**

Für die Gruppe:

Das Ausbrecher-Spiel

Ein(e) Mitspieler(in) wird ausgelost. Alle anderen Kinder bilden gemeinsam, Körper an Körper, einen engen Kreis um das ausgeloste Kind. Dieses versucht nun, sich durch den Kreis nach außen zu drängeln. Welche Mittel setzt es dazu ein? Sprache? Mimik? Gestik? Gewalt? Und wie reagiert die Gruppe? Schafft es der/die Einzelne, sich durchzusetzen? Oder verzichtet er/sie lieber? Nach 5 Minuten wechseln und nach dem Spiel darüber sprechen, wie typisch das gezeigte Verhalten auch für andere Situationen ist…

Die Gewaltbereitschaft unter Kindern und Jugendlichen hat stark zugenommen. Gemeinsam überlegen wir, mit welchen Mitteln wir dem »Faustrecht« entgegenwirken können.

Gandhi

Indien

Unabhängigkeit

Vorbild

Matthäus 5,5

Geschichten: **24**

Mohandas Karamchand Gandhi

Mahatma – Rechtsanwalt – Vaishjas – Gefängnis – passiven Widerstand – Kastenlosen – Indien – Unabhängigkeit

Was machte Gandhis Kampf so ungewöhnlich?

1
2
3
4
5
6
7
8
9
10
11
12
13
14
15

❑ Er wurde am 2. Oktober 1869 in _ _ _ _ _(10) _ _ geboren, wo er auch die meisten seiner Jahre lebte.

❑ Er entstammte der Hindu-Kaste der _ _(4) _ _ _ _ _ _ und war von Beruf _ _(2) _ _ _ _ _ _ _ _ _(7) _ .

❑ Er kämpfte viele Jahre für die _ _ _ _ _ _ _ _(11) _ _(1) _ _ _ _ seines Volkes von der Kolonialherrschaft Englands.

❑ Diesen Kampf führte er ohne Waffen durch _ _ _ _ _(14) _ _ _ _ _(3) _ _ _ _ _ _ _(15) _ _ _ .

❑ Dafür kam er mehrmals ins _ _(13) _ _ _ _ _ _ _(9) .

❑ Er setzte sich sehr für die _(12) _ _ _ _ _ _ _(5) _(8) _ _ _ der indischen Gesellschaft ein, die er „Harijans" (Kinder Gottes) nannte.

❑ Er bekam den indischen Ehrentitel _ _ _ _ _(6) _ _ .

❑ Er starb am 30. Januar 1948.

Fülle die Lücken im Text mit den Wörtern in den Balken. Übertrage dann die mit Zahlen gekennzeichneten Buchstaben in die senkrechte Spalte.

Die Lebensgeschichte Mahatma Gandhis ist ein Beispiel dafür, wie viel ein Einzelner mit der nötigen Entschlossenheit erreichen kann. Dass dazu einmal nicht Gewalt nötig war, beeindruckt und ermutigt.

Leben

Luft

Schöpfung

Schutz

Wasser

Zuversicht

Psalm 36,10
Psalm 104,3
Psalm 32,7
Psalm 91,2

Geschichten:
5, 11

Bild 1

Bild 2

Arbeitsanweisung auf der nächsten Seite

Bild 3

Bild 4

Basteltips: Die 6 Einzelbilder 1:1 kopieren und auf das Format 11,0 x 15,7 cm (plus 2 cm Kleberand an der rechten Seite!) zuschneiden. Aus farbigem Bastelkarton einen 11 cm breiten und 94,5 langen Streifen zuschneiden (notfalls aus 2 Teilen

Bild 1	Bild 2	Bild 3	Bild 4	Bild 5	Bild 6

Bild 5

Bild 6

zusammenkleben). Diesen Streifen in 6 Felder von je 15,7 cm Breite unterteilen und an jeder Trennlinie beidseitig falzen, dann die Kopien passgenau ganzflächig aufkleben. Nach dem Trocknen nachfalzen und zum Leporello falten. Mit Buntstiften farbig ausmalen, die Rückseite von Bild 1 → als Titelseite gestalten (beschriften und bemalen).

149 Hände

Identität

Psalm 139,5

Geschichten: **26**

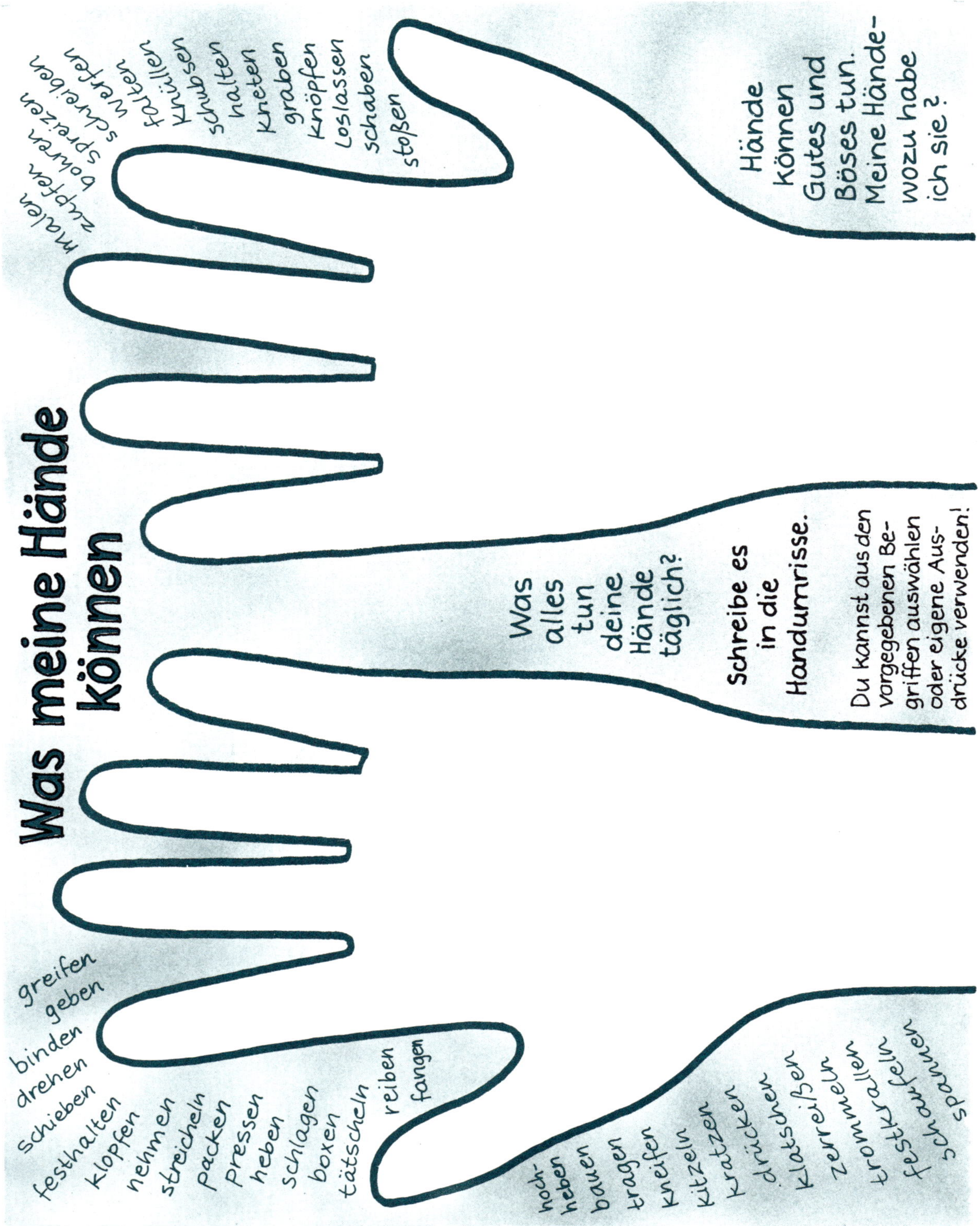

Was kann dein Daumen? Was kann dein Zeigefinger?
Was können Daumen und Zeigefinger zusammen?
Was können die anderen drei Finger deiner Hand?
Was kann die ganze Hand, was die Linke, was die Rechte?
Und was können zwei Hände? Ausprobieren!

Die Sprache der Hände

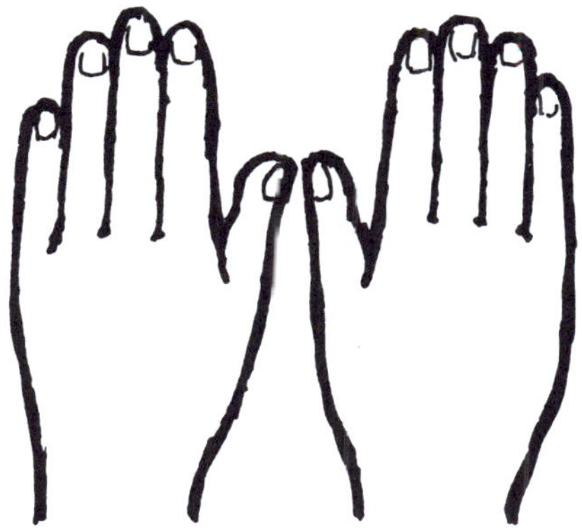

Miteinander

Verstehen

Psalm 89,14

Geschichten: 21, 68

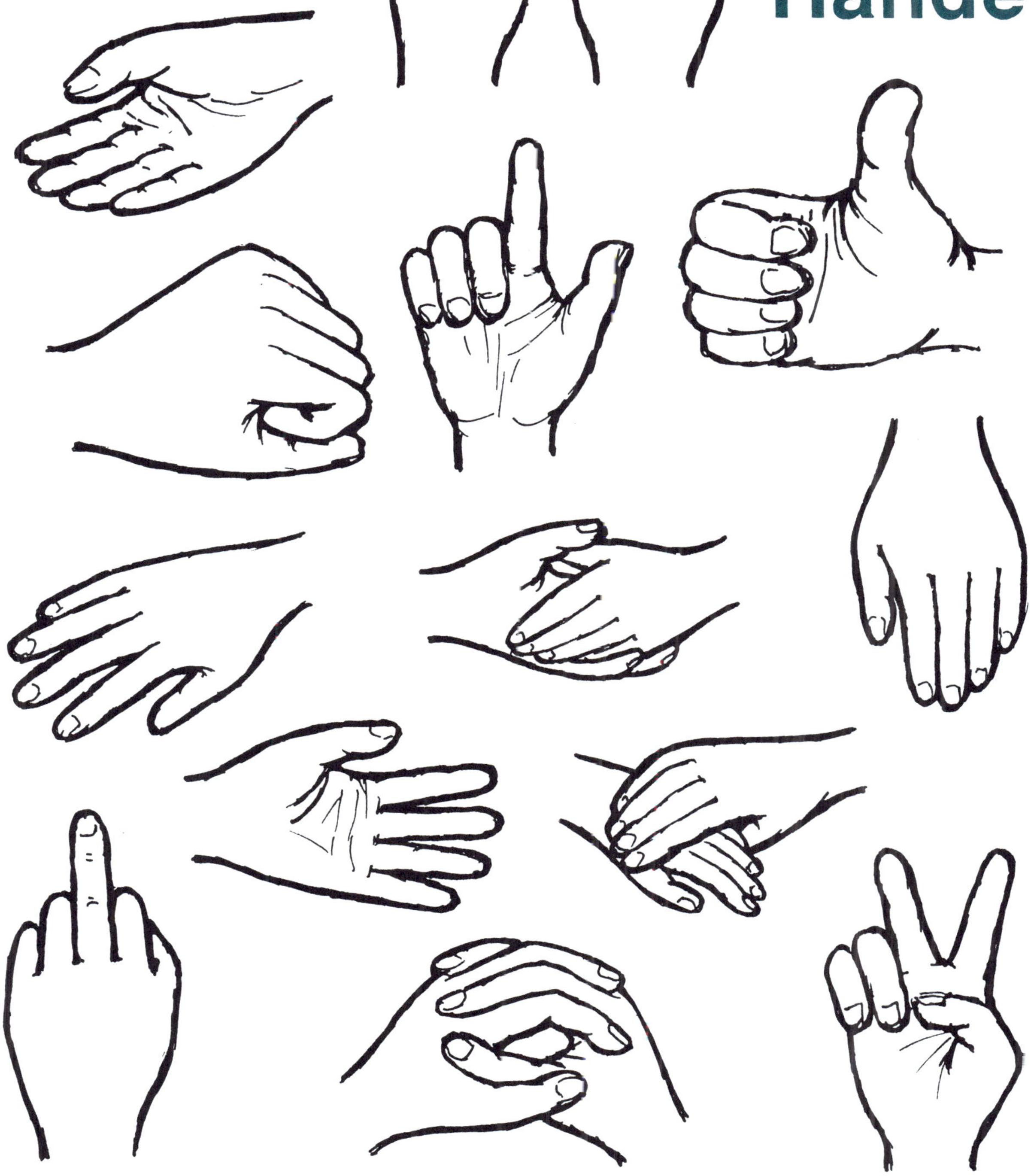

Gesten interpretieren, im Rollenspiel Situationen darstellen, in denen sie verwendet werden.

Spiel: Erst wird die Reihenfolge ausgelost, nach der vor die Tür gegangen wird. Dann geht der Erste hinaus. Alle anderen überlegen sich, was der draußen Wartende tun soll (z.B. den Schnürsenkel von Peters linkem Schuh lösen). Haben sie sich geeinigt, wird der Wartende gerufen. Alle versuchen nun, ihm mit Gebärden (keine Worte, keine Mimik) klarzumachen, was er tun soll. Hat er es erraten, kommt der Nächste dran. So lange spielen, bis jeder einmal geraten hat.

Gemeinschaft

Identität

5. Mose 2,7a

WIR BASTELN:

Ein Hände-Tuch

als Wandschmuck oder als Tischdecke: Dazu braucht ihr ein Stück hellen Baumwollstoff (z.B. 1×1 m groß) und Wasserfarben, Fingerfarben oder Stoffmalfarben.

Nachdem in der Gruppe besprochen wurde, wie der Stoff gestaltet werden soll, bemalen sich je 2 Kinder gegenseitig die Handflächen mit ihrer Wunschfarbe und drücken sie auf dem Stoff ab. Die Farben dürfen weder zu dick noch zu dünn aufgetragen werden (Vorversuche machen auf Papier!) und sollten nach dem Abdruck sofort abgewaschen werden.

Oder wollt ihr ein

Hände-Fenster

gestalten?

Als Material benötigt ihr weißes und farbiges Transparent- oder Seidenpapier, scharfe Scheren, weiche Bleistifte und Klebstoff.

Jedes Kind legt beide Hände auf farbiges Transparentpapier und läßt von einem anderen Kind die Umrisse mit einem Bleistift nachmalen. Nun die Umrisse vorsichtig ausschneiden. Achtung: Seidenpapier reißt leicht! Dann alle ausgeschnittenen Hände auf einen großen Bogen weißes Transparentpapier legen und in die gewünschte Anordnung bringen. Jede Hand mit wenigen winzigen Klebertropfen aufkleben (siehe Beispiel).
Das fertige Händebild direkt mit Tesafilm auf die Fensterscheibe kleben. Oder aus Pappe einen Rahmen schneiden, das Bild einkleben und so ins Fenster hängen.

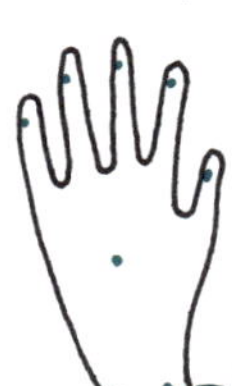

Fingertheater

Ein Stückchen Stoff und 1–2 kleine Gummiringe, einen Fingerhut, einen spitzen Papierhut mit eingeklebten Wollhaaren (aus einem halbkreisförmigen Stückchen Papier geklebt), einen Nußschalenhelm, Filz- oder Tuschestifte zum Aufmalen der Gesichter – mehr brauchst du nicht, um aus den fünf Fingern deiner Hand eine lustige Truppe zu zaubern. Sie lugen hinter ihrer „Bühne" (aus einem Stück Karton) hervor und warten nur darauf, ihr Stegreif-Theater spielen zu dürfen. Machst du mit? Besonders beliebt ist so ein Fingertheater bei sehr kleinen Kindern. Die können nicht genug kriegen davon!

Fingerreim: Das ist der Daumen – der (Zeigefinger) schüttelt die Pflaumen – der (Mittelfinger) hebt sie auf – der (Ringfinger) trägt sie nach Haus – und der Kleine isst sie alle auf.

ZAHLEN-RÄTSEL

1	2	3	4	5

6	3	7	8	5	9	10	11	12	13	7	14

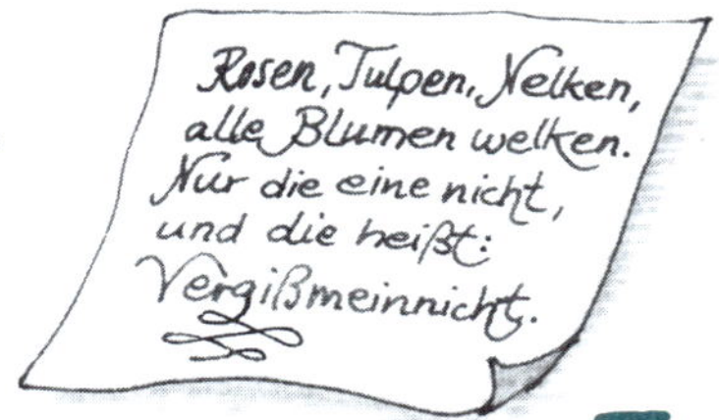

15	5	16	17	18	19	11

Ö = OE

Schreibe die Namen der dargestellten Dinge in die oberen Kästchen. Nun weißt du, welche Zahl zu welchem Buchstaben gehört und kannst die Buchstaben in den Lösungsstreifen übertragen:

1	5	12

8	17	11

16	5	9

3	13	18	19	5	9	16	5	9

D.W.

3	13	18	19	5	9

1	17	3	3

8	7	14

8	17	11

16	5	9

1	5	17	9	5	9	16	5	9

1	5	17	9	5	9

4	2	5	9	9	5	9

Lachen

Miteinander

Mitgefühl

Verstehen

Römer 12,15

Geschichten: 6, 25, 28, 37, 42

Den Sinn des Lösungssatzes »Wer mit den Lachenden lachen will, muss mit den Weinenden weinen können« im Gespräch erschließen.

153

Katz und Maus

Ein Kind ist die Katze (der Kater) und erhält ein gut sichtbares Kennzeichen (z. B. eine Mütze). Alle übrigen Kinder sind Mäuse. Die Katze soll durch Abschlagen eine Maus fangen. Stellen sich jedoch 2 Mäuse zusammen (umarmen sich), sind sie geschützt und können nicht abgeschlagen werden. Aber die Mäuse helfen sich nicht nur gegenseitig, sondern sind auch sehr mutig, d. h. sie gehen auch mal wieder auseinander. Ist eine Maus abgeschlagen, wird sie die neue Katze und das Spiel beginnt von neuem....

Hilfe, die Katz

Alle Kinder stellen sich mit ausgebreiteten Armen in Reihen neben- und hintereinander auf. Durch diese Reihen jagt die Katze (der Kater) nun die Maus. Aber die Maus kann sich helfen lassen: Wenn sie laut HILFE schreit, drehen alle Mitspieler ihre ausgebreiteten Arme mitsamt dem Körper um 90 Grad. Die Maus darf unter den ausgebreiteten Armen durchschlüpfen, die Katze nicht. Ist die Maus gefangen, wird sie zur zweiten Katze. Schafft die Katze es nicht, darf sie sich einen Mitspieler/in zu Hilfe holen.

Spielen

154

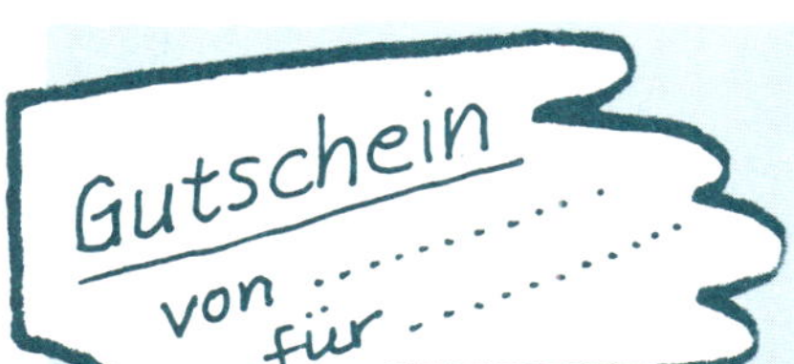

AKTION „Helfende Hand"

Die eigene Hand auf farbigen Tonkarton legen, mit einem Stift umfahren, ausschneiden, beschriften und verschenken.

Der Gutschein kann vom Beschenkten eingelöst werden, sobald er Hilfe nötig hat.

Geschenk

Hände

Außenseiter

Gruppenzwang

Konsum

Lebensqualität

Hebräer 13,9a

Geschichten: 36, 61

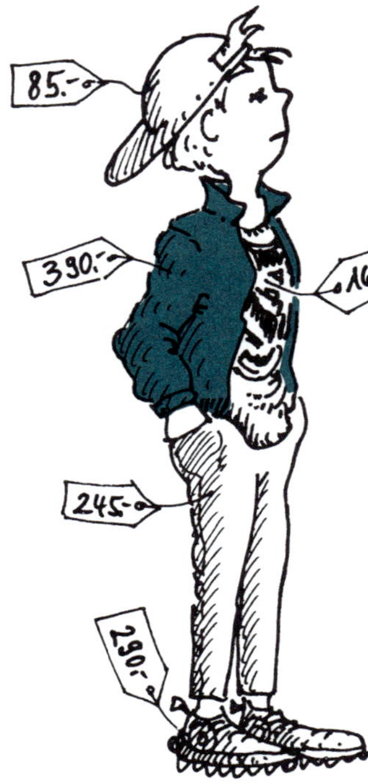

Woran hängst du dein Herz?

Wie ist das bei dir?
Und wie in eurer Gruppe oder Klasse?

Versucht das mit einer Umfrage herauszufinden:
oder in die untenstehende Liste schreibt jeder die 5 - 10 Dinge, die ihm am wichtigsten sind. Dann die Zettel einsammeln und eine gemeinsame Hitliste erstellen. Sprecht dann in der Gruppe über das Ergebnis: Wie ist das bei euch mit Konsum und Konsumwerten? Welchen Stellenwert haben sie in eurem Leben?

HITLISTE

1 ______________________ 6 ______________________

2 ______________________ 7 ______________________

3 ______________________ 8 ______________________

4 ______________________ 9 ______________________

5 ______________________ 10 ______________________

»Markenbewusstsein« steht hoch im Kurs. Selbstwertgefühl und Kontakte werden davon beeinflusst. Wer da nicht mitspielen kann oder will, wird schnell zum Außenseiter. Welche Werte zählen denn nun wirklich im Leben? Im Gespräch ergründen.

Freundschaft

Liebe

Wachsen

1. Johannes 4, 16

Geschichten: 37, 38, 41

Herz-Mobilé

157

Dazu brauchst du 2 Schaschlik-Spieße aus Holz (einer bleibt ganz, einer wird halbiert).

Schneide aus rotem Tonpapier 5 Herzen aus und hänge sie mit Nähfaden an die Holzstäbchen.

Was läßt Liebe wachsen?

Schreibe es in die Herzen!

Liebe

Miteinander

Nächstenliebe

2. Johannes 6

Geschichten: 68

156: »Liebe wächst, wenn wir sie verschenken.« »Denn die Liebe, die wir geben, kehrt ins eigne Herz zurück.« Während des Buntmalens finden die Kinder selbst zu diesen Aussagen.

157: Welche Taten? Was können *wir* tun?

158 Hinsehen

Sehen

2. Mose 4,11

Geschichten: 52

159

Diakonie

Helfen

Mitgefühl

Lukas 10, 25-36

Geschichten: 28

158: Gilt für das Vergleichbild wie für das »richtige« Leben: Nur wer aufmerksam ist, übersieht nichts.
159: Lösungssatz: »Die Augen offen halten, um zu helfen, wo Hilfe gebraucht wird.«

Herz

Mitgefühl

Zuwendung

Psalm 85,9

Geschichten: **29**

ALLERLEI VOM HÖREN:

Redensarten

Hast du Lust, lustige Bilder davon zu malen?

... leih mir dein Ohr ...

... du sitzt wohl auf deinen Ohren?!

... ich bin ganz Ohr ...

Wer nicht hören will, muss fühlen!

... die Ohren auf Durchzug stellen ...

Was haben all diese Dinge mit Ohren zu tun?

Man	Kopf	Oh	Ohr
Ohr	hört	schmalz	läpp
nur	ren	mu	hö
Ohr	mit	ren	ring
dem	schel	schüt	Her
rer	zen	Oh	zer
	chen	gut	

D.W.

Finde es heraus und suche die betreffenden Wörter in der Silbentafel. Streiche sie durch oder male die Felder farbig aus. Die übriggebliebenen Felder ergeben, waagrecht von oben nach unten gelesen, ein Geheimnis, das der kleine Prinz in der Geschichte DER KLEINE PRINZ verrät.

Wie ist das Geheimnis des Kleinen Prinzen (»Man hört nur mit dem Herzen gut«) zu verstehen? Im Gespräch ergründen.

161

Stille

Geschichten: 55

Z	I	S	C_{12}	H	E	N	R	A	U_{2}	S	C	H	E	N	K_{15}	L	I	R_{8}	R
E	N	G	U	R	G	E	L_{6}	N	B	R	U	M_{9}	M	E	N	D	R	Ö	H
N	E	N	R	A	T_{14}	T	E	R	N	Q	U	I	E	T	S	C	H_{13}	E	N
$Ä_{7}$	C	H	Z_{1}	E	N	K_{19}	N	A	R	R_{16}	E	N	B	R	A	U	S	E	N
D	O	N_{18}	N	E	R	N	K	N	A_{11}	T	T	E	R	N	K	L_{5}	A	P	P
E	R	N	S	C	H	E_{4}	P	P	E	R	N	T	R	I_{3}	L	L	E	R	N
P	F	E	I	F	E	N	K	N	A_{17}	L	L	E	N	S	U	M_{10}	M	E	N

Was verraten dir die Buchstaben aus den Zahlenfeldern 1–19?

. . V . . . . !
1 2 3 4 5 6 7 8 9 10 11 12 13 14 15 16 17 18 19

Lösungssatz: Zuviel Lärm macht krank. Wie können wir dem begegnen?

Selbst-vertrauen

1. Mose 49,18
Psalm 139,23

Geschichten: 62

Dein Schatten als Bild

Du brauchst:
Jemand, der dir hilft (alleine geht es nicht!) • Fotokarton ca. 40 x 60 cm (1 Seite weiss / 1 Seite schwarz) ODER schwarzen Fotokarton und weißen Zeichenkarton • Diaprojektor oder sehr helle Lampe • eine kleine scharfe Schere • Bleistift • Kleber

Befestige die weiße Seite des Fotokartons bzw. den Zeichenkarton an einer freien Wand und stelle den Projektor (die Lampe) etwa in Augenhöhe davor. Setze dich so dazwischen, daß dein Schatten scharf im Profil auf das Papier fällt. Dein(e) Helfer(in) zeichnet nun mit Bleistift sorgfältig den Umriss deines Kopfes nach. Anschließend schneidest du die Form genau aus und klebst sie mit der schwarzen Seite auf weißes Papier oder mit der weißen Seite auf schwarzes Papier. Vielleicht findet sich noch ein passender Rahmen dafür, dann sieht dein Bild noch toller aus.

Mit der Gruppe eine ganze Wand voller Schattenrisse anfertigen.

Auch gut als kleines Geschenk geeignet.

163

Rolle

Vorbild

1. Mose 1,27

Geschichten: 27, 38, 50

Idole - Helden - Vorbilder

Für die Gruppe

Wie ist das bei euch? Welche bekannte(n) Person(en) findet ihr gut? Welche ist ein Vorbild für euch?
→ Macht mal ein großes Gemeinschafts-Poster mit euren Vorbildern. Schneidet ihre Fotos aus Zeitschriften und Illustrierten aus und klebt sie auf einen großen Packpapierbogen. Schreibt dazu, was euch an dieser Person beeindruckt.

Ehrlichkeit

Gefühle

Leben

Rolle

Psalm 139,1-6
Lukas 18,9-14

Geschichten:
30, 36

Wir basteln

die Pharisäer-Sünder-Medaille

Die Medaille soll die zwei Seiten des Lebens zeigen. Kein Mensch kann nur in die gute, keiner ausschließlich in die schlechte „Schublade" gesteckt werden. So wie die Medaille sich von einer Seite auf die andere dreht, wenn man sie trägt, so kommt Gutes und Böses in jedem von uns zum Zuge.

Von einem Holzstab (ca. 5 cm Ø) 0,5 cm starke Scheiben absägen. Jedes Kind schreibt oder malt auf die Holzscheibe eine Sünder- und eine Pharisäerseite von sich selbst. Anschließend mit einem Nagelbohrer am oberen Rand ein Loch durchbohren und einen Wollfaden durchziehen.

Jedes Kind wird mit dieser „Medaille des Lebens" ausgezeichnet. Gott nimmt es so an, wie es ist. Keiner braucht eine Seite zu verdecken, so wie sich auch die umgehängte Holzscheibe mal von der einen, mal von der anderen Seite zeigt.

Schminkaktion: Mit schwarzer und weißer Theaterschminke das Gesicht in eine schwarze und eine weiße Hälfte teilen (siehe Beispiele). Sie symbolisieren die zwei Seiten des Lebens.

Auferstehung

Bibel

Christentum

Passion

Lukas 2,1-20
Markus 14,1–15,41
Markus 16,1-8

Geschichten:
31, 41, 44

JESUS – Was weißt du über ihn?

Welche Namen gab man ihm noch?

Wo wurde er geboren?

Wann feiern wir seinen Geburtstag?

Wie hießen seine Eltern?

Welchen Beruf hat er gelernt?

Warum gab er diesen Beruf auf?

Was machte er stattdessen?

Welche Taten machten ihn berühmt?

Welche Menschen haben ihn begleitet?

Wer war gegen Jesus?

Wo wurde er verhaftet?

Wer hat ihn verraten?

Wann ist er gestorben?

Wie ist er gestorben?

Was passierte 3 Tage nach seinem Tod?

Woher wissen wir das?

Fragenkatalog gemeinsam erarbeiten.

Was können wir heute tun, damit die Ideen von Jesus nicht verlorengehen?

166

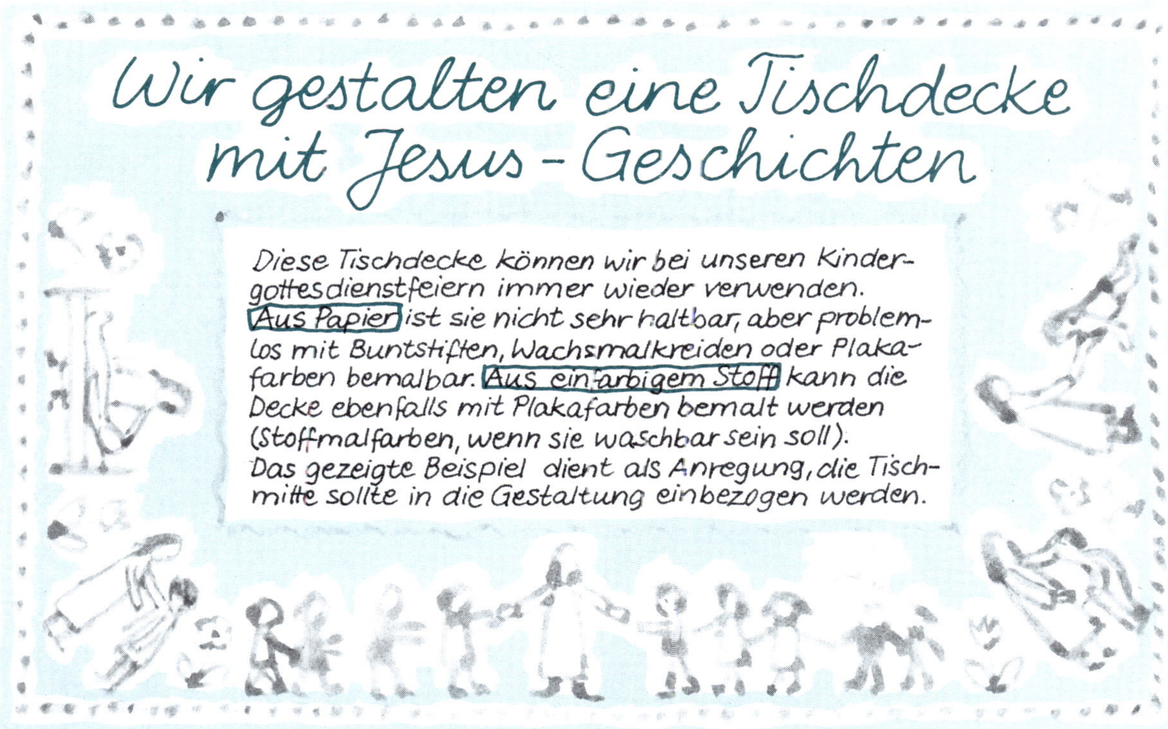

Bibel

Tisch

Markus 10, 13-16
Lukas 5,27-32
Lukas 14,15-24

Geschichten: 59

167

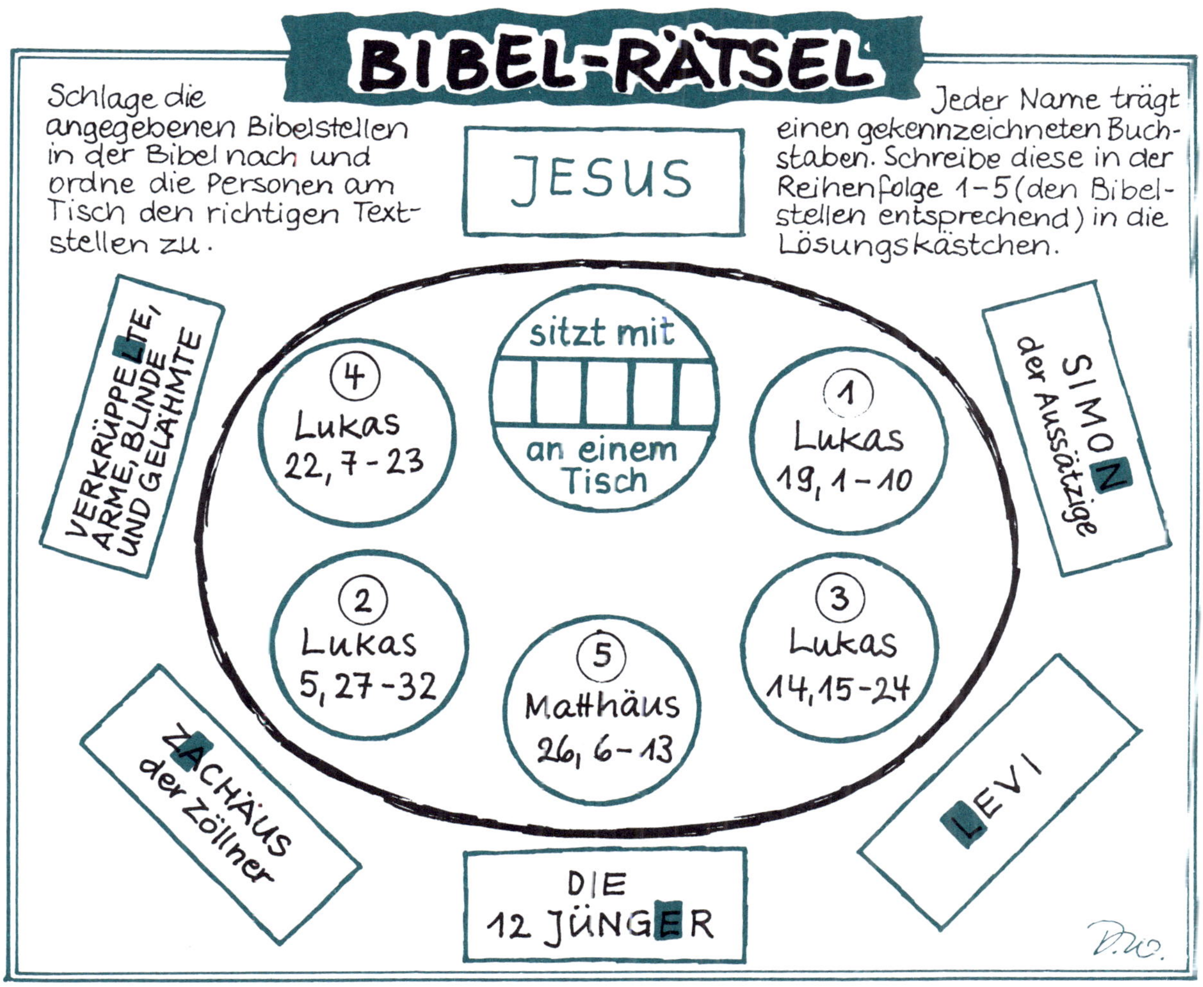

Bibel

Nächstenliebe

Tisch

Toleranz

Matthäus 26, 6-13
Lukas 5,27-32
Lukas 14,15-24
Lukas 19,1-10
Lukas 22,7-23

Geschichten: **31**

Jesus sitzt mit *allen* an einem Tisch.

168 Kinder

Herz

Markus 10, 13-16

Geschichten: 47

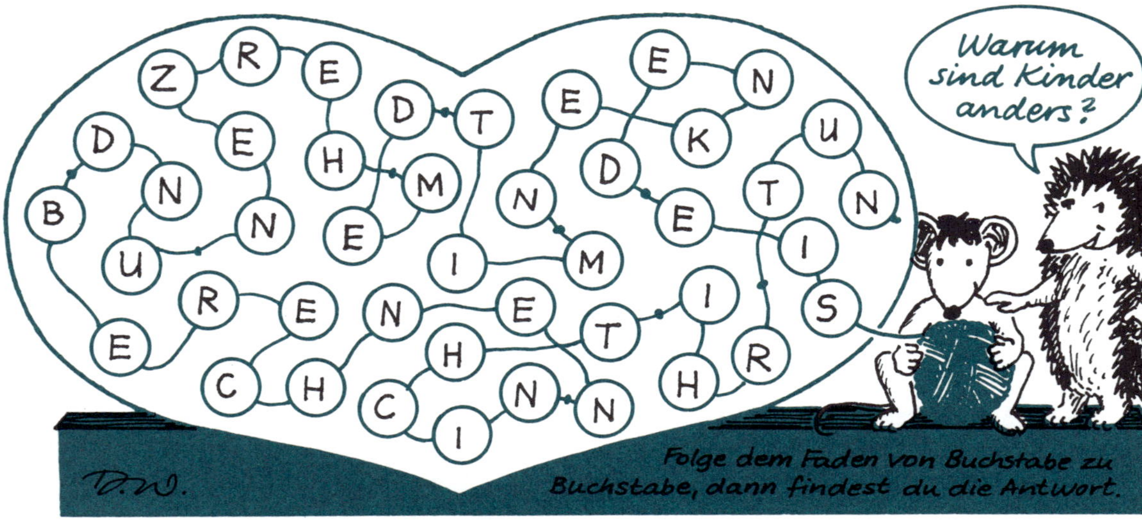

169

Generationen

Zukunft

Matthäus 18, 1-5

Geschichten: 48

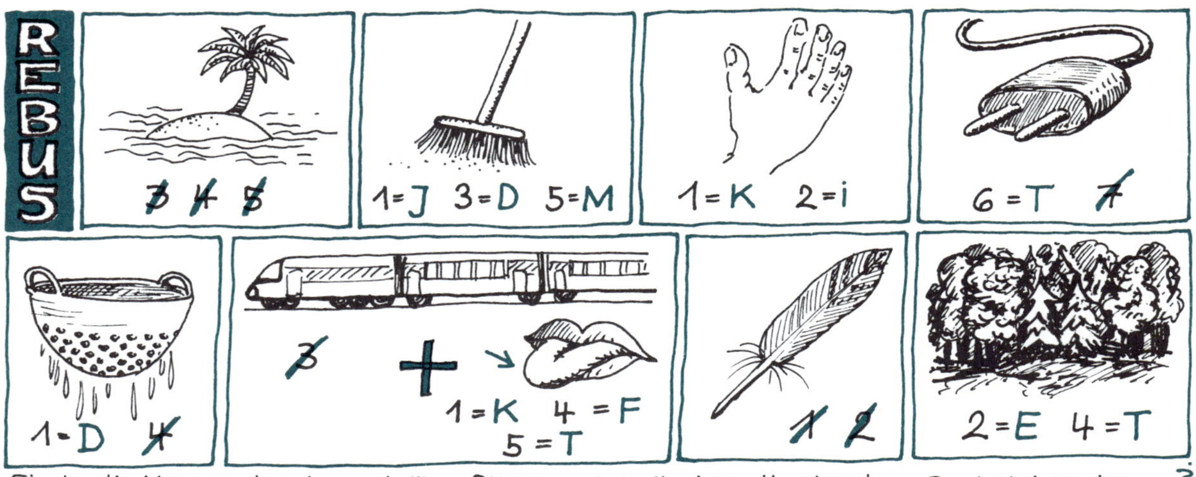

Finde die Namen der dargestellten Dinge und verändere die einzelnen Buchstaben der Wörter wie angegeben. Schreibe die neu entstandenen Wörter hier auf:

D.W.

170

Geschenk

Gott

Matthäus 18, 1-5

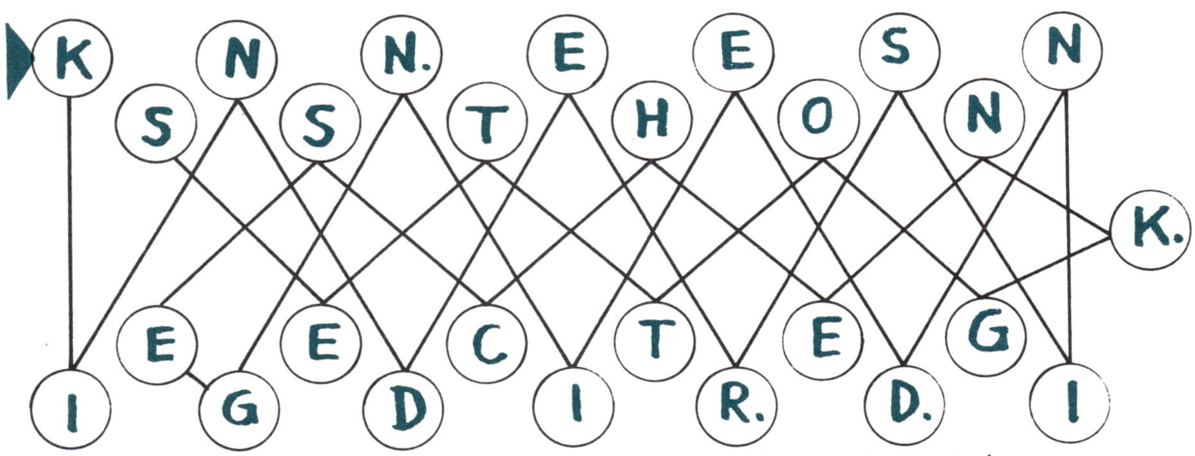

Beginne hier ▶ und folge der Linie von Buchstabe zu Buchstabe. Welchen Satz findest du? Schreibe ihn hier noch einmal auf:

168: Warum sind Kinder anders? Sie denken mit dem Herzen und berechnen nicht ihr Tun (Lösungssatz).
169: Lösung: In jedem Kind steckt die Zukunft der Welt.
170: Lösung: Kinder sind ein Geschenk Gottes.

Glück

Lebensfreude

5. Mose 30,9a
Sprüche 4,24

Geschichten:
42, 47

Was macht eine glückliche Kindheit aus? Hinterfragen!

Für Ältere kann das Thema weiterführend auf »schlechte Kindheit« und Dritte-Welt-Problematik ausgeweitet werden.

Aufeinander zugehen

Ausländer/in

Fremdsprache

Freundschaft

Verstehen

1. Korinther 14, 10-11

Geschichten: 15

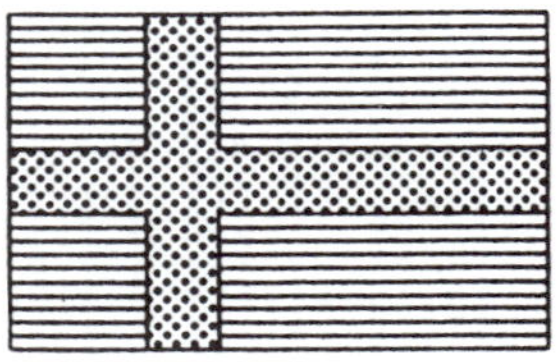
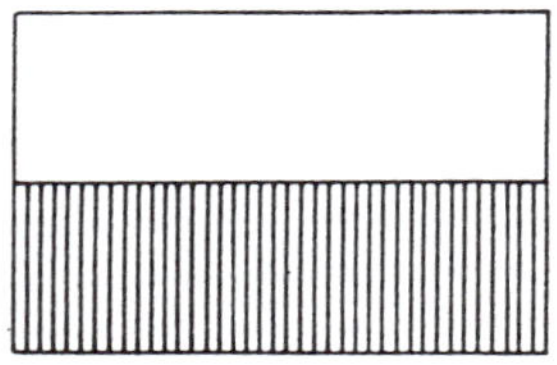
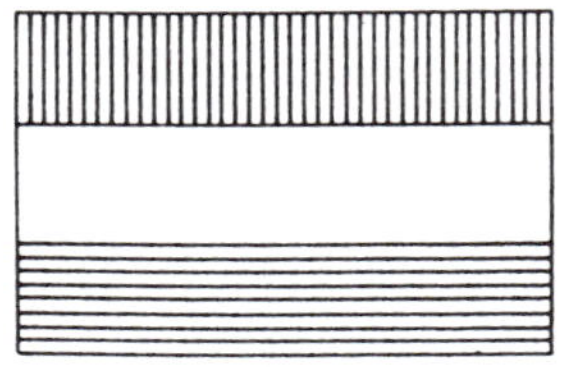
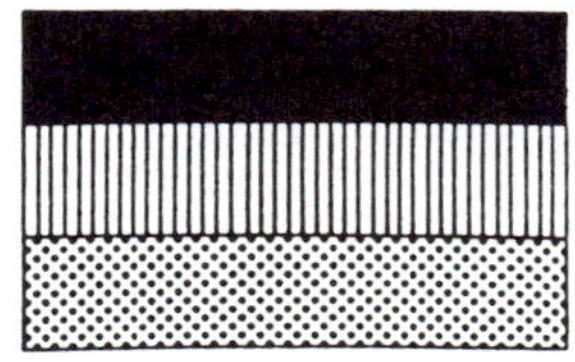

Welche Nationalitäten gibt es in eurer Gruppe/ Klasse und im Bekanntenkreis? Sammelt Wörter in diesen Sprachen!

Macht euch ein freundsprachliches* Lexikon

* Freundlichkeit erobert Herzen!

So könnte eine Seite des Lexikons aussehen:

D	ja	nein	danke	bitte
GB	yes	no	thank you	please
NL	ja	neen	bedank	als tu blieft
I	si	no	grazie	per favore
TR	evet	hayir	cok tessekür ederim	rica ederim
PL	tak	nie	dziekuje	probha
E	si	no	gracias	por favor
S	ja	nej	tack	bedja

WAS KÖNNT IHR MIT DEM LEXIKON MACHEN?

- **EIN RATESPIEL:** Malt Kärtchen mit den Flaggen der Länder, die in eurem Lexikon vertreten sind. Schreibt die einzelnen Wörter einer Seite auf kleine Zettel. Reihum zieht nun jeder ein Wort und legt es zum dazugehörigen Land. Sind alle Zettel gezogen, folgt die Auflösung mit der „großen Korrektur."
- **EIN QUIZ:** Stellt viele Fragekärtchen her: Jn welcher Sprache heißt Nein „nie"/ Wie heißt danke auf türkisch?/Was heißt por favor und welche Sprache ist das? usw.

• • • • •

Welche Länder sind hier vertreten? Welches Land führt welche Flagge? Könnt ihr es herausfinden? Malt die Flaggen mit Buntstiften in den richtigen Farben aus!

WEISS
ROT
BLAU
GRÜN
GELB

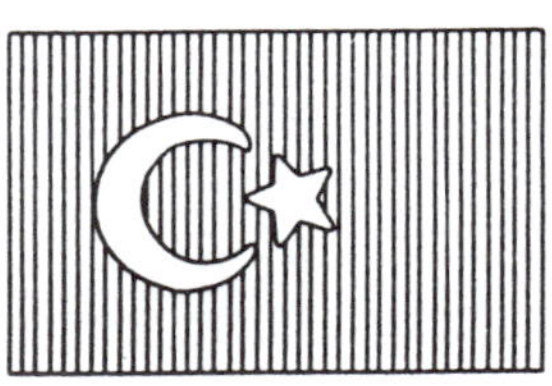
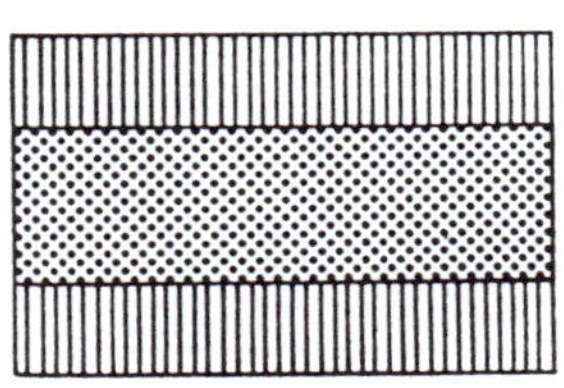
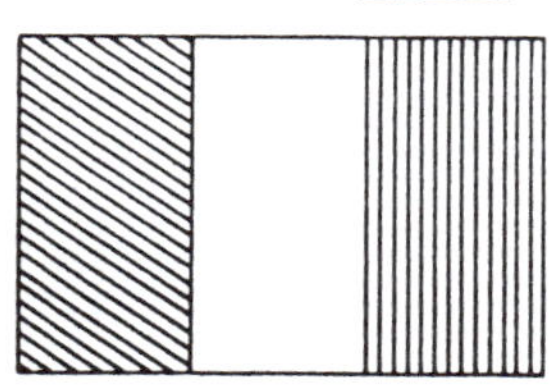

Die wachsende Globalisierung hat die multikulturelle Gesellschaft zur Folge. Deutschland bildet da keine Ausnahme. Für gegenseitiges Verständnis und freundschaftliches Miteinander wird es immer wichtiger, nicht nur die eigene Muttersprache zu kennen.

Miteinander 173

Spielen

Verstehen

Sprichwörter 8,30

Ochs am Berg ist ein altes Spiel, bei dem ihr (fast) ohne Worte auskommt. Alle können mitspielen! Ein Kind wird ausgelost. Es stellt sich mit dem Gesicht zur Mauer oder Hauswand und ruft: „Ochs am Berg – dreh dich um." Die anderen Kinder haben sich an einer Linie aufgestellt, etwa 10–15 Meter von der Mauer oder Wand entfernt. Sie dürfen so lange auf die Wand zulaufen, solange der Ochs spricht und sich noch nicht umgedreht hat. Ist der Satz zu Ende – das kann nach gaaaanz laaangsaaamen Aaanfaaang ganz plötzlich sein – dreht sich der Ochs blitzschnell um. Wer sich dann noch bewegt, muss zur Linie zurück. Also gut aufpassen und rechtzeitig wie versteinert unbeweglich stehenbleiben! Wer als Erster die Wand erreicht, wird der neue „Ochs am Berg" und das Spiel kann von vorne beginnen …

Mut 174

Aggression

Angst

Helfen

Zivilcourage

Psalm 40,18

Geschichten: 35

Was ist denn hier los?
Erzähle eine kleine Geschichte zu diesem Bild!

Diebstahl

Ehrlichkeit

Gebote

Gewissen

Widerstehen

Römer 12,21

Geschichten: **36**

176

Albert Schweitzer

Vorbild

2. Johannes 6

Geschichten: **38,** 50

Kennst du solche Gedanken auch?

Wie ist es bei dir ausgegangen?

Hattest du den Mut zu widerstehen? Oder?

Schreibe eine kurze Geschichte darüber!

RÄTSEL

Wenn du die Namen der dargestellten Dinge in die waagrechten Kästchen schreibst, ergeben die Buchstaben aus den Zahlenfeldern den gesuchten Namen. Übertrage sie hier in die Lösungskästchen:

Mein Name ist

1	2	3	4	5	6

7	8	9	10	11	12	13	14	15	16

Die senkrechte Spalte verrät dir dann auch, welchen Preis ich 1952 für meine Arbeit bekam.

Die Geschichten ohne Namensnennung vorlesen und gemeinsam über die gemachten Erfahrungen sprechen, ebenso über das Sprichwort »Unrecht Gut gedeiht nicht.«

Rätsellösung: Albert Schweitzer – Friedensnobelpreis

Wieso kann dieser Mann noch heute ein Vorbild für uns sein?

Egoismus

Elisabeth von Thüringen

Geld

Mitgefühl

Not

Matthäus 5,7
1. Johannes 3,17

Geschichten: **37**

ELISABETH – RÄTSEL

Nun kennst du die Geschichte der Elisabeth von Thüringen. Was beeindruckt uns besonders an dieser Frau? → Beantworte die Fragen und ergänze dann die senkrechte Spalte mit den Buchstaben Ä, H, T, N, I und B.

IHRE

Aus welchem Land stammte Elisabeth? ▶

Sie lebte auf der Wartburg. Bei welcher Stadt steht diese? ▶

Welchen Adelstitel trug Elisabeth? ▶

Wem wollte sie mit ihren Taten nachfolgen? ▶

Wen hat Elisabeth geheiratet? ▶

Elisabeth hat als erste Frau ein ..... errichtet und geleitet. ▶

Zum Gedenken an sie wurde in Marburg eine ..... gebaut. ▶

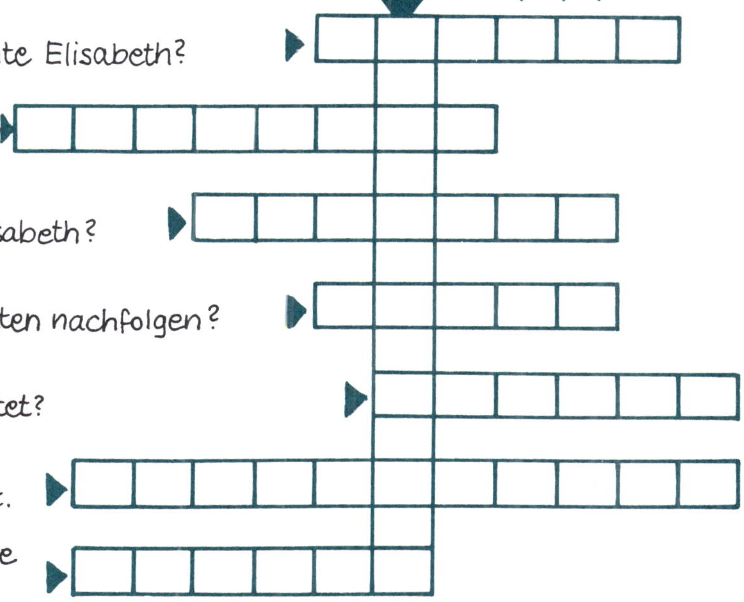

Welchen Satz aus der Bibel nahm sich Elisabeth von Thüringen besonders zu Herzen?

Ergänze die fehlenden Vokale, dann erfährst du es!

Die Zeichnungen verraten dir, welcher Vokal zu welcher Zahl gehört:

W _2 R ● _1 B _2 R ● D _3 _2 ● G _5 _2 T _2 R ● ü = UE

D _2 R ● W _2 L T ● H _1 T ● _5 N D ● S _3 _2 H T

S _3 _2 N _2 N ● B R _5 D _2 R ● M _1 N G _2 L ●

L _2 _3 D _2 N ● _5 N D ● V _2 R S C H L _3 _2 ß T

S _2 _3 N ● H _2 R Z ● V _4 R ● _3 H M ●, W _3 _2 ●

K _1 N N ● D _3 _2 ● L _3 _2 B _2 ● G _4 T T _2 S ●

_3 N ● _3 H M ● B L _2 _3 B _2 N ?

1. Joh. 3,17

D.W.

178 Neid

Anerkennung

Eifersucht

1. Petrus 2,1

Geschichten:
39

Neid lässt eigene Fähigkeiten unterschätzen, fremde überschätzen. Warum ist das so?
Umfrage: Worauf bist du neidisch?

Eifersucht

Gefühle

Hass

Streit

1. Samuel 18, 6-16

Geschichten: **39**

Rätsellösung: »Eifersucht und Neid schaffen Hass und Streit.«

Negative Gefühle rufen negatives Verhalten hervor. Worauf sind wir eifersüchtig oder neidisch? Wie können wir zu einer positiven Einstellung gelangen?

180 Oikoumene

Gemeinschaft

Haus

Miteinander

Welthaus

Epheser 2, 19-20

Geschichten: 20, **40**

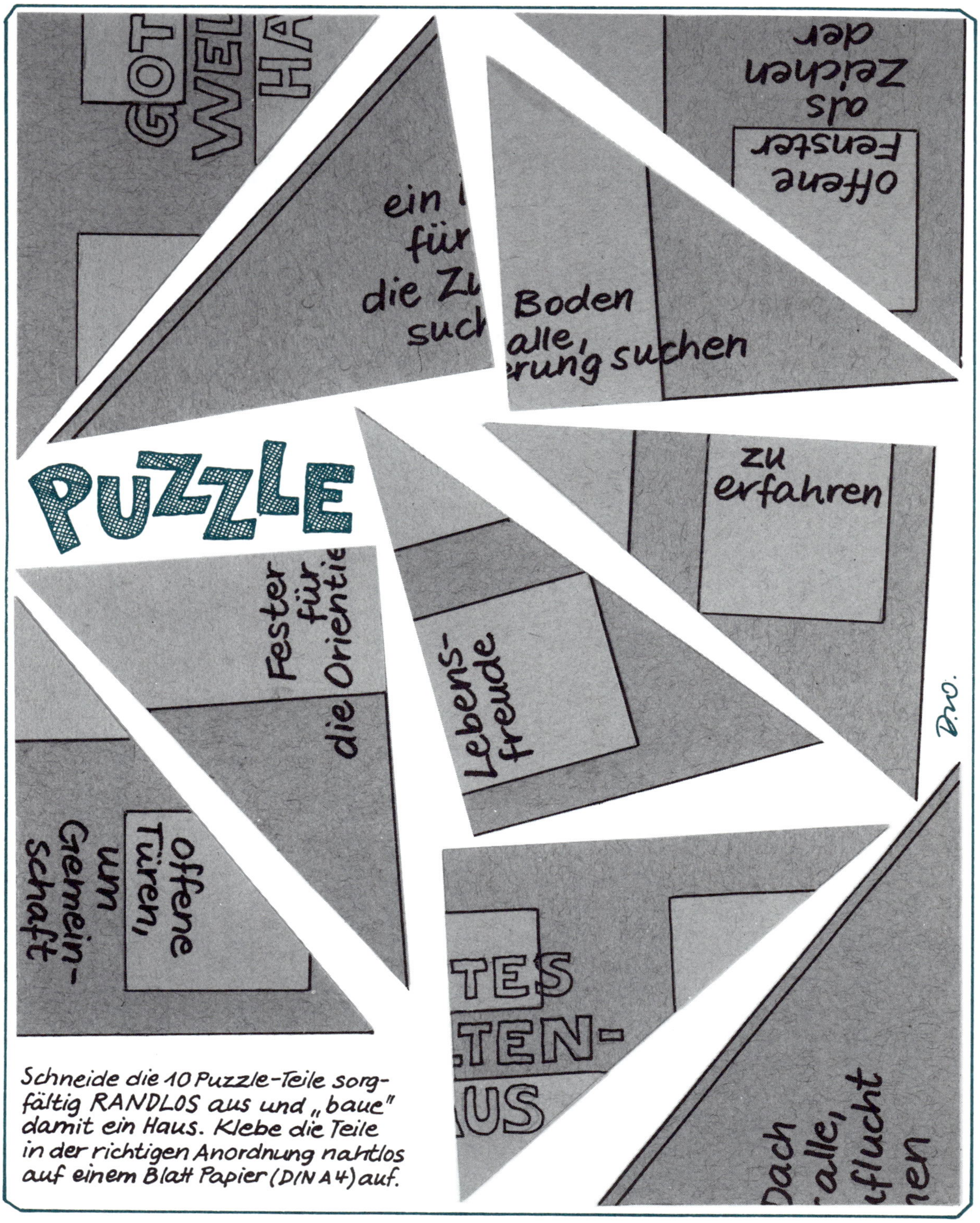

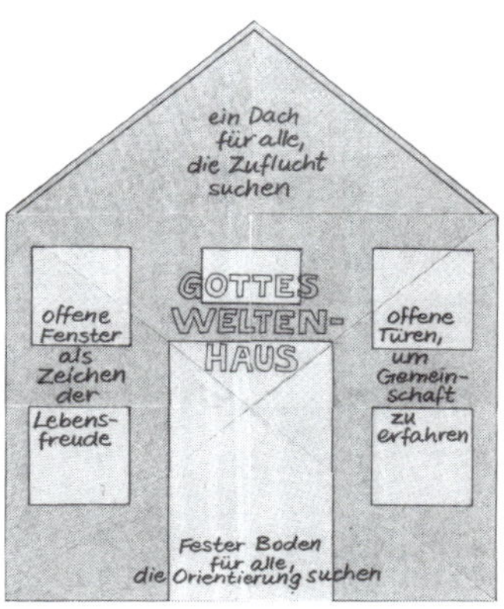

In einer Oikoumene leben heißt, mit allen Menschen der Welt, gleich welcher Nation, Hautfarbe oder Religion, ein freundschaftliches Miteinander pflegen. Miteinander sprechen, miteinander die gleichen Ziele verfolgen, miteinander sich einsetzen für Frieden, Gerechtigkeit und Bewahrung der Schöpfung – das ist unsere Aufgabe im Welthaus Gottes.

Die Osterkrippe

Auferstehung

Leiden

Passion

Markus 14,1–15,41
Markus 16,1-8

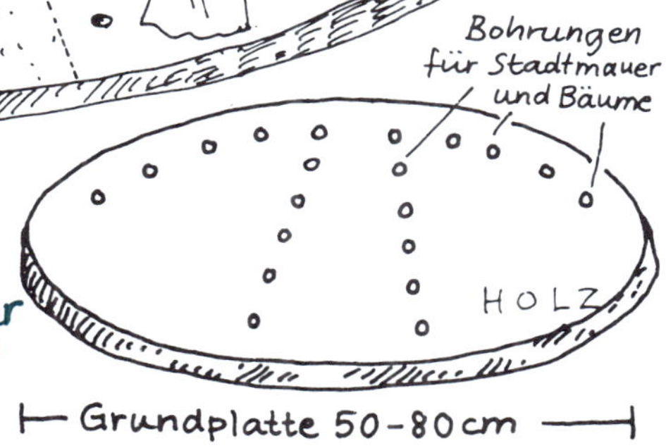

Wie der Adventskranz im Dezember will die Osterkrippe in der Zeit um Ostern ein sichtbarer Anhaltspunkt für Sinn und Besinnung sein. Sie ist ein Osterschmuck, der die biblische Ostergeschichte zur Anschauung bringt. Verschiedene Umbauten zu den Stationen der Karwoche machen das Geschehen lebendig.

Alle Veränderungen sollten mit den entsprechenden Bibeltexten begleitet werden, z.B. aus einer Kinderbibel. Es können auch passende Lieder gesungen werden.

Benötigte Ausstattung:

- **FIGUREN:**
  - 3 Frauen
  - 3 Wachsoldaten
  - Jesusfigur
  - Esel
  - 10-20 weitere Personen (Jünger, Volk)
- **BAUTEN:**
  - Stadttor mit Stadtmauer
  - Garten (Gethsemane)
  - Hügel (Golgatha)
  - 3 Kreuze
  - Grabanlage mit Rolltür

Alle übrigen Bauten passen sich in ihrer Größe der Grundplatte an!

- **ZUBEHÖR:** „Kleider" aus Papier, 3 Salbgefäße, 4 Teelichter, Osterkerze

Einen Vierkantstab aus Holz (ca. 15 x 15 mm) in gleich lange Stücke zersägen. An einem Ende mit dem Messer alle 4 Kanten etwas abschrägen. Dort eine unlackierte Holzperle passender Grösse mit einem dünnen Nagel befestigen.

Die Hauptfiguren bekommen kurze Arme aus Holz/Pappe (A) oder aus Pfeifenputzerdraht (B). Diese Grundfigur kann je nach Rolle unterschiedlich ausgestattet werden (→ Beispiele). Die Jesusfigur soll beweglich sein, deshalb besteht sie ganz aus Pfeifenputzerdraht.

1. Station: Palmsonntag Die Straße mit einer Filzbahn oder Sand auslegen. Stadtmauer und Stadttor aufbauen. Entlang der Straße Buchsbäume in die Bohrlöcher stecken, Zuschauer und mitziehendes Volk aufstellen. Auf der mit Kleidern ausgelegten Straße zieht die Jesusfigur auf dem Esel durch das Stadttor ein.

2. Station: Gründonnerstag Umbau: Auf die linke Seite der Grundplatte mit Steinen, Moos und Zweigen einen Garten vor der Stadtmauer aufbauen. Die knieende Jesusfigur unter einen Baum setzen, die schlafenden Jünger im Garten verstreut auslegen.

3. Station: Karfreitag Umbau: Den Garten ganz abräumen, statt dessen die Grabhöhle mit verschlossener Rolltür aufbauen. Auf der rechten Seite der Grundplatte den Hügel mit den drei Kreuzen aufbauen. Die Soldaten in

Neben den in den Bastelanweisungen beschriebenen Figuren und Bauten werden benötigt: Steine, Moos, Sand, kleine Zweige, Baumrinde, Buchsbaumzweige und

Ähnliches, außerdem bunte Stoff- oder Papierstücke, die als »Kleider« auf den Weg gelegt werden und weitere Ausschmückungen nach Belieben (Brunnen, Schafe, Hahn oder andere Tiere).

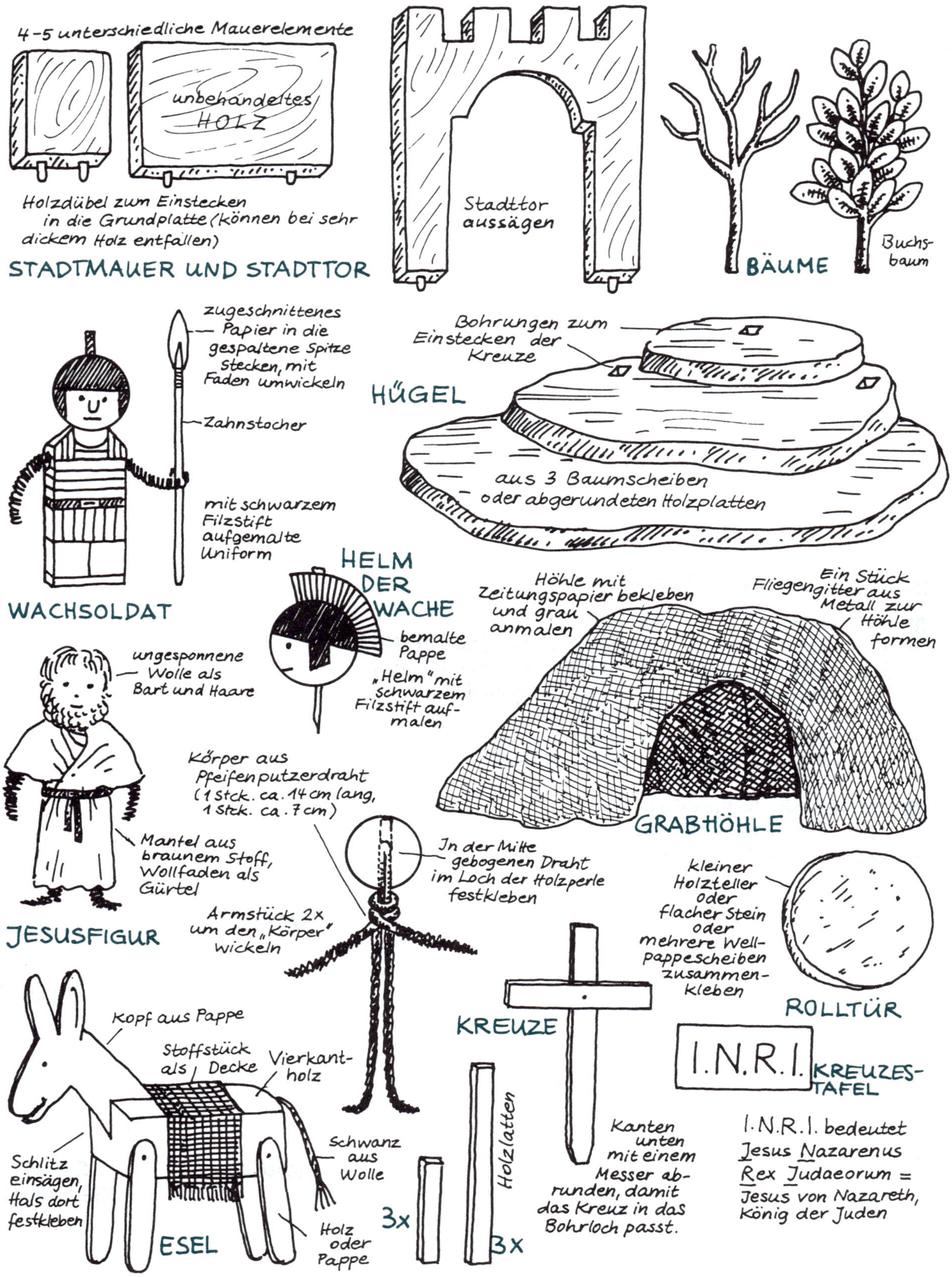

Die Idee der Osterkrippe stammt von Gerlinde Tröbs und Reinhold Fritsch. In ihrem Begleitheft zur Osterkrippe »Mit Kindern Ostern feiern« (Verlag Wort im Bild) bieten sie Vorschläge zur Gestaltung der Osterzeit an: Texte zum Verstehen des biblisch-historischen Hintergrundes, praktische Hinweise zum Auf- und Umbau der Osterkrippe und Angebote zur feierlichen Gestaltung des Geschehens.

An ihrer Osterkrippe sind unsere Bastelvorschläge orientiert.

die Nähe der Kreuze stellen, die drei Frauenfiguren etwas abseits. Am vorderen Rand der Grundplatte die vier Teelichter aufstellen und anzünden. Beim Erzählen oder Vorlesen des Karfreitagsgeschehens nach und nach die Teelichter auslöschen.

4. Station Karsamstag Die Soldaten vor dem geschlossenen Grab, die drei Frauen in einiger Entfernung in Richtung Stadt gewendet aufstellen.

5. Station Ostersonntag Das Grab öffnen, die Rolltür zur Seite rollen und die Wachsoldaten vor dem Grab auf den Boden legen. Die Osterkerze anzünden. Später die Soldaten abräumen und die drei Frauenfiguren mit Salbgefäßen in den Händen vor dem Grab aufstellen.

Auferstehung

Hoffnung

Jesus

Leiden

Ostern

Markus 14,1
–15,42
Markus 16,1-8

Geschichten:
41, 42

Bild 1 Abendmahl: Jesus liegt mit den Jüngern zu Tisch (Liegepolster!). Sie essen Brot und trinken vom Wein. Gleich wird Jesus die Einsetzungsworte sprechen (Markus 14,17-26).

Bild 2 Gethsemane: Die Jünger schlafen. Jesus betet: »Auf mir liegt eine Last, die mich fast erdrückt. Lieber Vater, lass diesen Leidenskelch an mir vorübergehen. Aber nicht wie ich will, sondern wie du willst.« (Markus 14,32-42)

Die Passions- und Ostergeschichte ist in sechs Bildern dargestellt, die als Wandfries (dann jedes Bild auf ca. DIN A4 vergrößern) oder als Leporello-Bilderbuch (1:1) gebastelt und farbig ausgestaltet werden können.

Die Arbeitsanleitung für die Herstellung des Leporellos ist bei **Nr. 148** zu finden!

Als Einzel- oder Gruppenarbeit einsetzbar.

Bild 3

Bild 4

Verhaftung: Judas begrüßt Jesus mit einem Kuss. Die Soldaten der Tempelwache legen Hand an Jesus. Die Jünger fliehen (Markus 14,43-50).

Verleugnung: Petrus steht im Vorhof zum Palast des Hohenpriesters Kaiphas am Feuer. Eine Dienerin des Hohenpriesters erkennt ihn. Petrus streitet ab, dass er Jesus kennt (Markus 14,66-72).

Bild 5

Bild 6

Kreuzigung: Frauen aus Galiläa weinen am Kreuz. Ein Soldat würfelt mit anderen um das Untergewand Jesu. Leute aus Jerusalem verhöhnen Jesus. Der römische Centurio bekennt: »Dieser war Gottes Sohn« (Markus 15,24-39).

Auferstehung: Im Schein der Ostersonne finden die Frauen den Rollstein vom Grab Jesu abgewälzt und das Grab leer. Voller Freude laufen sie, den Jüngern die Auferstehung Jesu zu verkünden.

Christentum

Geburtstag

Kirche

Apostelgeschichte 2, 1-41

Geschichten: 9, 20

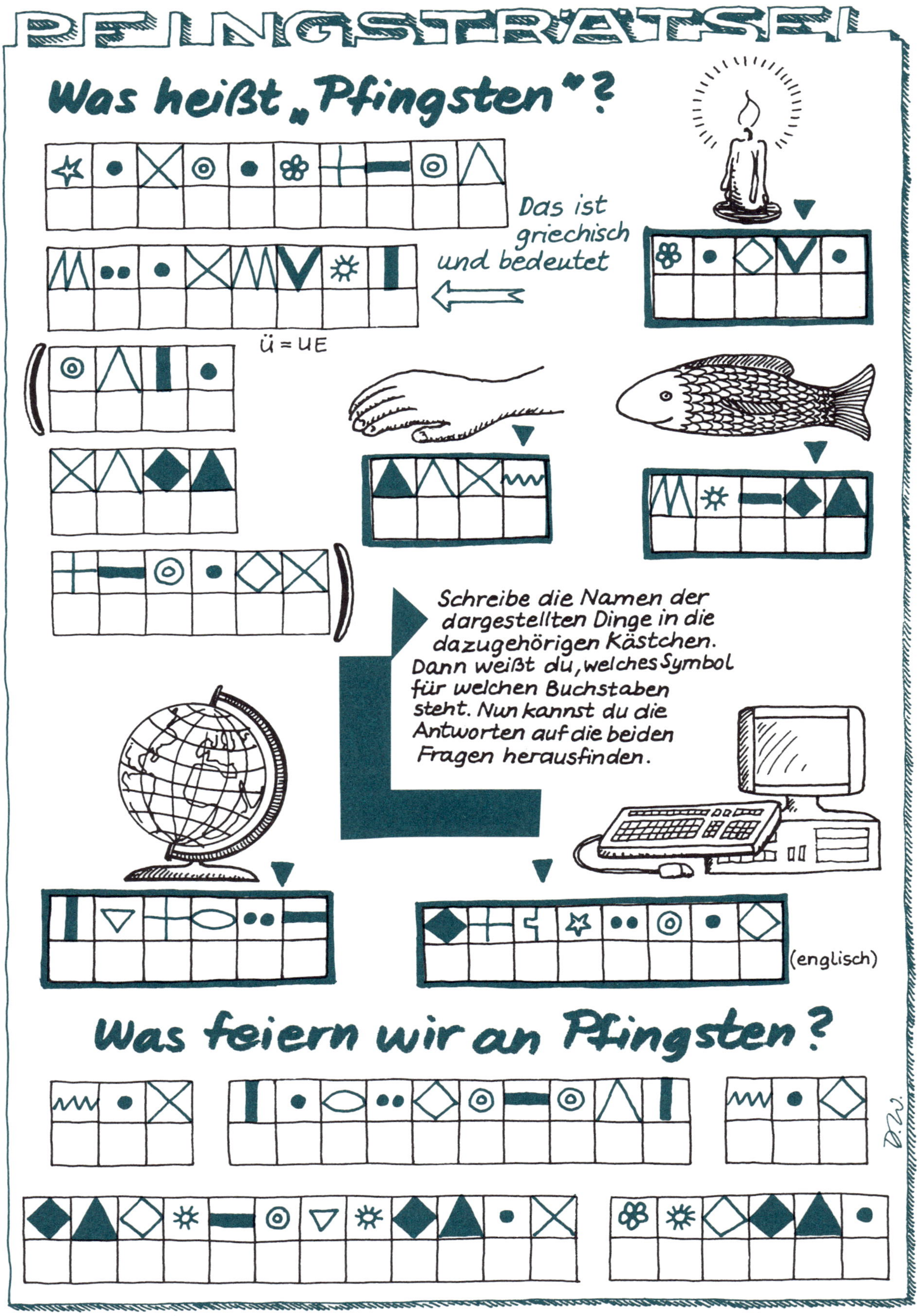

Was heißt »Pfingsten«? Pentekosta – fuenfzig (Tage nach Ostern)
Was feiern wir? Den Geburtstag der christlichen Kirche

Generationen

Lachen

Verstehen

1. Mose 11,1-9
Apostelgeschichte 2,6

Jn einem Hof spielten einmal zwei Kinder ein äußerst lustiges Spiel. Sie dachten sich eine ganz besondere Sprache aus, in der sie miteinander reden konnten, ohne daß andere Leute eine Silbe verstanden. Sie unterhielten sich prächtig und lachten wie toll.

An der Bildgeschichte wird deutlich, dass »einander verstehen« sich nicht nur auf eine gemeinsame Sprache bezieht. Während des Buntmalens ist Zeit, über »Verstehen« in seinen unterschiedlichen Bedeutungen nachzudenken.

Beim Turmbau zu Babel (1. Mose 11,1-9) werden die Menschen über alle Welt verstreut, weil sie sich nicht mehr verstehen können. Die Pfingstgeschichte (Apostelgeschichte 2,1-41) führt Menschen unterschiedlichster Herkunft und Sprache durch den Geist Gottes wieder zusammen.

185 Reformation

Evangelische Kirche

Gedenken

Luther

Römer 3,23

Geschichten: **46**

Was weißt du über diesen Mann?

Sein Name ist ________ ________

Ergänze die Lücken im Text mit diesen Wörtern:

ABLASS
LATEINISCHEN
WORMS
WARTBURG
KLOSTER
EISLEBEN
PROTESTANTEN
BANN
PRIESTER
ERFURT

Er wurde am 10. November 1483 in ________ geboren.

1505 trat er in das ________ der Augustinermönche in ________ ein.

1507 wurde er zum ________ geweiht.

1519 hängte er 95 Sätze zum ________ an die Tür der Kirche in Wittenberg.

1521 weigerte er sich auf dem Reichstag in ________, seine Schriften zu widerrufen. Der Papst belegte ihn daraufhin mit einem ________.

1521/22 Verbannungszeit auf der ________. Er beginnt, die Bibel aus der ________ Gelehrten-Sprache in die deutsche Volkssprache zu übersetzen.

Der neue Glaube breitete sich aus. Seine Anhänger wurden ________ genannt.

In manchen Kästchen stehen Zahlen. Übertrage die Buchstaben aus diesen Kästchen in die Lösungskästchen mit gleicher Zahl.

Zum Gedenken feiern wir das

____

Lösung: Martin Luther – Reformationsfest

Heute gehen katholische und evangelische Christen an vielen Stellen wieder aufeinander zu. Sie besinnen sich auf die gemeinsamen Glaubensinhalte und pflegen enge freundschaftliche Verbindungen. Es gibt ökumenische Gottesdienste und Trauungen, ökumenische Sozialstationen und ökumenische Jugendarbeit.

Gemeinde

Kinder

Zukunft

5. Mose 28
11-12

Geschichten:
47

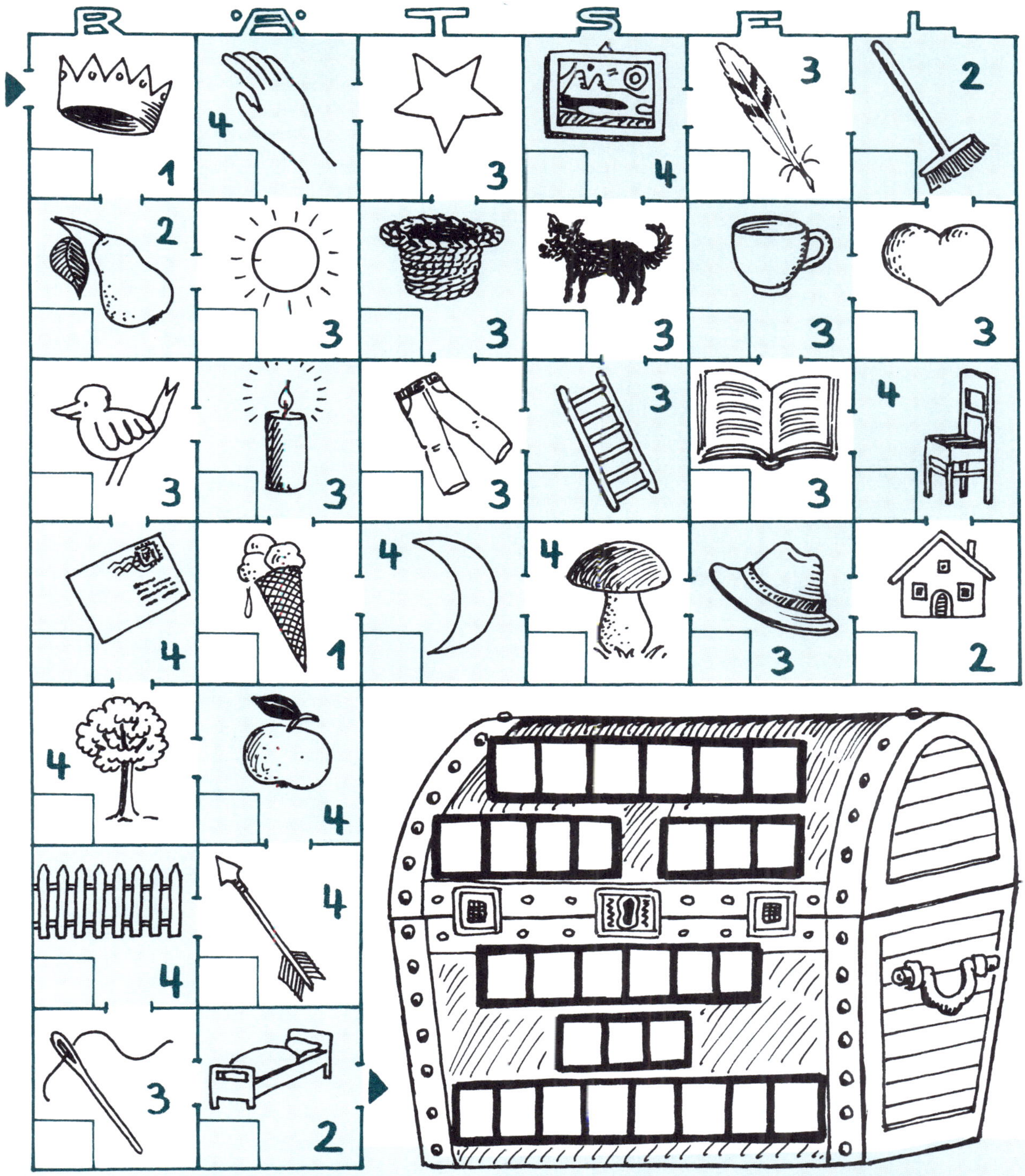

Folge dem Weg durch die Felder und finde dabei die Namen der dargestellten Dinge. Die Zahlen sagen dir, welche Buchstaben der Wörter jeweils gebraucht werden. Schreibe sie in die dazugehörigen Felder. Wenn du alle Buchstaben gefunden hast, kannst du den Lösungssatz in die Schatzkiste schreiben.

Lösung: Kinder sind der Schatz der Gemeinde.

Kinder sind überall die Zukunftsträger, auch die Kinder in den Gemeinden. Je lebendiger eine Gemeinde, desto mehr Kinder im Kindergottesdienst.

187 Schöpfung

Gott

Natur

Umwelt

Welt-
verantwortung

Psalm 24,1

Geschichten:
17, **48, 49,** 60

Menschenkinder

S Menschenkinder auf Gottes Erde.
Menschenkinder in Gottes Welt.
Daß Gottes Erde wachse, werde,
sind Menschenkinder zum
Schutz bestellt.

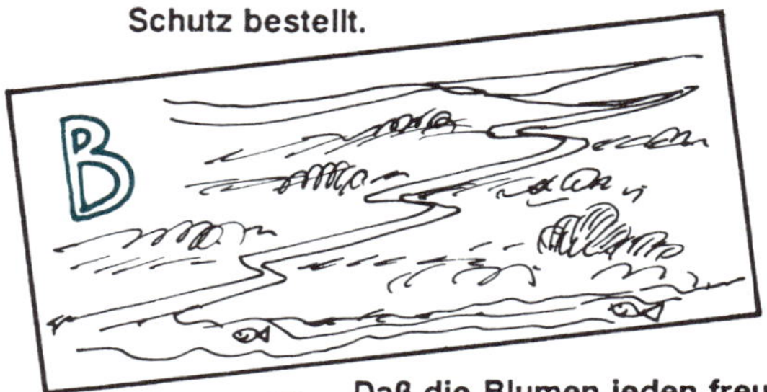

H Daß die Bäume hoch aufragen,
daß sie grüne Blätter tragen,
daß sie wachsen und gedeihn,
alle Bäume groß und klein.

P Daß die Blumen jeden freuen,
daß sie wachsen und gedeihen,
daß ihr Duft bei Tag und Nacht
Gottes Schöpfung fröhlich macht.

U Daß ein jedes Tier sein Leben,
das ihm selbst von Gott gegeben,
ungehindert leben kann,
gebt gut acht und rührt nichts an!

G Daß ganz rein die Bäche fließen
zwischen Feldern, zwischen Wiesen.
Sauber fließt der Fluß daher,
sauber auch das große Meer.

E Mond und Sonne in der Ferne.
Nachts der Himmel voller Sterne.
Gott schuf diese schöne Welt,
daß es allen hier gefällt.

A Luft zum Atmen, Brot zum Leben.
Zeit und Raum von Gott gegeben.
Und Gott spricht: »Macht Euch bereit,
geht und wirket in der Zeit!«

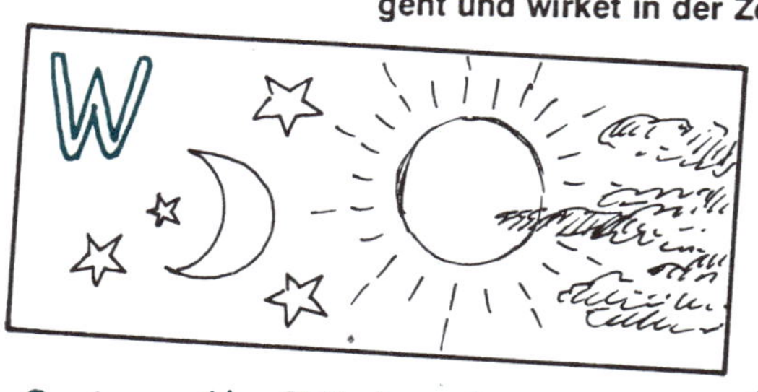

R Menschenkinder auf Gottes Erde,
Menschenkinder in Gottes Welt.
Daß Gottes Erde wachse, werde,
sind Menschenkinder zum
Schutz bestellt.

Rolf Krenzer

Ordne die Bilder den passenden Versen zu,
dann ergeben die Buchstaben, nacheinander
gelesen, eine wichtige Aufgabe für uns alle } . . . .
. . . . N!

Rätsellösung: Schöpfung bewahren!

Für eine kleine Aufführung vor Publikum lernen acht Kinder je einen Vers auswendig. Acht andere Kinder zeigen dazu die jeweils passenden selbstgemalten Bilder. Den letzten Vers wiederholen alle noch einmal gemeinsam.

HERBSTZEIT = BASTELZEIT = KASTANIENZEIT = HERBSTZEIT = BASTELZEIT = KASTANIENZEIT

Kastanienmarionette

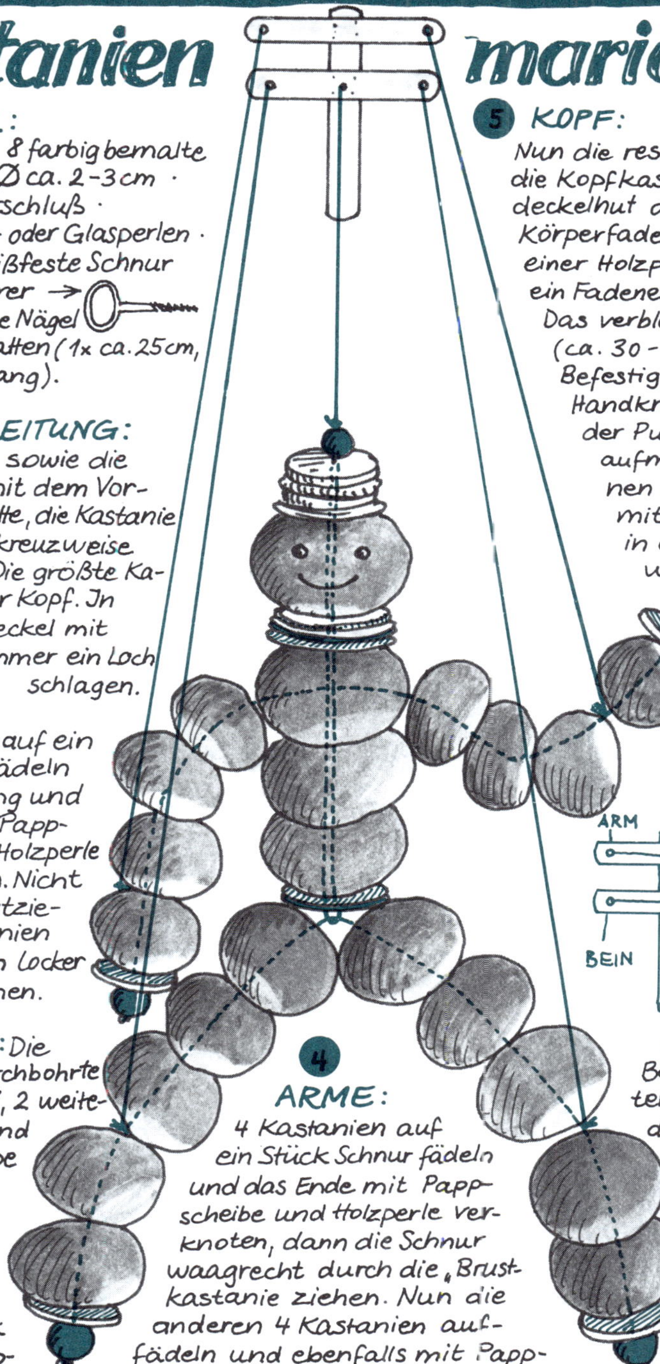

MATERIAL:
22 Kastanien · 8 farbig bemalte Pappscheiben Ø ca. 2–3 cm · 1 Flaschenverschluß · 5 farbige Holz- oder Glasperlen · einige Meter reißfeste Schnur · 1 Handvorbohrer → · Hammer + kleine Nägel · 3 dünne Holzlatten (1× ca. 25 cm, 2× ca. 20 cm lang).

1 VORBEREITUNG:
Alle Kastanien sowie die Pappscheiben mit dem Vorbohrer in der Mitte, die Kastanie für die Brust kreuzweise durchbohren. Die größte Kastanie wird der Kopf. Jn den Flaschendeckel mit Nagel und Hammer ein Loch schlagen.

2 BEINE:
10 Kastanien auf ein Stück Schnur fädeln und an Anfang und Ende mit je 1 Pappscheibe und 1 Holzperle fest verknoten. Nicht zu stramm festziehen, die Kastanien sollen sich noch locker bewegen können.

3 KÖRPER: Die kreuzweise durchbohrte „Brustkastanie", 2 weitere Kastanien und eine Pappscheibe auf ein neues Stück Schnur fädeln, die Beine einhängen und die Schnur zurück durch die Pappscheibe und die 3 Kastanien führen.

4 ARME:
4 Kastanien auf ein Stück Schnur fädeln und das Ende mit Pappscheibe und Holzperle verknoten, dann die Schnur waagrecht durch die „Brustkastanie ziehen. Nun die anderen 4 Kastanien auffädeln und ebenfalls mit Pappscheibe und Holzperle verknoten.
Die Kastanien müssen an Armen und Beinen schön locker sitzen, damit die Puppe gut beweglich ist.

5 KOPF:
Nun die restlichen 3 Pappscheiben, die Kopfkastanie und den Flaschendeckelhut auf den doppelten Körperfaden ziehen und mit einer Holzperle verknoten, dabei ein Fadenende abschneiden. Das verbleibende Fadenstück (ca. 30–40 cm lang) dient zur Befestigung des Körpers am Handkreuz. Wer will, kann der Puppe noch ein Gesicht aufmalen. Als Augen können auch 2 Stecknadeln mit farbigen Glasköpfen in die Kastanie gesteckt werden.

6 HANDKREUZ:
Bei den beiden kürzeren Latten jeweils an den Enden mit dem Handbohrer ein Loch anbringen. Dann die Latten wie in der Zeichnung hier aufeinandernageln oder schrauben.

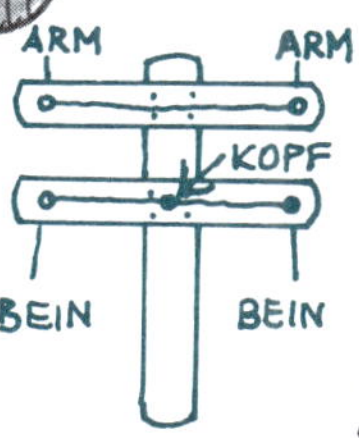

Nun noch die Aufhängefäden anbringen: Einen Faden am linken Bein in Kniehöhe festknoten, durch die beiden Löcher der 2. Querlatte des Handkreuzes ziehen und in gleicher Länge am rechten Bein festbinden. Ebenso einen Faden hinter der ersten Kastanie des linken Arms festknoten, durch die Löcher der 1. Querlatte ziehen und in gleicher Länge am rechten Arm befestigen.

D.W.

KASTANIENZEIT = BASTELZEIT = HERSTZEIT = KASTANIENZEIT = BASTELZEIT = HERBST

Wie keine andere Jahreszeit lädt der Herbst zum Basteln mit Naturmaterialien ein. Kastanien, Eicheln, Nüsse, Zapfen, Federn, Zweige etc. sammeln. Mit Zahnstochern, Zündhölzern (ohne Kopf) und Klebstoff lässt sich ein lustiger Herbstzoo daraus basteln. Einen Handbohrer zum Bohren der Löcher verwenden.

Baum

Natur

Psalm 8,7

Geschichten:
17, **48,** 51

Die Kokospalme ist ein Beispiel für den vielfältigen Nutzen, den wir Menschen von Bäumen haben. Sie gibt uns Nahrung, Brennmaterial, Flechtmaterial usw. Je zwei bis drei Kinder bilden ein Forscherteam, das so viel wie möglich über die Kokospalme herauszufinden versucht. Die Forschungsergebnisse sollten in Wort und Bild dokumentiert werden. Jedes Team könnte aber auch über einen anderen (heimischen) Baum seiner Wahl Nachforschungen anstellen. Dann kann daraus eine kleine Ausstellung oder eine Wandzeitung entstehen.

Alleinsein

Gott

Vertrauen

Psalm 91,1-2

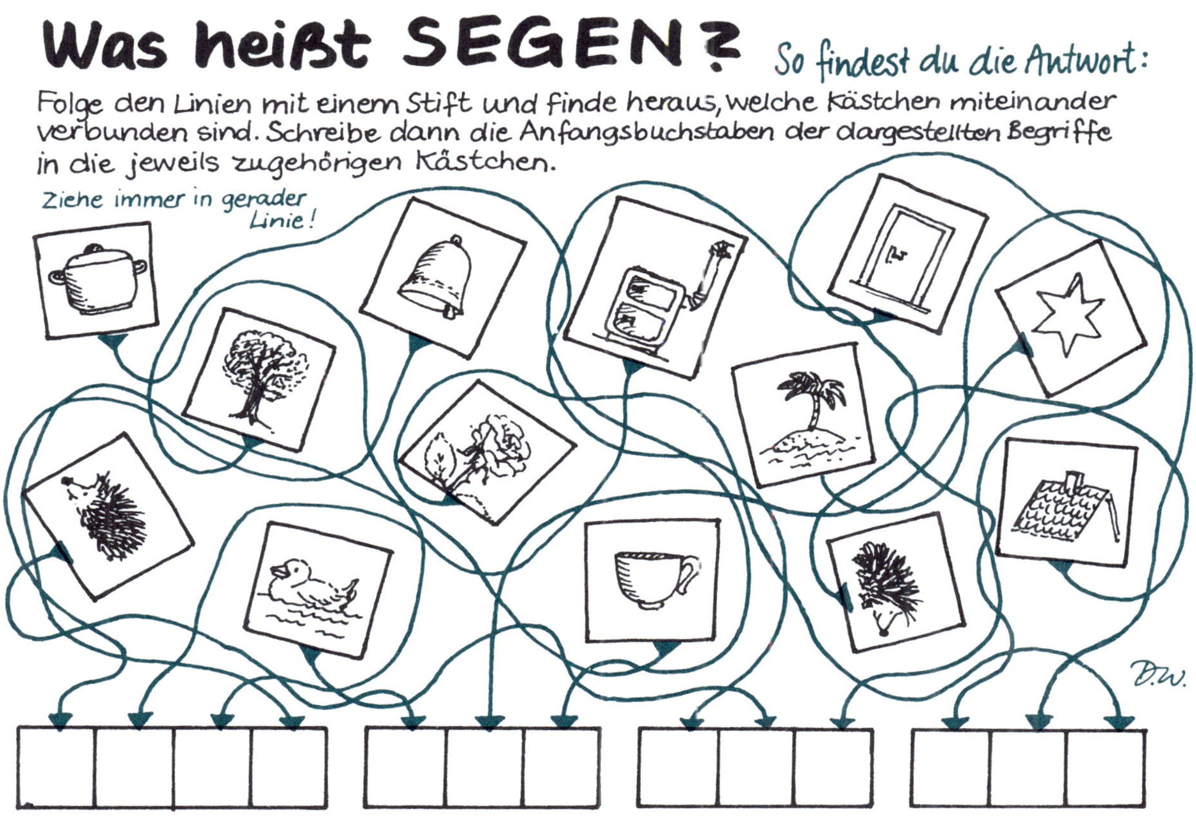

191

Glück

Weg

Wünsche

1. Mose 39,5
1. Mose 49,25

190: Was heißt Segen? Gott ist bei dir (Rätsellösung).

191: Links oben beginnen. Wenn alle mit einem Punkt gekennzeichneten Felder mit Buntstiften ausgemalt sind (zur besseren Lesbarkeit nach jedem Buchstaben die Farbe wechseln), ergibt sich folgender Wunsch: »Viel Glück und Segen auf all deinen Wegen.« Als Glückwunsch-Poster oder -Postkarte einsetzbar.

Hinsehen

Vorurteil

2. Mose 4,11

Geschichten: 44, **52**

Manchmal können wir unseren Augen nicht trauen. Der äußere Schein trügt oft. Die Dinge (und Menschen) zeigen erst bei genauerem Hinsehen ihr wirkliches Gesicht. Das sollte uns ermutigen, es nicht beim ersten Eindruck zu belassen.

Hören

Lebensfreude

Tanzen

Epheser 5,19

Geschichten: **53**

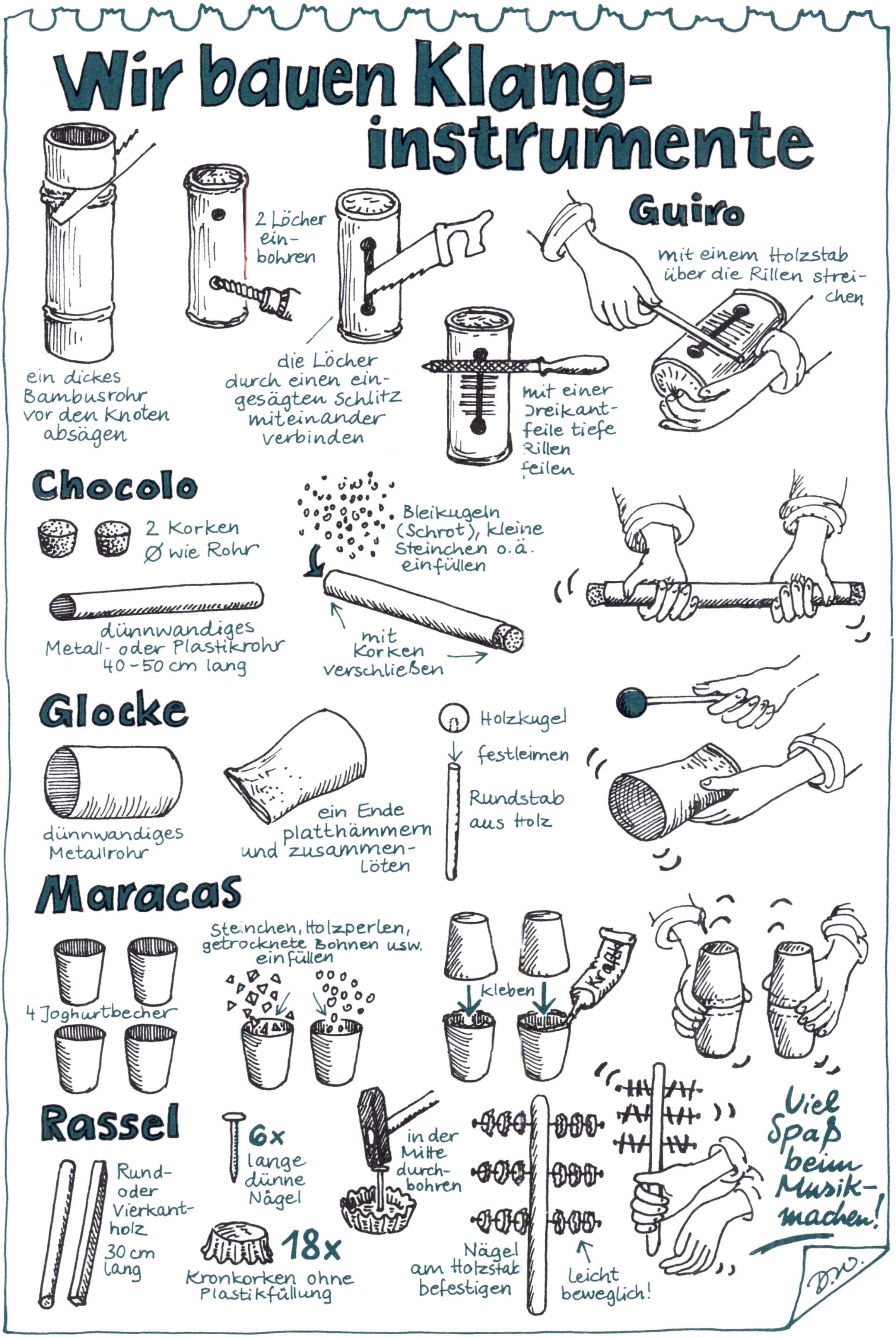

Mit Klanguntermalung machen Singen und Tanzen doppelten Spaß.

194 Stille

Hören

Meditation

Schöpfung

Markus 4,39

Geschichten: 52, **55**

Still werden und lauschen

Hast du schon mal versucht, dich draußen im Garten oder im Wald ganz still hinzusetzen und den Stimmen zuzuhören, die da erklingen:
die Vögel, die so ganz unterschiedlich singen, der Wind, der durch das Gras streicht und die Blätter der Bäume zum Klingen bringt, und ....
Versuch' das mal und versuch mal zusammenzuzählen, wie viele verschiedene Stimmen du hörst ....
Und dann achte nochmal darauf, wie die Stimmen zusammenklingen.
Da erklingt ein großes Orchester!

Vielleicht hörst du – wenn du ganz genau hinhörst – auch heraus, dass sie zusammen singen: „Danke, Gott! Du hast alles so wunderbar gemacht!" Oder was hörst du heraus?

Und dann versuche mal, das später wieder zum Klingen zu bringen mit den Instrumenten, die du hast: Trommeln, Flöten, Rasseln, Glockenspielen, Triangeln, Gitarren .... am besten zusammen mit Freunden.

195

Gebet

Gott

Matthäus 6, 5-13

Geschichten: 40, **55**

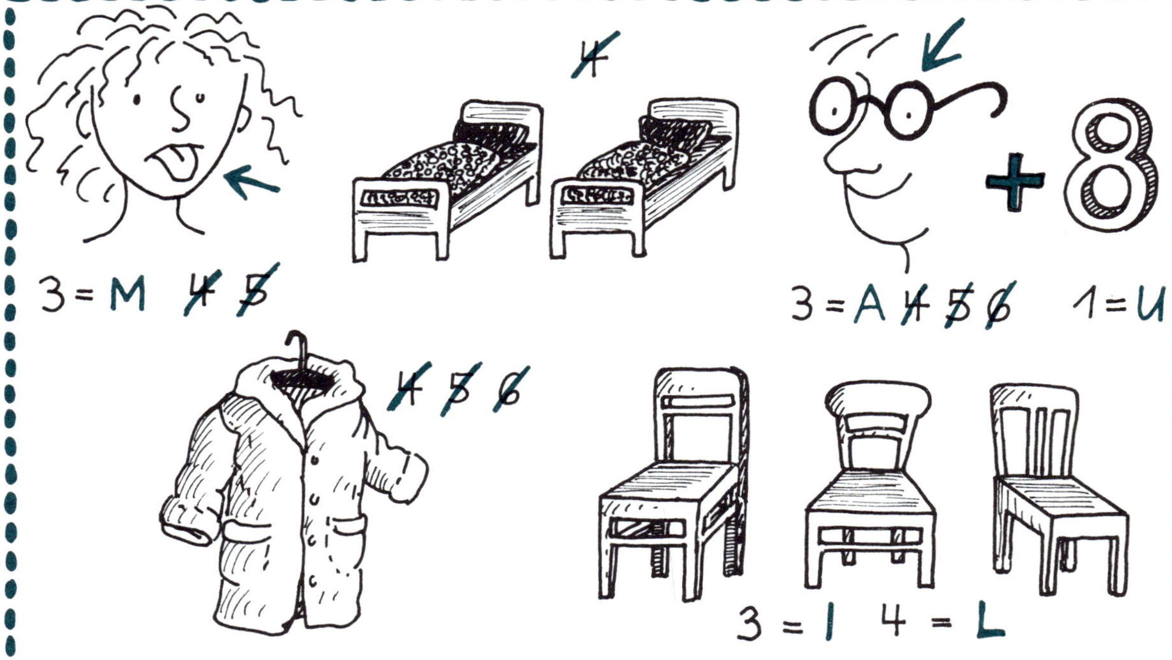

Finde die Namen der dargestellten Dinge und verändere die einzelnen Buchstaben der Wörter wie angegeben. Schreibe die neu entstandenen Wörter in die Kästchen:

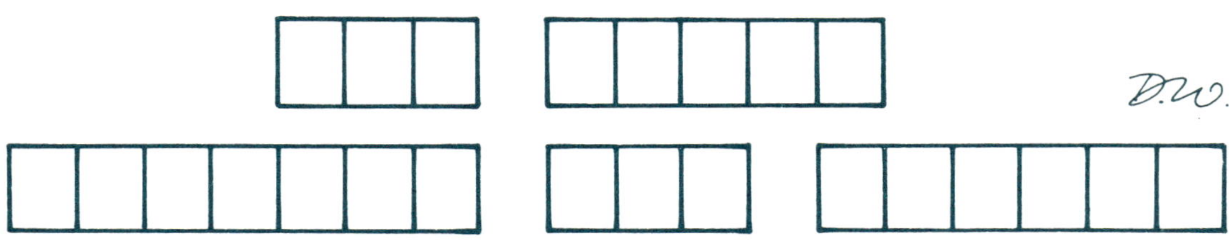

Der Lösungssatz »Zum Beten braucht man Stille« weist auf die Notwendigkeit hin, der Alltagshektik einen Ruhepol entgegenzusetzen.

194 Stille malen: Das sitzende Kind vergrößert auf den unteren Rand eines DIN-A4-Blattes kopieren. Mit welchen Farben muss der so entstandene Raum ausgemalt werden, damit das Bild ruhig und still wirkt? Jedes Kind wird seine eigene Lösung finden.

Aggression

Frieden

Miteinander

Versöhnen

Kolosser 1,20

Geschichten:
16, **56,** 68

Für die Gruppe:

Welches Verhalten führt untereinander immer wieder zu Streit und Unfrieden? Denkt gemeinsam darüber nach und schreibt alle gefundenen Begriffe in das Streit-ABC. Einige Beispiele findet ihr dort schon. Ihr könnt natürlich mehrere Wörter hinter einen Buchstaben schreiben.

Überlegt dann gemeinsam, was ihr ändern könnt, damit es weniger Streit gibt.

Das Streit-ABC

A	angeben,	M	
B		N	Neid,
C	chaos,	O	
D	drängeln,	P	
E	erschreckt werden,	Q	quengeln, quälen
F		R	rempeln,
G	Gemeinheiten,	S	
H		T	
I	Ironie,	U	unzufriedenheit,
J	Jähzorn,	V	Vordrängeln,
K		W	
L	Lärm,	Z	zwicken,

Ergänzend dazu eine Gegenliste erstellen: Das Friedens-ABC.
Welches Verhalten trägt zu Versöhnung und friedlichem Miteinander bei?

197 Taufe

Gott

Leben

Symbole

Zeichen

Epheser 4,5

Geschichten:
57

198

Gemeinschaft

Identität

Symbole

Apostelgeschichte 8, 26-39

Geschichten:
57

TAUF-PUZZLE

1. Malt ein Gemeinschaftsbild zu einem biblischen Thema eurer Wahl oder zu Taufe.
2. Zerschneidet das fertige Bild in so viele Teile, wie Kinder in der Gruppe sind.
3. Jedes Kind bekommt ein Puzzleteil mit nach Hause und bringt es zum Tauf-Erinnerungs-Fest mit. Dann entsteht aus den einzelnen Teilen wieder das ganze Bild.

197: Lösungssatz: »Die Taufe ist ein Zeichen für das Leben mit Gott.«

198: Die Idee des in Einzelteile zerschnittenen Gemeinschaftsbildes lässt sich bei allen Gelegenheiten einsetzen, bei denen das Zusammengehörigkeitsgefühl gestärkt werden soll.

Fest

Gemeinschaft

Symbole

Apostelgeschichte 16, 11-15

Geschichten: **57**

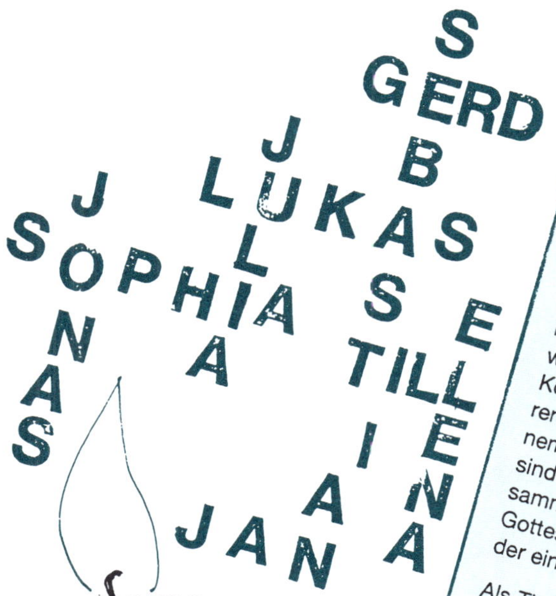

Bastelideen für ein Tauferinnerungsfest

Zum Kennenlernen eignet sich das **»Namenstempelspiel«.** Ihr braucht dazu einen Stempelkasten, mit dem Ihr Eure Namen aus einzelnen Buchstaben zusammensetzen könnt. Die Buchstabenstempel könnt Ihr auch selbst herstellen. Aus Moosgummi werden die Buchstaben ausgeschnitten und mit Kontaktkleber auf Holzblöcke befestigt. Mit mehreren Kindern stempelt Ihr Eure Namen wie bei einem Kreuzworträtsel. Dann wird deutlich: Wir sind alle bei Gott mit Namen bekannt, und zusammen sind wir die Gemeinschaft der Kinder Gottes, die miteinander Gott feiert und füreinander einsteht im Namen Jesu.

Als Tischschmuck gestaltet Euch **Kerzen**, indem Ihr sie mit dünnen Wachsplatten verziert. Die Wachsplatten gibt es in verschiedenen Größen im Bastelbedarf. Auf einem Brett lassen sie sich leicht zuschneiden, oder aber auch kneten. Ihr könnt Euch von den Abbildungen auf dieser Seite anregen lassen. Für die kleineren solltet Ihr Schablonen vorbereiten.

Zu einem richtigen Fest gehören auch **Essen und Trinken.** Backt also zusammen Waffeln, oder kocht Suppe mit Buchstabennudeln.

Für jeden Platz könnt Ihr ein **Tischset** fertigen. Auf eine Pappunterlage klebt Ihr aus Tonkarton ausgeschnittene Schablonen mit Taufzeichen, gepresste Blätter und was Euch noch einfällt. Darüber legt Ihr ein Blatt Papier. Ein Kind hält es an den Rändern fest, ein anderes reibt mit einem Wachsmalblock gleichmäßig über das Blatt. Und schon entsteht ein schöner Druck. Wenn Ihr dann das Blatt etwas verschiebt und mit einer anderen Farbe darüber streicht, entsteht ein richtiges Kunstwerk.

Wenn Ihr Eure Kerzen fertig habt, das Tischset vor Euch liegt und der Waffelduft in die Nase steigt, dann kann das Fest beginnen!

Als Erinnerung zum Mitnehmen könnt Ihr **Namensketten** für den Hals oder das Handgelenk basteln. Dazu braucht Ihr ein Band, kleine durchbohrte Holzwürfel und evtl. noch kleine bunte Holzperlen zum Aufziehen. Auf die Würfel malt Ihr die Buchstaben Eures Namens und zieht sie dann abwechselnd mit einer Perle auf die Schnur.

Ulrich Walter stellte uns die Texte zur Verfügung.

Taufe ist wie eine zweite Geburt, die Geburt als Christ. Das Taufkind wird aufgenommen in die christliche Gemeinde, das unsichtbare »Haus« Gottes. Vielen christlichen Eltern ist die Erinnerung an den Tag der zweiten Geburt genauso wichtig wie die an den Tag der ersten Geburt. Diesem Bedürfnis kann mit einer gemeinsamen Tauferinnerungsfeier Rechnung getragen werden.

Arm und Reich

Brot

Frieden

Hunger

Matthäus 19, 16-22

Geschichten: 37, **58**

Lösung: Wenn viele ihr Brot brechen
und teilen davon aus,
dann bricht auf dieser Erde
ein Stückchen Frieden aus.

Wir überlegen: Wie kann unser Beitrag zum Frieden aussehen? Wie können wir teilen und etwas abgeben von unserem Überfluss? Was können WIR tun?

201

Miteinander

Streit

Symbole

Versöhnen

Lukas 22,30a

Geschichten:
59

Was alles machen wir am Tisch?

Bei diesem bewusst schlichten Mahl besinnen wir uns auf die versöhnende Funktion des gemeinsamen Essens am gleichen Tisch.

202

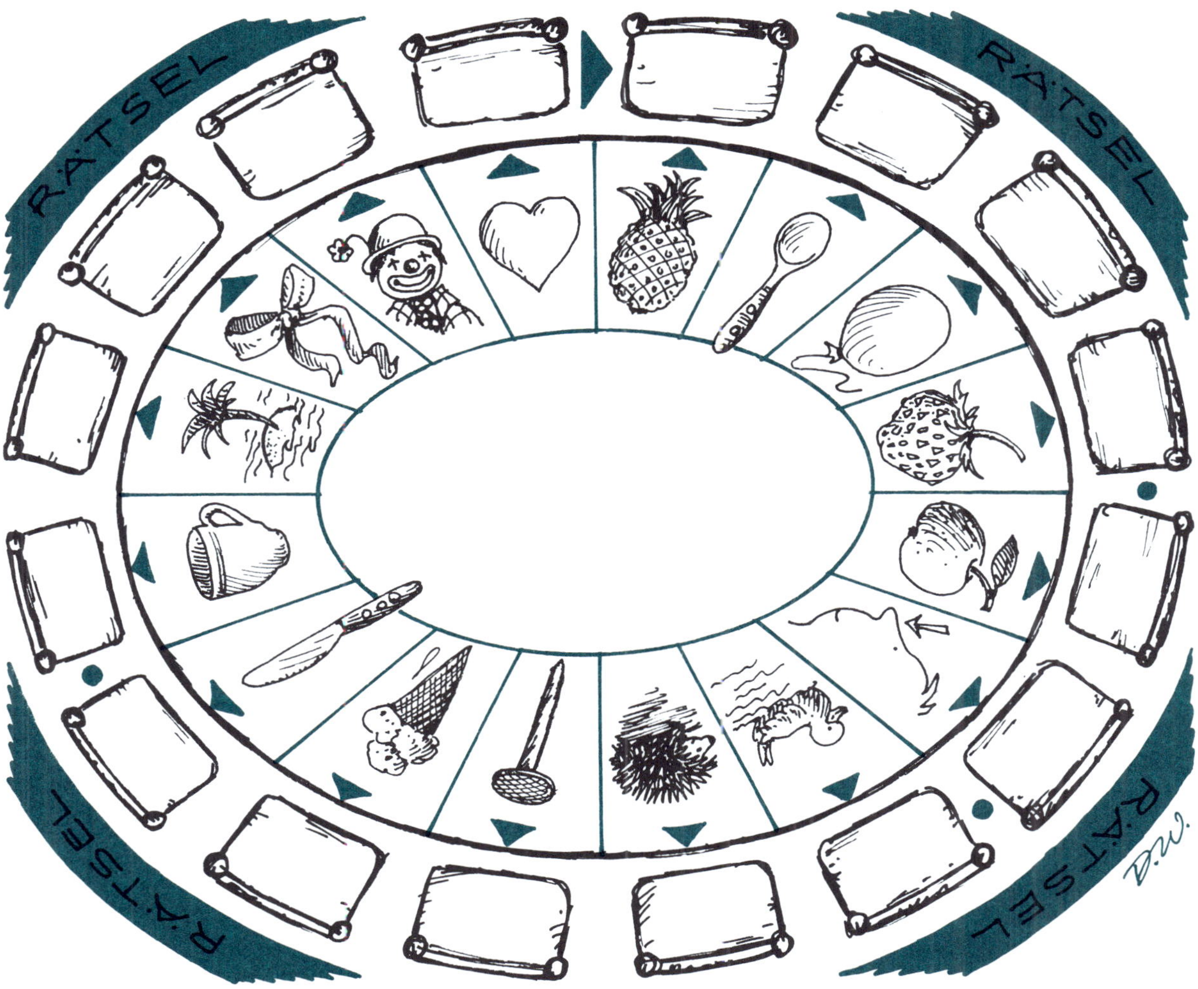

Oikoumene

Symbole

Toleranz

Versöhnen

Lukas 19,1-10

Geschichten:
59, 68

Die Anfangsbuchstaben der dargestellten Dinge ergeben die Rätsellösung: »Alle an einem Tisch«. In die Mitte kann geschrieben werden, wer mit »alle« gemeint ist (thematisch variabel einsetzbar).

Abfall

Baum

Konsum

Natur

Schutz

Tiere

Verantwortung

1. Mose 2,16
Psalm 24,1

Geschichten:
60, 61

Welches Gespräch wird hier geführt? Schreibe es in die Sprechblasen!

Umweltschutz muss noch immer *jeden Tag* stattfinden und endet nicht an der eigenen Türschwelle. Gerade von vielen Menschen genutzte Naturräume leiden unter dem mangelnden Verantwortungsbewusstsein der Menschen. Müllvermeidung kann auch von jedem Kind praktiziert werden!

Konsum

Schutz

1. Mose 2,15

Geschichten: 81

AUS ALT – MACH NEU

Die Sockenschlange

Zuerst mußt du in deiner Familie und im Bekanntenkreis abgetragene Socken sammeln; je bunter sie sind, desto besser. Wenn du genügen Socken hast (ca. 20–25), kannst du anfangen:

Schneide den Fuß jeder Socke knapp über der Ferse ab und lege die beiden besten Fußenden für Kopf und Schwanz beiseite. Die restlichen Fußenden kannst du als Füllung verwenden (mit alten Strümpfen und Stoffresten ergänzt).

Stopfe nun den Schlangenkopf aus, stülpe dann das erste Sockenbein linksgewendet darüber und nähe die beiden Ränder mit einer stumpfen Sticknadel und dickem Wollfaden fest aneinander. Wende dann das Sockenbein und stopfe es aus. Nähe auf diese Weise so viele Sockenbeine aneinander wie die Schlange lang werden soll. Ans Ende nähst du den ausgestopften Schwanz und zwei schöne Knöpfe als Augen an den Kopf.

Diese Schlange kannst du als Zugluftbremse vor eine Tür legen oder als Spieltier mit ins Bett nehmen oder...

Abgetragene Pullover, die sich nicht für die Kleidersammlung eignen, kannst du auf die gleiche Weise wiederverwerten: Mach eine dicke ÄRMELSCHLANGE daraus!

Die Hosentasche

als Bade- oder Spielzeugtasche: Dafür brauchst du eine alte Jeans, bei der du die Hosenbeine abschneidest (ca. 3 cm Stoffzugabe für die Naht nicht vergessen!). Wende die Innenseite nach außen und nähe die Hosenbeine mit 2–3 Nähten ganz fest zu. Wende die so entstandene Tasche wieder um und ziehe eine dicke Kordel als Tragriemen durch die Gürtelschlaufen.

Du kannst die Kordel auch selbst herstellen: Zerschneide die Hosenbeine der Jeans der Länge nach in ca. 3 cm breite Streifen und flechte je 3 dieser Streifen zu einem festen Stoffzopf. Nähe 2–3 solcher Stoffzöpfe fest aneinander und ziehe sie durch die Schlaufen.

Gebrauchtes nicht wegwerfen, sondern die Weiternutzung ermöglichen oder Neues damit gestalten – auch das ist eine Form des Umweltschutzes. Ressourcen schützen – wichtiger denn je!

205

Tausch-börse

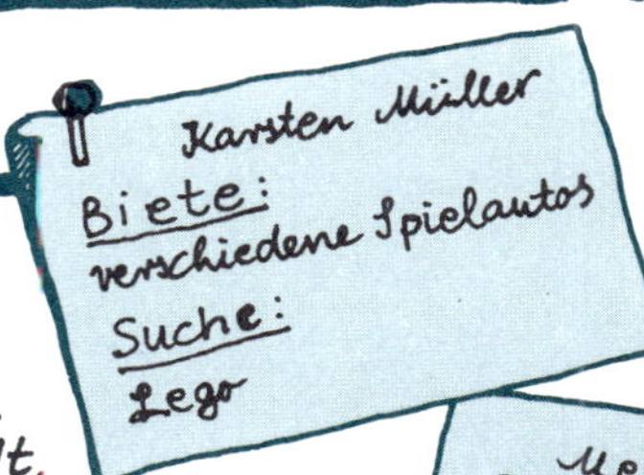

Jedes Kind bringt die Sachen mit, die es tauschen möchte. Sie werden gesammelt, gekennzeichnet und auf Tischen o.ä. ausgestellt. Die einzelnen Tauschangebote auf Zettel aufschreiben und diese an einer großen Pinnwand oder einer anderen geeigneten Fläche aufhängen. So können sich alle über die bestehenden Angebote und Gesuche informieren.

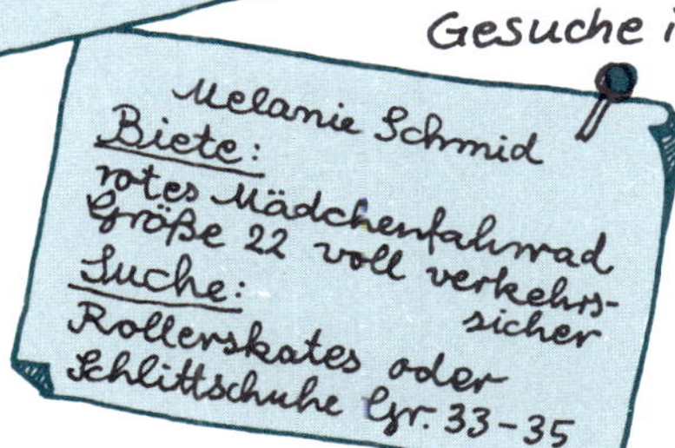

Was am Ende nicht getauscht wurde, könnte für einen guten Zweck zur Verfügung gestellt werden.

Abfall

Singen

Tanzen

Psalm 150,1-6

Geschichten: 53

Wir machen Musik
mit selbstgebauten Jnstrumenten

Das Klirrofon:

Dazu brauchst du ca. 16-20 Kronkorken • 1 Stück Draht (⌀ ca. 3 mm • 60–80 cm lang) • 2 Stücke schwächeren Draht (⌀ ca. 2 mm • 20–25 cm lang)
WERKZEUG: 1 Hammer • 1 starken langen Nagel • 1 altes Holzstück • 1 Kombizange

So wird's gebaut: Lege die Kronkorken auf das Holz und schlage mit Hammer und Nagel je ein Loch in die Mitte. Biege den langen Draht zu einem U und befestige mit der Kombizange die beiden kürzeren Drahtstücke an einer Seite. Fädele nun so viele Kronkorken paarweise auf die beiden Drähte, daß sie sich locker hin- und herbewegen können (etwa die Hälfte des Drahtes sollte freibleiben). Befestige dann die Enden an der anderen Seite des U-Bogens (siehe Zeichnung). Fertig ist das Klirrofon.

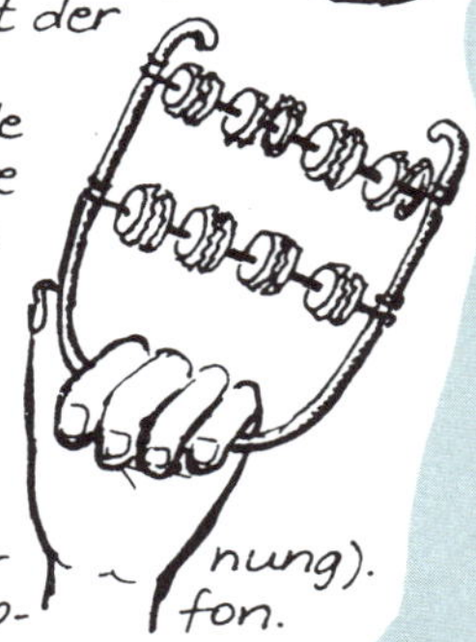

Das Trichtofon:

Dafür brauchst du
1 dicken Plastiktrinkhalm
1 Plastiktrichter
1 Stück Klebeband

So wird's gebaut: Trenne vom Trinkhalm ein etwa 10–15 cm langes Stück ab. Schneide ein Ende mit der Schere schnabelförmig zu und befestige das andere Ende mit Klebeband am Trichter. Presse beim Spielen die Trinkhalmspitzen mit den Lippen zusammen und blase kräftig – PF – hinein!

Das Dosofon (Mini-Steel-Drums)

Du brauchst dafür 5–7 leere, gut ausgespülte Getränkedosen • breites Klebeband (z.B. Pack- oder Kreppband) • 1 Blechlöffel oder Schraubenzieher

So wird's gebaut: Klopfe mit dem Schraubenzieher oder einem anderen geeigneten Gegenstand Dellen (KEINE LÖCHER!!) in die Dosenböden. Dabei gilt: Je mehr Dellen, desto höher der Ton! Ordne die Dosen nach ihrer Tonhöhe nebeneinander oder im Kreis an und umwickle das ganze „Paket" mit Klebeband. Schlage beim Spielen die einzelnen Dosen mit dem Löffel am Dosenrand an.

Viel Spaß!

Sehr viele Arten von Verpackungsmaterial eignen sich bestens für nützliche und spielerische Basteleien und die Ergebnisse können sich bei etwas Geschick und Fantasie durchaus mit gekauftem Material vergleichen lassen.

Verantwortung 207

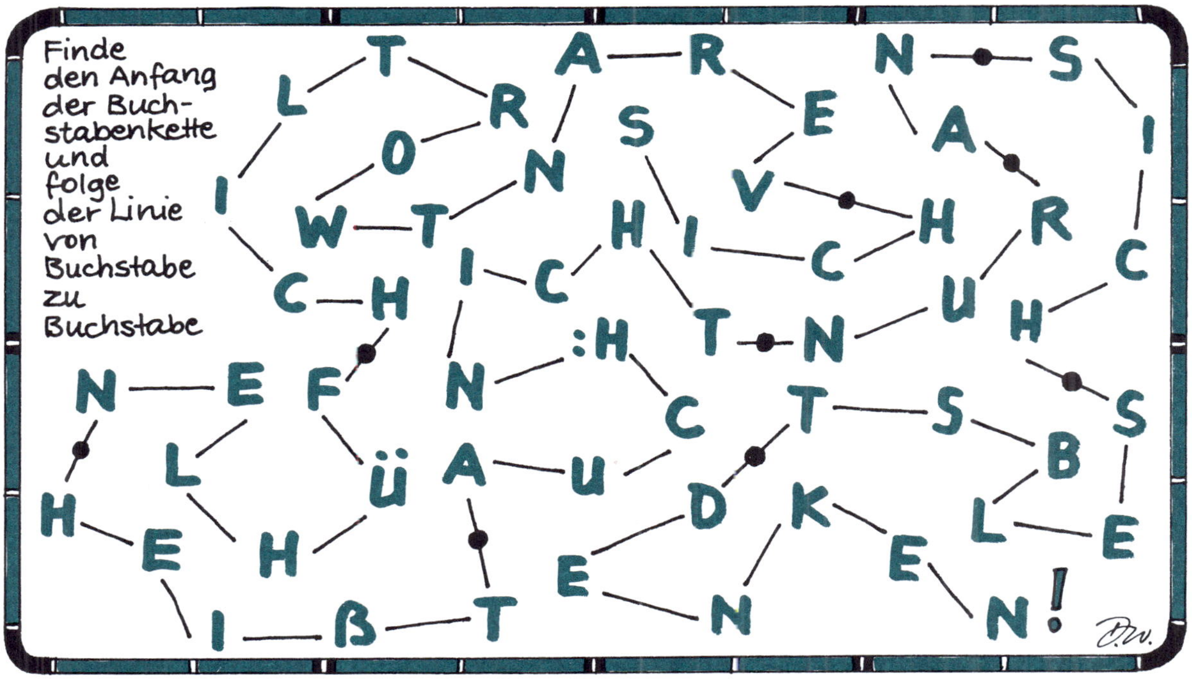

Egoismus

Helfen

Miteinander

Umwelt

Psalm 51,14

Geschichten: 62

Verstehen 208

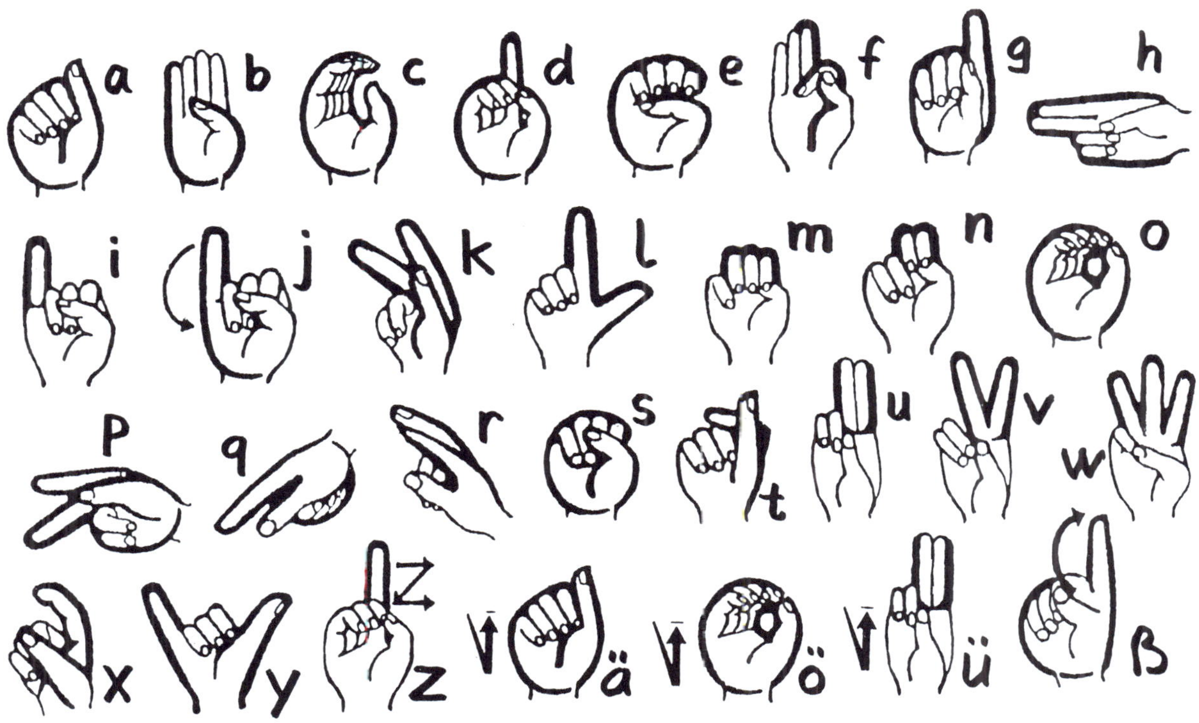

FingerABC der Gebärdensprache

Aufeinander zugehen

Behindert

Hände

Römer 8,14

Geschichten: 6, 31, 63

207: Wie ist der Lösungssatz »Sich verantwortlich fühlen heißt auch: Nicht nur an sich selbst denken!« zu verstehen? Wie können wir ihn in unserem Alltag umsetzen?

208: Den eigenen Namen in der Gebärdensprache lernen, vielleicht auch noch »Bitte, danke« und »Guten Tag«?

209 Vertrauen

Helfen

Miteinander

Spielen

Psalm 56,5
Markus 9,23

Geschichten:
8, 25, **63**

ÜBER BRÜCKEN GEHEN

Für unser Spiel benötigen wir mehrere lange Holzbretter in verschiedener Breite (ca. 15 – 30 cm) – etwas zum Anheben der Bretter vom Boden (Unterlegklötze aus Holz, Ziegelsteine, gleich dicke Bücher etc., evtl. auch Bodenmatten) – mehrere Halstücher

Aus den Holzbrettern bauen wir verschiedene Brücken (ebenerdige und solche auf Klötzen bzw. zwischen zwei Bodenmatten), die wir gemeinsam überqueren wollen. Unter den Brücken stellen wir uns tiefes, tiefes Wasser vor.

SPIEL 1:

Jeder sucht sich einen Spielpartner. Paarweise fassen wir uns an den Händen und versuchen, zusammen die Brücke zu überqueren. Wer loslässt, muss von vorne beginnen!

Fallen euch noch andere Überquerungsmöglichkeiten ein?

SPIEL 2:

Zwei Kinder binden sich mit einem Halstuch die Beine locker zusammen und versuchen so, über die Brücke zu kommen.

SPIEL 3:

Alle Kinder stellen sich links und rechts auf die zu einer langen Brückenreihe ausgelegten Bretter. Jeder versucht nun, auf die andere Seite überzuwechseln. Das geht nicht ohne gegenseitige Hilfe. Jeder hilft dem anderen, so gut er kann. Das Spiel ist zu Ende, wenn alle erfolgreich die Seite getauscht haben.

Mit älteren Kindern kann der Schwierigkeitsgrad noch gesteigert werden: Ein Kind verbindet sich die Augen und lässt sich von seinem Spielpartner über die Brücke führen.

Zeit

Psalm 31,16

Geschichten:
69

Je schneller, desto besser. Stimmt das wirklich? Im Anschluss an die »Wanderung« kann das Rätsel Nr. 211 eingesetzt werden. Sein Lösungssatz »Der Weg ist das Ziel« bietet Ansatzpunkte zur Diskussion.

211

Nimm einen Stift und
folge dem Weg. Schreibe alle Buchstaben, die dir begegnen, der Reihe nach auf:

Ziel

1. Korinther
9,26a

Geschichten:
63, **64**

212 Weg

Angst

Ausweg-losigkeit

Diskriminie-rung

Hoffnung

Mut

Trost

Vertrauen

Hiob 34,21
Psalm 119,32

Geschichten:
64

Die Rätsellösung »Es gibt immer einen Weg« macht Mut, sich bei Problemen vertrauensvoll an einen Ratgeber zu wenden.

Krippe

Sterndeuter

Lukas 2,1-20

Geschichten:
65

Dieses Bild braucht noch deine Mitarbeit! Male es mit vielen Farben leuchtend bunt!

Das Motiv kann auch als Vorlage für ein *Fensterbild* genutzt werden, entweder nach der klassischen Methode mit schwarzem Tonkarton und farbigem Seidenpapier oder nach der Window-Color-Methode.

Brauchtum

Christbaum

Geburt

Jesus

Kerzen

Licht

Stern

Symbole

Matthäus 2, 1-12

Geschichten: **65, 66**

Die Geburt Jesu

Wir schmücken den Tannenbaum mit Symbolen des Glaubens

1 Zum Lied „O Tannenbaum" tragen Kinder eine kleine Tanne herbei. Hat sie keinen Wurzelballen mehr, wird sie in einem Baumständer befestigt oder in einen Topf mit Erde gesteckt.
Ein Kind bleibt stehen und spricht:
„Wir bringen die Tanne. Sie ist grün und ihre Nadeln sterben nicht ab. Sie ist uns ein Zeichen für die Hoffnung und nie endendes Leben."

2 Kinder schmücken den Baum mit Lametta.
Ein Kind spricht:
„Wir schmücken den Baum mit Lametta. Es glitzert und strahlt. Es weist uns darauf hin, wie herrlich Gott ist."

3 Die Kinder hängen kleine Äpfel an den Baum. Währenddessen spricht ein Kind: **„Wir hängen Äpfel an den Baum. Ihr habt gehört vom Baum im Paradies. Jesus hat das Böse besiegt. Der Apfel ist Zeichen für unser Leben; denn unser Leben hat, wie der Apfel, zwei Seiten: die schöne und die blasse, die gute und die böse. Wir geben uns Mühe, das Gute zu tun."**

4 Kinder zünden die Kerzen an bzw. schalten sie ein. Dazu spricht ein Kind:
„Wir zünden die Kerzen an. Sie leuchten. Jesus ist das Licht für die ganze Welt. Der Schein läßt sich nicht in unsere Wohnung einsperren."

5 Kinder befestigen Strohsterne am Baum.
Ein Kind spricht währenddessen:
„Wir haben Sterne gebastelt aus Stroh. Jesus liegt in der Krippe auf Stroh. Es ist Zeichen für den neuen König, der bei den Armen wohnt und in der Schwachheit mächtig wird."

Weihnachten ist das meistgefeierte Fest in der Welt. Vielfach vom Konsum überwuchert und vordergründig gefeiert (tragende Symbole wie *Licht, Engel, Stern* werden zu Werbezwecken missbraucht, Essen und Geschenkabtausch stehen im Vordergrund, der Weihnachtsbaum ist Dekoration), will das Fest in seiner Tiefe – Menschwerdung Gottes den Menschen zum Heil – immer wieder neu entdeckt und mit Blick auf das Kind in der Krippe – das Licht für die Welt, für ihren Frieden, für die Armen – gefeiert werden.

Freude

Lieder

Singen

Psalm 40,4

Geschichten: 2

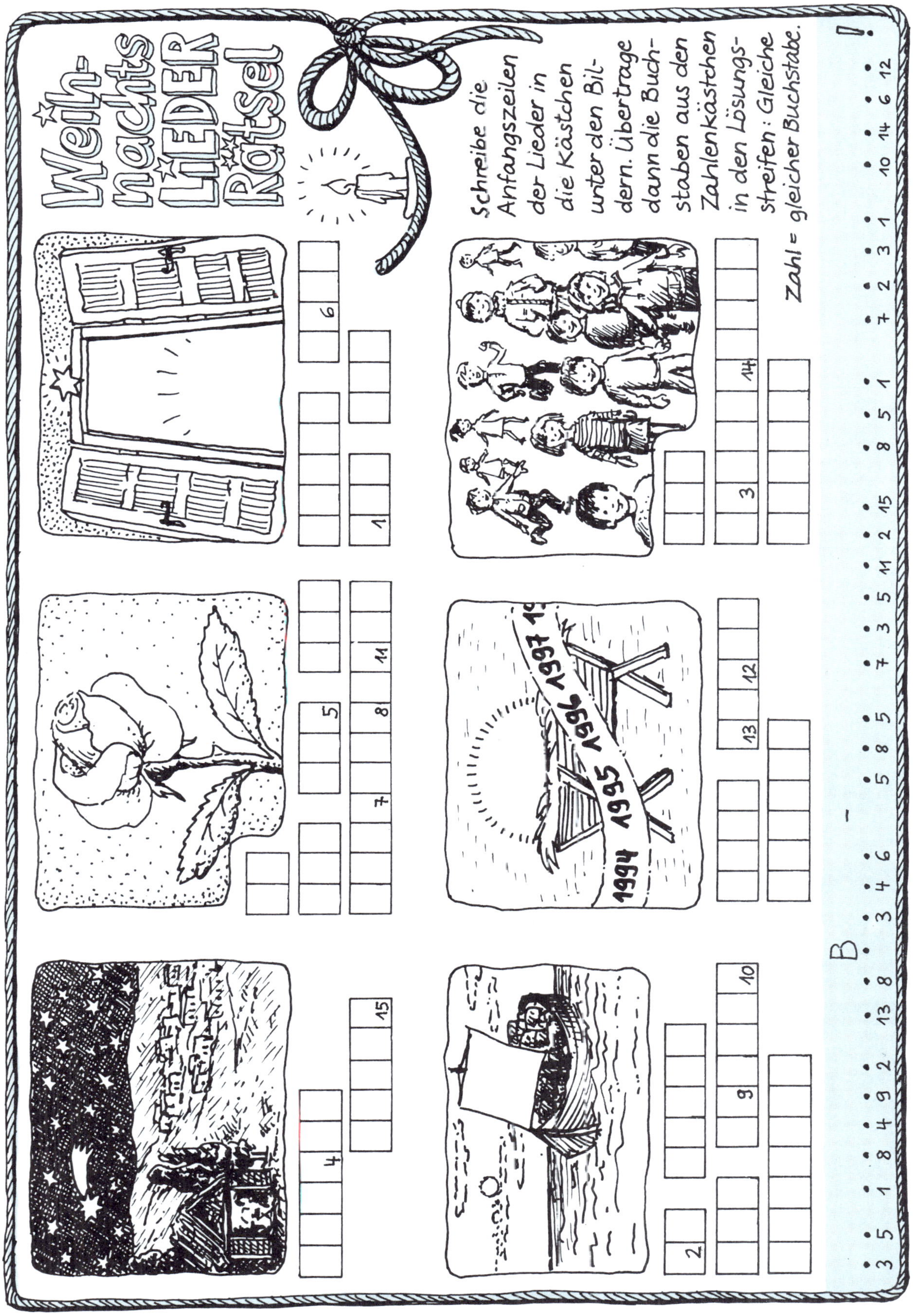

Lieder: Stille Nacht – Es ist ein Ros entsprungen – Macht hoch die Tür – Es kommt ein Schiff geladen – Alle Jahre wieder – Ihr Kinderlein kommet.
Lösung: In dulci jubilo – nun singet und seid froh.

216 Weltverantwortung

Menschenwürde

Miteinander

Umwelt

Zukunft

Hiob 31,4
Psalm 18,37

Geschichten:
48, **67**

Was ist hier gezeichnet? Schreibe die Namen in die dazugehörigen Kästchen.
Dann weißt du, welches Symbol zu welchem Buchstaben gehört.
Nun kannst du diesen Code entschlüsseln:

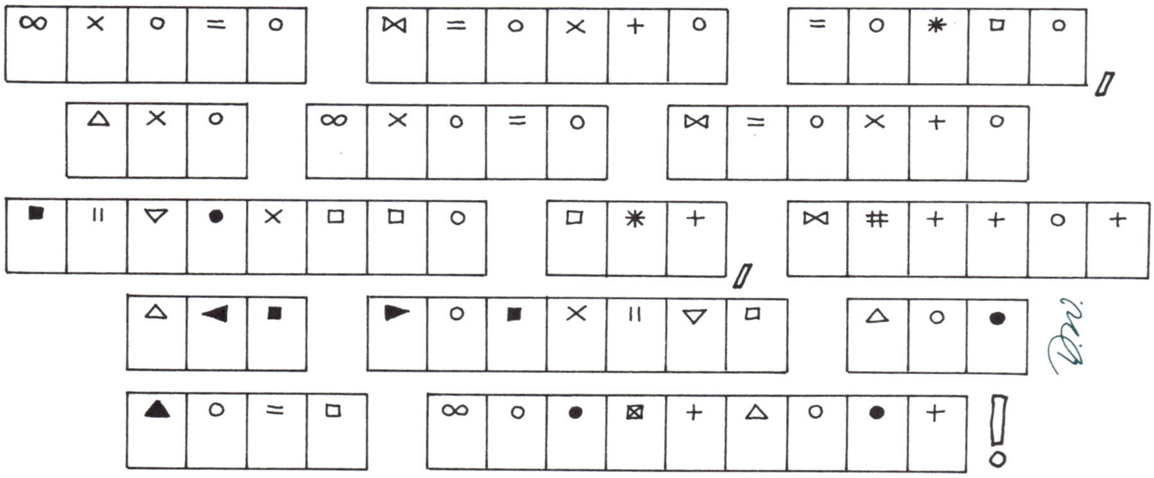

217 Zeit

Warten

Jesaja 40,31

Geschichten:
69

Spiel mit der Zeit

VORBEREITUNG:
Ein 2–3 m langes Seil an einem dicken Stein befestigen und mit dem Seilende einen Kreis um den Stein abmessen. Den Kreis markieren (z. B. mit einem weiteren Seil, Kreide oder Sand). Auf dem Kreis einen Punkt festlegen, der „12 Uhr" bedeutet.

DAS SPIEL:
Vom markierten Punkt aus geht das erste Kind, mit dem Seil als Zeiger in der Hand, in Uhrzeigerrichtung auf der Kreislinie. Mit einer Stoppuhr oder einer Uhr mit Sekundenzeiger wird die Zeit gemessen.
Die Aufgabe besteht darin, möglichst genau nach 1 Minute wieder am Ausgangspunkt einzutreffen.
Die Zeiten der einzelnen Mitspieler werden aufgeschrieben, aber erst bei Spielende bekanntgegeben.

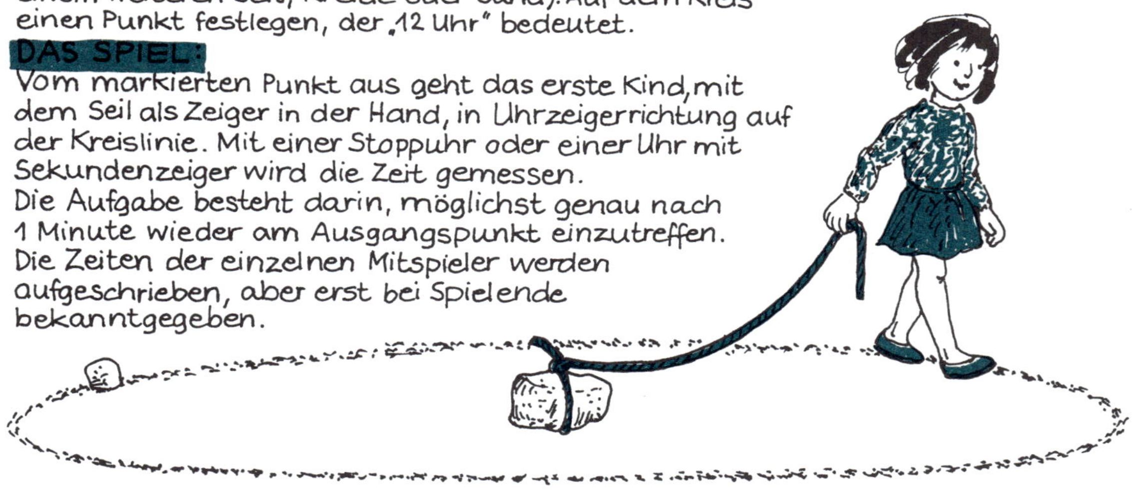

216: Lösungssatz: »Viele kleine Leute, die viele kleine Schritte tun, können das Gesicht der Welt verändern.«

217: Zeitwahrnehmung ist relativ. Wann ist Zeit »lang«, wann »kurz«?

Familie

Schule

Psalm 139,16b

Was mache ich mit meiner Zeit? Habe ich Zeit für mich selbst? Haben andere Menschen Zeit für mich? Wie möchte ich am liebsten meinen Tag verbringen?

Baum

Garten

Schöpfung

Wachsen

Warten

Prediger 3,1-8

Geschichten:
13, 17, 62

Der Lösungssatz »Alles braucht seine Zeit« erinnert daran, dass Wachsen und Reifen nicht von heute auf morgen geschehen kann. Auch beim Menschen ist das so.